함수형 코틀린

함수형 코틀린

코틀린과 애로우로 배우는 함수형 프로그래밍

마리오 아리아스 · 리부 카크라보티 지음

구진수 옮김

Packt›
에이콘

부모님과 아내 에샤, 그리고 새로 태어난 아들 리산에게

– 리부 차크라보티

아리, 조만간 보자. 그리고 아버지, 천국에서 봅시다.

– 마리오 아리아스

| 지은이 소개 |

마리오 아리아스Mario Arias

소프트웨어 개발, 디자인, 데이터베이스, 교육 자료 디자인, 트레이닝 딜리버리training delivery에서 12년 이상의 경험을 쌓은 소프트웨어 엔지니어이자 스프링 인증 강사다. 현재 영국 맨체스터의 BAMTECH 미디어 회사인 케이크 솔루션Cake Solutions에서 소프트웨어 엔지니어로 일하고 있다.

코틀린 커뮤니티에서 잘 알려진 멤버이며, 애로우 기능 라이브러리를 개발하고 유지보수하는 그룹인 애로우 팀의 일원이다. 자유 시간에 자전거를 타고 브라질리언 주짓수를 연마한다.

첫 번째이자 가장 중요한 것은 나의 주님이자 구세주인 예수 그리스도에 대한 것이다.

조만간 아내가 될 아리의 지속적인 지원과 인내에 감사한다. 내 가족과 친구들에게 감사한다. 환상적인 언어를 만든 젯브레인스 팀에게 감사하며, 애로우의 동료들, 공동 저자인 리부 카크라보티와 팩트의 전체 팀에 감사한다.

리부 카크라보티Rivu Chakraborty

Caster.io 강사이자 구글 인증 안드로이드 개발자이며, 인도 엔지니어 학회의 시니어 테크 멤버다. 5년 이상의 경력을 쌓았고, 현재 인더스 넷 테크널러지스 유한회사Indus Net Technologies Pvt. Ltd.에서 시니어 소프트웨어 엔지니어(안드로이드)로 일하고 있다.

코틀린과 안드로이드 애호가이며 코틀린 에반젤리스트다. 2년 이상 코틀린을 사용해 왔으며, 코틀린 콜카타 UG의 설립자다. 또한 지디지 콜카타GDG Kolkata의 핵심 조직 팀 멤버다. 『Reactive Programming in Kotlin』(Packt, 2017)을 저술했으며, 코틀린에 대한 두 권 이상의 책을 작업 중이다.

나를 받쳐주고 믿어준 부모님, 내 아내인 에샤, 내 아들 리산에게 감사한다. 책을 쓰고 지식을 공유할 수 있게 영감을 준 코틀린 콜카타 커뮤니티에게도 감사한다. 소중한 피드백과 의견을 제공해준 이 책의 감수자에게도 감사한다.

이 책을 나와 함께 쓴 공동 저자인 마리오 아리아스에게도 많이 감사한다. 그에게서 많은 것을 배웠다.

| 기술 감수자 소개 |

가네쉬 사마스얌 Ganesh Samarthyam

방갈로르에 본사가 있는 소프트웨어 테크놀로지, 컨설팅 및 교육 회사인 코드옵스 테크놀로지CodeOps Technologies의 공동 설립자다. IT 업계에서 16년의 경험을 쌓았으며, 공동 저술한 『소프트웨어 악취를 제거하는 리팩토링』(길벗, 2015)은 한국어와 중국어 등의 언어로 번역됐다. 자유 시간에 기술에 대한 모든 것을 탐구하는 것을 좋아한다.

| 옮긴이 소개 |

구진수(paser2@gmail.com)

게임과 앱, 프로그래밍에 관심이 많으며, 관련 책과 정보를 번역하면서 공유하려 한다. 번역자로서의 목표는 한 페이지가 본인의 이름으로 채워질 수 있게 많은 책을 번역해보는 것이다.

| 옮긴이의 말 |

코틀린 개발에 관심 있으신 독자 여러분. 관심을 갖고 이 책을 봐주셔서 대단히 감사합니다.

저는 안드로이드 개발을 통해 코틀린을 접하게 됐지만, 안드로이드와는 관계없이 코틀린을 알게 되는 과정이 참 재미있었습니다. 새로운 언어를 배우는 것이 약간은 힘들기도 하지만 그만큼 재미도 있습니다. 다른 분들도 저와 같은 마음이라면 좋겠습니다.

이 책은 코틀린에 대해 많은 내용을 적당하고도 깊게 다루고 있습니다. 기존에 안드로이드 개발을 하시던 분이라면 한 번쯤 코틀린으로 도전하는 것도 좋을 것 같습니다. 호환도 되고 코드를 만드는 재미도 있습니다. 후회하지 않을 겁니다. 저도 간단하게 코틀린으로 앱 하나를 만들어 봤는데, 괜찮았습니다.

여러분처럼 코틀린을 배우고 싶은 분들에게 도움이 되고자 이 책을 번역하게 됐습니다. 부디 도움이 됐으면 좋겠습니다.

책을 읽다가 이상한 부분, 이해가 안 되는 부분이 있으면 이메일로 의견을 보내주시기를 바랍니다.

| 차례 |

5장 함수 심화 학습 133

6장 코틀린의 델리게이트 179

8장 코틀린의 컬렉션과 데이터 작업 251

9장 함수형 프로그래밍과 리액티브 프로그래밍 281

부록 코틀린 퀵 스타트 391

| 들어가며 |

지난 2017년 I/O 콘퍼런스에서 구글이 안드로이드의 공식 언어로 코틀린을 발표한 후로 코틀린은 세계의 개발자들 사이에서 인기를 얻고 있다.

코틀린의 인기는 안드로이드 커뮤니티에 국한되지 않고, 데스크톱, 웹, 백엔드 커뮤니티와 같은 다른 많은 커뮤니티에서도 코틀린을 사용하고 있다. 새로운 라이브러리와 프레임워크가 계속해서 만들어지고 있으며, 기존 것들도 코틀린을 지원한다.

계속해서 더 많은 개발자가 코틀린 커뮤니티로 오고 있으며, 자연스러운 유연한 특징으로 인해 더 많은 프로그래밍 스타일이 시도되고 있다. 이 책의 목적은 광범위한 코틀린 커뮤니티에게 함수형 프로그래밍 스타일의 첫 번째 단계로 이끌고, 컨셉을 더 진보시키기 위한 기본 툴을 제공하는 것이다.

이 책의 구성

1장, 코틀린: 데이터 타입, 오브젝트, 클래스에서는 코틀린의 객체지향 프로그래밍에 대해 소개한다. 코틀린은 기본적으로 객체지향 프로그래밍이며, 함수형 프로그래밍 스타일을 소개하기 위해 이러한 기능을 사용한다.

2장, 함수형 프로그래밍 시작에서는 코틀린의 객체지향 프로그래밍 기능을 사용해 함수형 프로그래밍의 기본 원칙을 다룬다.

3장, 불변성: 중요한 것에서는 불변성을 함수형 프로그래밍의 가장 중요한 개념 중 하나라고 강조한다. 그리고 불변성에 대해 심층적으로 이해할 수 있게 돕는다.

4장, 함수, 함수 타입, 부수 효과에서는 함수, 순수 함수에 대한 컨셉과 다양한 함수 타입 및 부수 효과에 대한 기본적인 함수형 프로그래밍 컨셉을 소개한다.

5장, 함수 심화 학습에서는 확장 함수, 연산자 오버로딩, DSL, 코리커젼 같은 함수형 프로그래밍을 위한 코틀린의 기능을 다룬다.

6장, 코틀린의 델리게이트에서는 델리게이트를 위해 코틀린이 언어 레벨에서 지원하는 방법을 다룬다. 델리게이트는 객체지향 프로그래밍 컨셉이지만 코드를 모듈화하는 데 도움이 될 수 있다.

7장, 코루틴을 사용한 비동기 프로그래밍에서는 코틀린에서의 비동기 프로그래밍을 소개하고, 코루틴과 다른 스타일을 비교한다.

8장, 코틀린의 컬렉션과 데이터 작업에서는 코틀린의 향상된 컬렉션 API와 코틀린의 컬렉션 프레임워크가 제공하는 함수형 인터페이스에 대해 다룬다.

9장, 함수형 프로그래밍과 리액티브 프로그래밍에서는 최대한의 이득을 얻기 위해 함수형 프로그래밍이 다른 프로그래밍 패러타임과 결합하는 방법을 보여준다. 또한 함수형 프로그래밍과 객체지향 프로그래밍 및 리액티브 프로그래밍의 결합 방법을 알아본다.

10장, 펑터, 어플리커티브, 모나드에서는 타입을 가진 함수형 프로그래밍과 그 기본 컨셉을 소개한다. 또한 코틀린에서 구현하는 방법을 설명한다.

11장, 코틀린에서 스트림 작업에서는 코틀린의 스트림 API을 소개한다.

12장, 애로우 시작에서는 애로우 사용법과 함수형 프로그래밍을 위한 확장, 함수 합성, 커링, 부분 애플리케이션, 메모이제이션, 옵틱스를 다룬다.

13장, 애로우 타입에서는 `Option`, `Either`, `Try` 같은 애로우 데이터 타입과 `State` 및 타입 클래스, 펑터, 모나드를 이해하게 돕는다.

부록, 코틀린 퀵 스타트에서는 코틀린 코드 작성을 시작하는 데 필요한 도구, 기본 구문 등과 코틀린 여행을 진행하는 데 도움이 되는 다른 리소스를 제공한다.

이 책의 활용법

코틀린 프로그램을 실행하고 작성하기 위해 권장하는 프로그램은 IntelliJ IDEA다(다른 방법도 있으며, 부록에서 다룬다). IntelliJ IDEA는 다음 링크에서 다운로드할 수 있다.

https://www.jetbrains.com/idea/download/

윈도우, 맥, 리눅스에서 IntelliJ IDEA를 설치할 수 있다.

- **윈도우:** XP부터 10까지 어떤 윈도우에서든 사용할 수 있다. 윈도우에서 설치하려면 설치 프로그램을 실행하고 지시 사항을 따른다.
- **맥:** 10.8 이상의 모든 버전에서 사용할 수 있다. 맥OS에 설치하려면 디스크 이미지 파일을 마운트하고 애플리케이션 폴더에 IntelliJ IDEA.app60을 복사한다.
- **리눅스:** 그놈Gnome 혹은 KDE 데스크톱에서 사용 가능하다. 리눅스에 설치하려면 `tar -xzf idea-*.tar.gz` 명령을 사용해 tar.gz 파일을 압축 해제하고, bin 서브디렉토리에서 `idea.sh`를 실행한다.

이 책의 대상 독자

이 책은 코틀린의 기본을 알고 있으면서 함수형 프로그래밍 이면의 기본 아이디어를 이해하고 실용적으로 사용하는 방법을 알고 싶은 코틀린 유저(프로그래머, 엔지니어, 라이브러리 작성자, 아키텍트)를 위한 것이다. 부록에서 코틀린 언어를 빠르게 시작하는 방법을 제공한다. 코틀린을 처음 접하는 독자라면 부록 먼저 보기를 권한다.

예제 코드 다운로드

한국어판의 예제 코드는 에이콘출판사의 도서정보 페이지인 http://www.acornpub.co.kr/book/functional-kotlin에서도 다운로드할 수 있다.

원서의 예제 코드를 보려면 http://www.packtpub.com/support를 방문해 이메일을 등록하면 파일을 직접 받을 수 있으며, 원서의 Errata도 확인할 수 있다. 또한 https://github.com/PacktPublishing/Functional-Kotlin에서 다운로드할 수 있다.

컬러 이미지 다운로드

이 책에서 사용된 스크린샷/다이어그램의 컬러 이미지를 PDF 파일로 제공한다. 다음 링크에서 다운로드할 수 있다.

https://www.packtpub.com/sites/default/files/downloads/FunctionalKotlin_ColorImages.pdf

에이콘출판사의 도서정보 페이지인 http://www.acornpub.co.kr/book/functional-kotlin에서도 다운로드할 수 있다.

편집 규약

이 책에서는 독자의 이해를 돕고자 다루는 정보에 따라 글꼴 스타일을 다르게 적용했다. 이러한 스타일의 예제와 의미는 다음과 같다.

텍스트에서 코드 단어와 데이터베이스 테이블 이름, 사용자 입력, 트위터 핸들은 다음과 같이 표시한다.

"Cupcake와 Biscuit 두 클래스의 상태와 행동을 공유하는 새로운 BakeryGood 클래스를 소개했고, 두 클래스가 BakeryGood를 확장하게 했다."

코드 블록은 다음과 같이 표시한다.

```
open class BakeryGood(val flavour: String) {
    fun eat(): String {
        return "냠냠냠, 맛있는 $flavour 베이커리 제품"
    }
}
```

코드 블록에서 좀 더 유심히 볼 필요가 있는 줄이나 항목에는 굵은체를 사용한다.

```
fun main(args: Array<String>) {
    val emptyList1 = listOf<Any>()
    val emptyList2 = emptyList<Any>()
    println("emptyList1.size = ${emptyList1.size}")
    println("emptyList2.size = ${emptyList2.size}")
}
```

커맨드라인 입력이나 출력은 다음과 같이 표시한다.

```
$ kotlin HelloKt
```

새로운 용어나 중요한 키워드는 **고딕체**로 표시한다. 애플리케이션의 메뉴나 대화상자에 나오는 텍스트는 다음과 같이 표시한다.

"파일이나 프로젝트 중 무엇을 열지 물어보는 대화상자가 나타난다. Open As Project를 클릭한다."

경고나 중요한 내용은 이와 같이 나타낸다.

팁이나 요령은 이와 같이 나타낸다.

독자 의견

독자의 의견은 언제나 환영이다.

일반적인 의견: 이 책의 제목을 메일 제목에 넣어 feedback@packtpub.com으로 이메일을 보내면 된다. 이 책의 내용에 대한 질문이 있다면 questions@packtpub.com으로 이메일을 보내면 된다.

한국어판에 관한 질문은 이 책의 옮긴이나 에이콘 출판사 편집 팀(editor@acornpub.co.kr)으로 문의해주길 바란다.

오탈자: 정확한 내용을 전달하기 위해 모든 노력을 기울였지만, 실수가 있을 수 있다. 책에서 발견한 오류를 알려준다면 감사하겠다. www.packtpub.com/submit-errata에 방문해서 이 책을 선택한 후 Errata Submission Form 링크를 클릭하고 자세한 내용을 넣어주길 바란다.

한국어판은 에이콘출판사의 도서정보 페이지 http://www.acornpub.co.kr/book/functional-kotlin에서 찾아볼 수 있다.

저작권 침해: 인터넷에서 어떤 형태로든 팩트 책의 불법 복제본을 발견한다면 주소나 웹 사이트 이름을 알려주면 감사하겠다. 불법 복제본의 링크를 copyright@packtpub.com으로 보내주길 바란다.

01

코틀린: 데이터 타입, 오브젝트, 클래스

1장에서는 코틀린의 타입 시스템, 코틀린을 통한 객체지향 프로그래밍(OOP, Object-Oriented Programming), 수정자, 디스트럭처링(destructuring) 선언 등을 다룬다.

코틀린은 일부 함수형 기능이 포함된 OOP 언어다. 문제를 해결하기 위해 OOP 언어를 사용할 때 문제와 관련된 정보와 함께 추상적인 방식으로 문제의 일부인 오브젝트를 모델화하려고 한다.

회사의 HR 모듈을 디자인하려는 경우 직원을 상태 혹은 데이터(이름, 생년월일, 사회보장번호 등)와 행동(급여, 다른 부서로의 이전 등)으로 모델링한다. 사람은 매우 복잡하기 때문에 문제 혹은 도메인과 관련이 없는 정보가 있다. 예를 들어 직원의 선호하는 자전거 스타일은 HR 시스템과는 관련이 없지만 온라인 자전거 상점과는 매우 관련이 있다.

오브젝트(데이터와 행동 포함)와 도메인의 다른 오브젝트와의 관계를 확인하면 소프트웨어 솔루션의 일부가 될 코드를 작성하고 개발하는 것을 시작할 수 있다. 오브젝트, 카테고리, 관계 등을 작성하기 위해 언어 컨스트럭트constructs를 사용할 것이다(컨스트럭트는 허용되는 구문을 말하는 멋진 방법이다).

코틀린은 프로그램 작성에 사용 가능한 많은 컨스트럭트를 갖고 있으며, 1장에서는 다음과 같은 컨스트럭트를 다룬다.

- 상속
- 추상 클래스
- 인터페이스
- 오브젝트
- 제네릭
- 타입 앨리어스Type alias
- Null 타입
- 코틀린의 타입 시스템
- 기타 타입

클래스

클래스Class는 코틀린의 기본 타입이다. 코틀린에서 클래스는 인스턴스에 상태, 동작 및 타입을 제공하는 템플릿이다(자세한 것은 나중에 설명하겠다).

클래스를 정의하려면 이름만 있으면 된다.

```
class VeryBasic
```

VeryBasic은 매우 유용하지는 않지만 여전히 유효한 코틀린 구문이다.

VeryBasic 클래스는 상태나 동작이 없다. 그럼에도 불구하고 다음 코드와 같이 VeryBasic 타입의 값을 선언할 수 있다.

```
fun main(args: Array<String>) {
    val basic: VeryBasic = VeryBasic()
}
```

보다시피 기본 값은 VeryBasic 타입이다. 다르게 표현하자면 basic은 VeryBasic의 인스턴스다.

코틀린에서는 타입을 유추할 수 있다. 그래서 위 예제는 다음 코드와 동일하다.

```
fun main(args: Array<String>) {
    val basic = VeryBasic()
}
```

VeryBasic 인스턴스가 됨으로써 basic은 VeryBasic 타입의 상태와 동작의 복사본을 가진다.

속성

앞에서 설명한 것처럼 클래스는 상태를 가질 수 있다. 코틀린에서 클래스 상태는 속성properties으로 표시된다. 다음 예제를 살펴보자.

```
class BlueberryCupcake {
    var flavour = "블루베리"
}
```

BlueberryCupcake 클래스에는 String 타입의 has-a 속성을 갖는 flavour가 있다. 물론 BlueberryCupcake 클래스의 인스턴스를 가질 수도 있다.

```
fun main(args: Array<String>) {
    val myCupcake = BlueberryCupcake()
    println("내 컵케이크에는 ${myCupcake.flavour} (이)가 있다")
}
```

이제 flavour 속성을 변수로 선언했으므로 그 내부 값은 런타임 시에 변경될 수 있다.

```
fun main(args: Array<String>) {
    val myCupcake = BlueberryCupcake()
    myCupcake.flavour = "아몬드"
    println("내 컵케이크에는 ${myCupcake.flavour} (이)가 있다")
}
```

실생활에서는 불가능하다. 컵케이크는 맛이 변하지 않는다(부패하지 않는다면). flavour 속성을 value로 변경하면 수정할 수 없다.

```
class BlueberryCupcake {
    val flavour = "블루베리"
}

fun main(args: Array<String>) {
    val myCupcake = BlueberryCupcake()
    myCupcake.flavour = "아몬드"            //컴파일 에러: Val은 재할당할 수 없다.
    println("내 컵케이크에는 ${myCupcake.flavour} (이)가 있다")
}
```

아몬드 컵케이크를 위한 새 클래스를 선언한다.

```
class AlmondCupcake {
    val flavour = "아몬드"
}

fun main(args: Array<String>) {
    val mySecondCupcake = AlmondCupcake()
    println("두 번째 컵케이크는 ${mySecondCupcake.flavour} 맛이 난다")
}
```

뭔가 구린내가 난다. BlueberryCupcake와 AlmondCupcake는 구조가 동일하다. 내부 값만이 변경됐다.

실생활에서는 컵케이크 맛에 따라 다른 반죽을 갖지는 않는다. 좋은 품질의 반죽이 다양한 맛에 사용될 수 있다. 같은 식으로 잘 디자인된 Cupcake 클래스는 다른 인스턴스에 사용될 수 있다.

```
class Cupcake(flavour: String) {
    val flavour = flavour
}
```

Cupcake 클래스에는 flavour 값을 할당하기 위한 flavour 파라미터가 있는 생성자가 있다.

이것은 좀 더 일반적인 관용어이므로 코틀린은 좀 더 간결하게 정의하기 위한 약간의 문법적 감미료를 가미한다.

```
class Cupcake(val flavour: String)
```

이제 다양한 맛을 가진 여러 인스턴스를 정의할 수 있다.

```
fun main(args: Array<String>) {
    val myBlueberryCupcake = Cupcake("블루베리")
    val myAlmondCupcake = Cupcake("아몬드")
    val myCheeseCupcake = Cupcake("치즈")
    val myCaramelCupcake = Cupcake("캐러멜")
}
```

메소드

코틀린에서 클래스의 행동은 메소드[method]로 정의한다. 기술적으로 메소드는 멤버 함수이므로 이후에 함수에 대해 배우는 모든 것은 메소드에도 적용된다.

```
class Cupcake(val flavour: String) {
    fun eat(): String {
        return "냠냠냠, 맛있는 $flavour 컵케이크"
    }
}
```

eat() 메소드는 String 값을 반환한다. 이제 다음 코드처럼 eat() 메소드를 호출해보자.

```
fun main(args: Array<String>) {
    val myBlueberryCupcake = Cupcake("블루베리")
    println(myBlueberryCupcake.eat())
}
```

다음은 코드를 실행한 결과다.

```
냠냠냠, 맛있는 블루베리 컵케이크
```

이것이 첫 번째 메소드다. 나중에는 좀 더 흥미로운 것을 할 것이다.

상속

코틀린에서 도메인의 모델링을 계속 이어갈 때 특정 오브젝트가 꽤 비슷하다는 것을 깨달을 것이다. HR의 경우로 돌아간다면 직원과 계약직은 꽤나 동일하다. 둘 다 이름, 생일 등을 갖고 있다. 또한 약간의 차이점을 가진다. 예를 들어 계약직은 일당을 받지만 직원은 월급을 받는다. 둘이 비슷하다는 것은 분명하다. 둘 다 사람이다. 사람은 계약직과 직원이 모두 속해 있는 상위 집합이다. 따라서 둘 다 다른 부분집합으로 분류하기에 충분한 고유한 특징을 갖고 있다.

이것이 상속의 전부다. 그룹과 하위 그룹이 있으며, 둘 간의 관계가 있다. 상속 계층 구조에서 계층을 올라가면 좀 더 일반적인 기능과 행동을 보게 되며, 내려갈수록 좀 더 구체적인 것을 보게 된다. 부리토와 마이크로프로세서는 둘 다 오브젝트지만 매우 다른 목적과 용도를 가진다.

새로운 Biscuit 클래스를 살펴보자.

```
class Biscuit(val flavour: String) {
    fun eat(): String {
        return "냠냠냠, 맛있는 $flavour 비스킷"
    }
}
```

이 클래스는 Cupcake와 거의 비슷하게 보인다. 코드 복제를 줄이기 위해 이 클래스를 리팩토링하자.

```
open class BakeryGood(val flavour: String) {
```

```
    fun eat(): String {
        return "냠냠냠, 맛있는 $flavour 베이커리 제품"
    }
}

class Cupcake(flavour: String): BakeryGood(flavour)
class Biscuit(flavour: String): BakeryGood(flavour)
```

Cupcake와 Biscuit 두 클래스의 상태와 행동을 공유하는 새로운 BakeryGood 클래스를 소개했고, 두 클래스가 BakeryGood를 확장하게 했다. 이렇게 함으로써 Cupcake(와 Biscuit)은 이제 BakeryGood과 is-a 관계를 가진다. 반면에 BakeryGood은 Cupcake 클래스의 상위 클래스다.

BakeryGood은 open으로 표기됐다는 점을 주의하자. 이 클래스가 확장되도록 특별하게 디자인했다는 것을 의미한다. 코틀린에서는 open되지 않은 클래스를 확장할 수 없다.

일반적인 행동과 상태를 부모 클래스로 옮기는 과정을 일반화라고 한다. 다음 코드를 살펴보자.

```
fun main(args: Array<String>) {
    val myBlueberryCupcake: BakeryGood = Cupcake("블루베리")
    println(myBlueberryCupcake.eat())
}
```

새로운 코드를 사용해보자.

```
냠냠냠, 맛있는 블루베리 베이커리 제품
```

이것은 기대하던 것이 아니다. 좀 더 많이 리팩토링해야 한다.

```
open class BakeryGood(val flavour: String) {
    fun eat(): String {
        return "냠냠냠, 맛있는 $flavour ${name()}"
    }

    open fun name(): String {
        return "베이커리 제품"
    }
}

class Cupcake(flavour: String): BakeryGood(flavour) {
    override fun name(): String {
        return "컵케이크"
    }
}

class Biscuit(flavour: String): BakeryGood(flavour) {
    override fun name(): String {
        return "비스킷"
    }
}
```

잘 돌아간다. 출력을 살펴보자.

```
냠냠냠, 맛있는 블루베리 컵케이크
```

name()이라는 새로운 메소드를 선언했다. 서브클래스에서 선택적으로 변경할 수 있게 디자인했기 때문에 open으로 표시해야 한다.

메소드의 정의를 서브클래스에서 변경하는 것을 오버라이드라고 하며, 두 서브클래스의 name() 메소드가 override로 표시된 이유다.

계층 구조에서 클래스를 확장하고 동작을 오버라이딩하는 프로세스를 **전문화**라고 한다.

경험에서 나온 규칙

일반적인 상태와 행동을 계층 구조의 최상위에 놓고(일반화), 특정한 상태와 행동은 서브클래스에 놓는다(특수화).

이제 베이커리 제품을 더 가질 수 있다. 다음 코드를 살펴보자.

```
open class Roll(flavour: String): BakeryGood(flavour) {
   override fun name(): String {
       return "롤"
   }
}

class CinnamonRoll: Roll("시나몬")
```

서브클래스 역시 확장할 수 있다. open으로 표시되기만 하면 된다.

```
open class Donut(flavour: String, val topping: String) :
       BakeryGood(flavour)
{
   override fun name(): String {
       return "$topping(으)로 토핑된 도넛"
   }
}

fun main(args: Array<String>) {
   val myDonut = Donut("커스터드", "파우더 슈거")
   println(myDonut.eat())
}
```

또한 더 많은 속성과 메소드를 가진 클래스를 생성할 수 있다.

추상 클래스

지금까지는 좋았다. 베이커리는 좋아 보인다. 그러나 현재 모델에는 문제가 있다. 다음 코드를 살펴보자.

```
fun main(args: Array<String>) {
    val anyGood = BakeryGood("일반적인 맛")
}
```

BakeryGood 클래스를 직접 인스턴스화할 수 있으며, 이는 너무 일반적이다. 이 상황을 해결하기 위해 BakeryGood을 abstract로 표시할 수 있다.

```
abstract class BakeryGood(val flavour: String) {
    fun eat(): String {
        return "냠냠냠, 맛있는 $flavour ${name()}"
    }

    open fun name(): String {
        return "베이커리 제품"
    }
}
```

추상[abstract] 클래스는 확장을 위해서만 디자인된 클래스다. 추상 클래스는 인스턴스화할 수 없으므로 문제가 해결된다.

abstract가 open과 다른 이유는 무엇일까?

둘 다 클래스를 확장할 수 있게 하지만 open만이 인스턴스화할 수 있게 한다.

이제 인스턴스화할 수 없으므로 BakeryGood 클래스의 name() 메소드는 더 이상 유용하지 않다. 그리고 CinnamonRoll을 제외한 모든 서브클래스에서 이를 오버라이드해야 한다(CinnamonRoll은 Roll 구현에 의존한다).

```
abstract class BakeryGood(val flavour: String) {
   fun eat(): String {
       return "냠냠냠, 맛있는 $flavour ${name()}"
   }
   abstract fun name(): String
}
```

abstract로 표시된 메소드는 본문이 없으며, 서명 선언만 있다(메소드 서명은 메소드를 식별하는 방법이다). 코틀린에서 서명은 메소드의 이름, 숫자, 파라미터 타입과 반환 타입으로 구성된다.

BakeryGood 클래스를 직접적으로 확장하는 클래스는 name() 메소드를 오버라이드해야만 한다. 추상 메소드를 오버라이드하기 위한 기술 용어는 구현돼 있으며, 이제부터는 그것을 사용할 것이다. 따라서 Cupcake 클래스는 name() 메소드를 구현한다(코틀린은 메소드 구현에 대한 키워드가 없다. 메소드 구현과 오버라이딩 둘 다 override 키워드를 사용한다).

새로운 클래스인 Customer를 소개하겠다. 베이커리에는 고객이 필요하다.

```
class Customer(val name: String) {
   fun eats(food: BakeryGood) {
       println("$name 이(가) ${food.eat()} 을(를) 먹는다.")
   }
}

fun main(args: Array<String>) {
   val myDonut = Donut("커스터드", "파우더 슈거")
   val mario = Customer("마리오")
   mario.eats(myDonut)
}
```

eats(food: BakeryGood) 메소드는 BakeryGood 파라미터를 사용하므로 BakeryGood 파라미터를 확장한 클래스의 인스턴스 계층 레벨이 얼마나 되는지는 중요하지 않다. BakeryGood을 직접 인스턴스화할 수 있다는 점을 기억하자.

간단한 BakeryGood을 원한다면 어떻게 될까? 시험해보자.

대안으로 익명 서브클래스가 있다.

```
fun main(args: Array<String>) {
    val mario = Customer("마리오")
    mario.eats(object : BakeryGood("TEST_1") {
        override fun name(): String {
            return "TEST_2"
        }
    })
}
```

여기에 새로운 키워드인 object가 소개됐다. 나중에 오브젝트를 더 자세히 다룰 것이지만, 지금은 이것이 오브젝트 표현이라는 것을 아는 것으로 충분하다. 오브젝트 표현식은 타입을 확장하는 익명 클래스의 인스턴스를 정의한다.

이 예제에서 오브젝트 표현(기술적으로는 익명 클래스)은 name() 메소드를 오버라이드해야 하며, 표준 클래스가 하는 것처럼 BakeryGood 생성자에게 파라미터로 값을 넘겨줘야 한다.

오브젝트 표현식은 인스턴스이므로 값을 정의하는 데 사용할 수 있다는 점을 기억하자.

```
val food: BakeryGood = object : BakeryGood("TEST_1") {
    override fun name(): String {
        return "TEST_2"
    }
}
```

```
mario.eats(food)
```

인터페이스

open과 가상 클래스는 계층 구조를 만드는 데는 좋지만 때로는 충분하지 않다. 일부 서브셋은 분명히 관련 없는 계층 구조 사이에 걸쳐있을 수 있다. 예를 들어 새와 대형 유인원은 두 발로 걸어 다니며, 양쪽 다 동물이자 척추동물이지만 직접적인 관련성은 없다. 이것이 다른 구조가 필요한 이유며, 코틀린은 이를 위해 인터페이스를 제공한다 (다른 언어는 이 문제를 다르게 처리한다).

베이커리 제품은 훌륭하지만 우선 조리해야 한다.

```
abstract class BakeryGood(val flavour: String) {
    fun eat(): String {
        return "냠냠냠, 맛있는 $flavour ${name()}"
    }

    fun bake(): String {
        return "여기는 뜨겁다. 그렇지??"
    }

    abstract fun name(): String
}
```

새로운 bake() 메소드를 통해 모든 놀라운 제품을 조리할 수 있다. 그러나 도넛은 굽는 게 아니라 튀기는 것이다.

bake() 메소드를 두 번째 추상 클래스 Bakeable로 옮길 수 있다면 어떨까? 다음 코드에서 시도해보자.

```
abstract class Bakeable {
    fun bake(): String {
        return "여기는 뜨겁다. 그렇지??"
    }
}

class Cupcake(flavour: String) : BakeryGood(flavour), Bakeable() {
    //컴파일 에러: 하나의 클래스만 supertype 목록에 나타날 수 있다
    override fun name(): String {
        return "컵케이크"
    }
}
```

잘못됐다. 코틀린에서 클래스는 동시에 두 클래스를 확장할 수 없다. 다음 코드를 살펴보자.

```
interface Bakeable {
    fun bake(): String {
        return "여기는 뜨겁다. 그렇지??"
    }
}

class Cupcake(flavour: String) : BakeryGood(flavour), Bakeable {
    override fun name(): String {
        return "컵케이크"
    }
}
```

그러나 여러 인터페이스를 확장할 수는 있다. 인터페이스[interface]는 동작을 정의하는 타입이다. Bakeable 인터페이스의 경우는 bake() 메소드다.

그래서 open/abstract 클래스와 인터페이스의 차이는 무엇인가?

다음과 같은 유사점부터 시작하자.

- 둘 다 타입이다. 예제에서 Cupcake는 BakeryGood과 is-a 관계이며, Bakeable과 is-a 관계다.
- 둘 다 행동을 메소드로 정의한다.
- open 클래스가 직접 인스턴스화될 수 있는 반면에 추상 클래스나 인터페이스는 불가능하다.

이제 다음의 차이점을 살펴보자.

- 클래스는 하나의 클래스(open 혹은 abstract)만 확장할 수 있지만, 인터페이스는 여러 개를 확장할 수 있다.
- open/abstract 클래스는 생성자를 가질 수 있다.
- open/abstract 클래스는 자신의 값을 초기화할 수 있다. 인터페이스의 값은 인터페이스를 확장하는 클래스 내에서 초기화해야 한다.
- open 클래스는 open으로 오버라이드할 수 있는 메소드를 선언해야 한다. 추상 클래스는 open과 abstract 메소드 모두를 가질 수 있다.

인터페이스에서 모든 메소드는 open이며, 구현이 없는 메소드에 abstract 수정자가 필요하지는 않다.

```
interface Fried {
    fun fry(): String
}

open class Donut(flavour: String, val topping: String) :
BakeryGood(flavour), Fried {
    override fun fry(): String {
        return "*기름에서 수영하기*"
    }

    override fun name(): String {
        return "$topping(으)로 토핑된 도넛"
```

```
    }
}
```

언제 어떤 것을 사용해야 할까?

- open 클래스를 사용할 때:
    - 확장하고 인스턴스화돼야 하는 클래스
- 추상 클래스를 사용하는 때:
    - 인스턴스화할 수 없는 클래스
    - 생성자가 필요하다.
    - 초기화 로직이 있다(init 블록 사용).

다음 코드를 살펴보자.

```
abstract class BakeryGood(val flavour: String) {
    init {
        println("새로운 베이커리 제품 준비중")
    }

    fun eat(): String {
        return "냠냠냠, 맛있는 $flavour ${name()}"
    }

    abstract fun name(): String
}
```

- 인터페이스를 사용할 때:
    - 다중 상속이 적용돼야 한다.
    - 초기화 로직이 필요 없다.

추천하는 방식은 언제나 인터페이스로 시작하는 것이다. 인터페이스는 좀 더 직관적이며 깨끗하다. 또한 좀 더 모듈식의 디자인을 허용한다. 데이터 초기화/생성자가 필요한 경우 추상/open으로 이동한다.

추상 클래스와 마찬가지로 오브젝트 표현식은 인터페이스와 함께 사용 가능하다.

```
val somethingFried = object : Fried {
    override fun fry(): String {
        return "TEST_3"
    }
}
```

오브젝트

이미 오브젝트 표현식을 다뤘지만 오브젝트object에 대해서는 더 많은 것이 있는데, 오브젝트는 자연스러운 싱글톤이다(다른 언어에서와 같이 행동 패턴 구현이 아니라 언어 기능으로 나타나는 것을 뜻한다). 싱글톤은 인스턴스가 오직 하나뿐인 타입이며, 코틀린의 모든 오브젝트는 싱글톤이다. 이것은 다양한 흥미로운 패턴(그리고 일부 나쁜 습관 또한)을 발생시킨다. 싱글톤 오브젝트는 시스템 전체에서 액션 조절을 하는 데는 유용하지만 전역 상태를 유지하는 데 사용하는 경우에는 위험할 수도 있다.

오브젝트 표현식은 다른 타입을 확장할 필요가 없다.

```
fun main(args: Array<String>) {
    val expression = object {
        val property = ""
        fun method(): Int {
            println("오브젝트 표현식으로부터")
```

```
            return 42
        }
    }

    val i = "${expression.method()} ${expression.property}"
    println(i)
}
```

이 경우 표현식의 값은 특정 유형이 없는 오브젝트다. 오브젝트의 속성과 함수에 접근할 수 있다.

한 가지 제한이 있다. 타입이 없는 오브젝트 표현식은 메소드 내부에서 로컬로 사용되거나 클래스 내에서 개인적으로만private 사용할 수 있다.

```
class Outer {
    val internal = object {
        val property = ""
    }
}

fun main(args: Array<String>) {
    val outer = Outer()
    println(outer.internal.property) //컴파일 에러: 해결되지 않은 참조: property
}
```

이 경우 property 값에 접근할 수 없다.

오브젝트 선언

오브젝트도 이름을 가질 수 있다. 이런 종류의 오브젝트를 오브젝트 선언이라고 한다.

```
object Oven {
   fun process(product: Bakeable) {
       println(product.bake())
   }
}

fun main(args: Array<String>) {
   val myAlmondCupcake = Cupcake("아몬드")
   Oven.process(myAlmondCupcake)
}
```

오브젝트는 싱글톤이다. 사용하기 위해 Oven을 인스턴스화할 필요는 없다. 오브젝트는 또한 다른 타입을 확장할 수 있다.

```
interface Oven {
   fun process(product: Bakeable)
}

object ElectricOven: Oven {
   override fun process(product: Bakeable) {
       println(product.bake())
   }
}

fun main(args: Array<String>) {
   val myAlmondCupcake = Cupcake("아몬드")
   ElectricOven.process(myAlmondCupcake)
}
```

컴패니언 오브젝트

클래스/인터페이스 내에서 선언된 오브젝트는 컴패니언 오브젝트Companion objects로 표시될 수 있다. 다음 코드에서 컴패니언 오브젝트의 사용을 보자.

```
class Cupcake(flavour: String) : BakeryGood(flavour), Bakeable {
  override fun name(): String {
      return "컵케이크"
  }

  companion object {
      fun almond(): Cupcake {
         return Cupcake("아몬드")
      }

      fun cheese(): Cupcake {
         return Cupcake("치즈")
      }
  }
}
```

이제 인스턴스화 없이 클래스 이름을 사용해 컴패니언 오브젝트 내의 메소드를 직접 사용할 수 있다.

```
fun main(args: Array<String>) {
  val myBlueberryCupcake: BakeryGood = Cupcake("블루베리")
  val myAlmondCupcake = Cupcake.almond()
  val myCheeseCupcake = Cupcake.cheese()
  val myCaramelCupcake = Cupcake("캐러멜")
}
```

컴패니언 오브젝트의 메소드는 인스턴스에서 사용할 수 없다.

```
fun main(args: Array<String>) {
  val myAlmondCupcake = Cupcake.almond()
  val myCheeseCupcake = myAlmondCupcake.cheese()
           //컴파일 에러: 해결되지 않은 참조: cheese
}
```

컴패니언 오브젝트는 클래스 외부에서 name 컴패니언과 함께 값으로 사용할 수 있다.

```
fun main(args: Array<String>) {
    val factory: Cupcake.Companion = Cupcake.Companion
}
```

또는 컴패니언 오브젝트에 이름을 줄 수 있다.

```
class Cupcake(flavour: String) : BakeryGood(flavour), Bakeable {
    override fun name(): String {
        return "컵케이크"
    }

    companion object Factory {
        fun almond(): Cupcake {
            return Cupcake("아몬드")
        }

        fun cheese(): Cupcake {
            return Cupcake("치즈")
        }
    }
}

fun main(args: Array<String>) {
    val factory: Cupcake.Factory = Cupcake.Factory
}
```

또한 다음 코드와 같이 이름 없이 사용할 수도 있다.

```
fun main(args: Array<String>) {
    val factory: Cupcake.Factory = Cupcake
}
```

이 구문을 헷갈리지 말자. 괄호 없는 Cupcake 값은 컴패니언 오브젝트다. Cupcake()는 인스턴스다.

제네릭

이 절은 제네릭Generics에 대한 짧은 설명이다. 자세한 것은 나중에 다룰 것이다.

제네릭 프로그래밍은 일반적인 문제를 해결하는 알고리즘 생성(그리고 부차적으로 데이터 구조)에 중점을 둔 스타일 프로그래밍이다.

제네릭 프로그래밍을 코틀린이 지원하는 방식은 타입 파라미터를 사용하는 것이다. 타입 파라미터로 코드를 작성했고, 나중에 이것을 사용할 때 파라미터로 타입을 전달할 것이다.

Oven 인터페이스를 예로 들어보자.

```
interface Oven {
    fun process(product: Bakeable)
}
```

오븐은 기계이므로 더 일반화할 수 있다.

```
interface Machine<T> {
    fun process(product: T)
}
```

Machine<T> 인터페이스는 타입 파라미터 T와 메소드 process(T)를 정의했다.

이제 Oven을 확장할 수 있다.

```
interface Oven: Machine<Bakeable>
```

이제 오븐은 Bakeable 타입 파라미터를 가진 Machine을 확장했으므로 process 메소드는 이제 파라미터로 Bakeable을 받을 것이다.

타입 앨리어스

타입 앨리어스Type alias는 기존 타입의 이름을 정의하는 방식을 제공한다. 타입 앨리어스는 복잡한 타입을 읽기 쉽게 만들어주며, 다른 힌트를 제공할 수도 있다.

어떤 의미에서 Oven 인터페이스는 Machine<Bakeable>의 이름일 뿐이다.

```
typealias Oven = Machine<Bakeable>
```

새로운 타입 앨리어스인 Oven은 이전의 오븐 인터페이스와 똑같다. 이것은 확장할 수 있으며, Oven 타입의 값을 가질 수 있다.

타입 앨리어스는 또한 타입에 대한 정보를 향상시켜 도메인과 관련된 의미 있는 이름을 제공하는 데 사용할 수도 있다.

```
typealias Flavour = String abstract class BakeryGood(val flavour: Flavour) {
```

또한 컬렉션에서 사용할 수도 있다.

```
typealias OvenTray = List<Bakeable>
```

오브젝트와 함께 사용할 수도 있다.

```
typealias CupcakeFactory = Cupcake.Companion
```

Nullable 타입

코틀린의 주요 기능 중 하나는 null이 가능한nullable 타입이다. null이 가능한 타입은 값이 null을 포함하거나 null인지의 여부를 정의할 수 있게 한다.

```
fun main(args: Array<String>) {
    val myBlueberryCupcake: Cupcake = null   //컴파일 에러: Null은 non-null 타입인
                                             //Cupcake의 값이 될 수 없다
}
```

코틀린에서 이것은 유효하지 않다. Cupcake 타입은 null 값을 허용하지 않는다. null 값을 허용하려면 myBlueberryCupcake는 다른 타입이어야 한다.

```
fun main(args: Array<String>) {
    val myBlueberryCupcake: Cupcake? = null
}
```

본질적으로 Cupcake는 null이 아닌 타입이며, Cupcake?는 null이 가능한 타입이다.

계층 구조에서 Cupcake는 Cupcake?의 하위 타입이다. 그래서 어떤 상황에서는 Cupcake?가 정의되고 Cupcake가 사용 가능하지만 다른 방법은 사용 불가능한 것일까?

```
fun eat(cupcake: Cupcake?){
    //무언가 여기서 발생한다.
}
```

```
fun main(args: Array<String>) {
    val myAlmondCupcake = Cupcake.almond()
    eat(myAlmondCupcake)
    eat(null)
}
```

코틀린의 컴파일러는 null이 가능한 인스턴스와 null이 아닌 타입 인스턴스 간의 구별을 생성한다.

예를 들어 다음 값을 사용해보자.

```
fun main(args: Array<String>) {
    val cupcake: Cupcake = Cupcake.almond()
    val nullabeCupcake: Cupcake? = Cupcake.almond()
}
```

다음으로 null이 가능한 타입과 null이 아닌 타입 모두에서 eat() 메소드를 호출할 것이다.

```
fun main(args: Array<String>) {
    val cupcake: Cupcake = Cupcake.almond()
    val nullableCupcake: Cupcake? = Cupcake.almond()
    cupcake.eat() //잘 실행된다.
    nullableCupcake.eat()  //오직 safe (?.) 또는 null이 아닌 asserted (!!.) 호출만이
                           //Cupcake? 타입의 null이 가능한 리시버에서 허용된다.
}
```

cupcake의 eat() 메소드 호출은 아주 간단하다. nullableCupcake에서 eat()를 호출하면 컴파일 에러가 나타난다.

왜일까? 코틀린에서 null이 가능한 값에서의 메소드 호출은 위험하다. 잠재적인 NullPointerException(이후 NPE라고 함)가 나올 수 있다. 따라서 안전을 위해 코틀린

은 이것을 컴파일 에러로 표시한다.

null이 가능한 값으로부터 메소드를 호출하거나 속성에 접근하려면 어떻게 해야 할까?

코틀린은 catch를 통해 null이 가능한 값을 다룰 수 있는 옵션을 제공한다. 모든 것은 명시적이다. 어떤 면에서 코틀린은 지금 무엇을 하고 있다는 것을 아는지 보여 달라고 말하는 것이다.

몇 가지 옵션을 검토해보자(나중에 좀 더 많은 옵션을 다룰 것이다).

null 확인

if 블록에서 조건으로 null을 확인한다.

```
fun main(args: Array<String>) {
    val nullableCupcake: Cupcake? = Cupcake.almond()

    if (nullableCupcake != null) {
        nullableCupcake.eat()
    }
}
```

코틀린은 스마트 캐스팅을 할 것이다. if 블록 내에서 nullableCupcake는 Cupcake?가 아니라 Cupcake다. 그래서 메소드나 속성에 접근할 수 있다.

null이 아닌 타입 확인

앞 절과 비슷하지만 이것은 타입을 직접 확인한다.

```
if (nullableCupcake is Cupcake) {
    nullableCupcake.eat()
```

```
}
```

또한 다음과 같을 때에도 작동한다.

```
when (nullableCupcake) {
   is Cupcake -> nullableCupcake.eat()
}
```

null 혹은 null이 아닌 타입을 확인하는 두 옵션 모드는 약간 길다. 다른 옵션을 살펴보자.

안전 호출

안전 호출Safe calls은 값이 null이 아니라면 null이 가능한 값의 메소드와 속성에 접근하게 한다(바이트코드 레벨에서 if(x != null)로 변환된다).

```
nullableCupcake?.eat()
```

그러나 표현식에 사용하면 어떨까?

```
val result: String? = nullableCupcake?.eat()
```

값이 null이라면 null을 반환하므로 결과는 String? 타입이어야 한다.

이것은 다음과 같이 체인에서 안전 호출을 사용할 기회를 준다.

```
val length: Int? = nullableCupcake?.eat()?.length
```

엘비스(?:) 연산자

엘비스[Elvis] 연산자(?:)는 표현식에 null 값이 사용된 경우 대체 값을 반환한다.

```
val result2: String = nullableCupcake?.eat( ) ?: ""
```

nullabluCupcake?.eat( )가 null이라면 ?: 연산자는 대체 값인 ""을 반환한다.

엘비스 연산자는 안전 호출 체인과 같이 사용할 수 있다.

```
val length2: Int = nullableCupcake?.eat( )?.length ?: 0
```

(!!) 연산자

null 값 대신에 !! 연산자는 NPE를 던질 것이다.

```
val result: String = nullableCupcake!!.eat( )
```

NPE를 다룰 수 있다면 !! 연산자는 매우 편리한 기능인 자유 스마트 캐스팅을 제공한다.

```
val result: String = nullableCupcake!!.eat( )

val length: Int = nullableCupcake.eat( ).length
```

nullableCupcake!!.eat( )가 NPE를 던지지 않는다면 코틀린은 다음 줄 이후부터 그것의 타입을 Cupcake?로부터 Cupcake로 변경할 것이다.

코틀린의 타입 시스템

타입 시스템은 언어 구성의 타입을 결정하는 일련의 규칙이다.

(좋은) 타입 시스템은 다음처럼 도와줄 것이다.

- 프로그램의 구성 요소가 일관된 방식으로 연결돼 있는지 확인한다.
- 프로그램을 이해한다(인지 부하를 감소함으로써).
- 비즈니스 규칙을 표현한다.
- 자동으로 로우레벨 최적화를 한다.

이미 코틀린의 타입 시스템을 이해하기에 충분한 내용을 다뤘다.

Any 타입

코틀린의 모든 타입은 Any 타입으로부터 확장한다(실제로는 사실이 아니지만 설명을 위해 따라줬으면 한다).

생성하는 모든 클래스와 인터페이스는 암시적으로 Any를 확장한다. 따라서 Any를 파라미터로 받는 메소드를 작성하면 모든 값을 받을 것이다.

```
fun main(args: Array<String>) {
   val myAlmondCupcake = Cupcake.almond( )
   val anyMachine = object : Machine<Any> {
       override fun process(product: Any) {
          println(product.toString( ))
       }
   }
   anyMachine.process(3)
   anyMachine.process("")
   anyMachine.process(myAlmondCupcake)
}
```

null이 가능한 값은 어떻게 될까? 살펴보자.

```
fun main(args: Array<String>) {
    val anyMachine = object : Machine<Any> {
        override fun process(product: Any) {
            println(product.toString())
        }
    }

    val nullableCupcake: Cupcake? = Cupcake.almond()

    anyMachine.process(nullableCupcake) //Error:(32, 24) 코틀린: 타입 불일치:
                                        //Any가 예상됐으나 Cupcake?가 들어왔다.
}
```

Any는 다른 타입과 같으며, 또한 null이 가능한 타입에 대응하는 Any?를 가진다. Any는 Any?에서 확장된다. 그래서 결국 Any?는 코틀린의 타입 시스템 계층도의 최상위 클래스다.

최소 공통 타입

타입 인터페이스와 표현식 평가로 인해 때때로 어떤 타입이 반환될지 확실치 않은 코틀린의 표현식이 있다. 대부분의 언어는 이 문제를 가능한 타입 옵션 간의 최소 공통 타입을 반환하는 것으로 해결한다. 코틀린은 다른 방식을 사용한다.

모호한 표현식의 예를 살펴보자.

```
fun main(args: Array<String>) {
    val nullableCupcake: Cupcake? = Cupcake.almond()
    val length = nullableCupcake?.eat()?.length ?: ""
}
```

length는 어떤 타입을 가질까? Int일까? String일까? length 값의 타입은 Any다. 꽤 논리적이다. Int와 String 사이의 최소 공통 타입은 Any다. 여태까지는 그럭저럭 괜찮았다. 이제 다음 코드를 살펴보자.

```
val length = nullableCupcake?.eat( )?.length ?: 0.0
```

앞에서의 논리에 따르면 이 경우에는 (Int와 Double 간의 공통 타입인) Number 타입이 될 것이다. 그렇게 생각하지 않는가?

틀렸다. length는 여전히 Any다. 코틀린은 이런 상황에서 최소 공통 타입을 검색하지 않는다. 특정 타입을 원한다면 명시적으로 선언해야 한다.

```
val length: Number = nullableCupcake?.eat( )?.length ?: 0.0
```

Unit 타입

코틀린은 (C나 자바처럼) void를 반환하는 메소드를 갖지 않는다. 대신에 메소드(또는 정확하게 하자면 표현식)는 Unit 타입을 가질 수 있다.

Unit 타입은 표현식이 반환보다는 부수 효과를 위해 호출된다는 것을 뜻한다. Unit 표현의 전형적인 예는 println( )이다. 단지 부수 효과를 위해 호출되는 메소드일 뿐이다.

다른 코틀린 타입과 마찬가지로 Unit은 Any에서 확장되며, null 가능한 타입이 될 수 있다. Unit?은 이상하고 필요 없어 보이지만 타입 시스템의 일관성을 유지하는 데 필요하다. 일관적인 타입 시스템을 갖는 것은 좀 더 나은 컴파일 시간 및 툴링tooling을 포함한 여러 이점이 있다.

```
anyMachine.process(Unit)
```

Nothing 타입

Nothing은 코틀린 계층 전체의 맨 아래에 있는 타입이다. Nothing은 Nothing?를 포함한 모든 코틀린 타입을 확장한다.

그러나 왜 Nothing과 Nothing? 타입이 필요할까?

Nothing은 실행될 수 없는 표현식을 나타낸다(기본적으로 예외를 던진다).

```
val result: String = nullableCupcake?.eat() ?: throw RuntimeException()
   //nullableCupcake!!.eat()와 동일함
```

엘비스 연산자의 한쪽에는 String이 있다. 다른 쪽에는 Nothing이 있다. String과 Nothing 사이의 공통 타입은 String(Any 대신)이기 때문에 결과 값은 String이다.

Nothing은 또한 컴파일러에 특별한 의미를 지닌다. Nothing 타입이 표현식에서 반환되면 그 이후 라인은 도달 불가능한 것으로 표시된다.

Nothing?는 null 값의 타입이다.

```
val x: Nothing? = null

val nullsList: List<Nothing?> = listOf(null)
```

기타 타입

클래스, 인터페이스, 오브젝트는 OOP 타입 시스템의 좋은 출발점이지만, 코틀린은 데이터 클래스, 주석, 열거형과 같은 좀 더 많은 구조를 제공한다(명명된 sealed 클래스라는 추가적인 타입이 있는데, 나중에 다룬다).

데이터 클래스

데이터를 저장하는 것이 주목적인 클래스를 생성하는 것은 코틀린에서 일반적인 패턴이다(다른 언어에서도 일반적인 패턴으로, Json이나 Protobuff를 생각해보자).

코틀린은 이런 목적을 위한 특별한 종류의 클래스가 있다.

```
data class Item(val product: BakeryGood,
   val unitPrice: Double,
   val quantity: Int)
```

데이터 클래스를 선언하려면 몇 가지 제한 사항이 있다.

- 기본 생성자에는 최소 하나의 파라미터가 있어야 한다.
- 기본 생성자의 파라미터는 val이나 var여야만 한다.
- 데이터 클래스는 abstract, open, sealed, inner가 되면 안 된다.

이러한 제한으로 인해 데이터 클래스는 많은 이점을 제공한다.

카노니컬 메소드

카노니컬 메소드[Canonical methods]는 Any에 선언된 메소드다. 따라서 코틀린의 모든 인스턴스가 갖고 있다.

데이터 클래스의 경우 코틀린은 모든 카노니컬 메소드를 올바르게 구현한다.

메소드는 다음과 같다.

- **equals(other: Any?): Boolean:** 이 메소드는 참조가 아닌 값의 일치를 비교한다.
- **hashCode(): Int:** 해시 코드는 인스턴스의 숫자 표현이다. hashCode()가 같은 인스턴스에서 여러 번 호출될 때 항상 동일한 값을 반환해야 한다. equals로 비교할 때 참을 반환하는 두 인스턴스는 같은 hashCode()를 가져야만 한다.
- **toString(): String:** 인스턴스의 문자열 표현이다. 이 메소드는 인스턴스가 String과 연결될 때 호출된다.

copy() 메소드

때때로 기존 인스턴스로부터 값을 재사용하고 싶을 때가 있다. copy() 메소드는 원하는 파라미터를 오버라이딩해서 데이터 클래스의 새로운 인스턴스를 생성할 수 있게 한다.

```
val myItem = Item(myAlmondCupcake, 0.40, 5)
val mySecondItem = myItem.copy(product = myCaramelCupcake) //명명된 파라미터
```

이 경우 mySecondItem은 myItem으로부터 unitPrice와 quantity를 복사하고, product 속성을 바꾼다.

디스트럭처링 메소드

관습적으로 component1(), component2() 등의 일련의 메소드가 있는 클래스의 인스턴스는 디스트럭처링Destructuring 선언에 사용될 수 있다.

코틀린은 모든 데이터 클래스에 대해 다음 메소드를 생성한다.

```
val (prod: BakeryGood, price: Double, qty: Int) = mySecondItem
```

prod 값은 component1()의 반환과 함께 초기화되고, price는 component2()의 반환과 함께 초기화된다. 앞의 예에서는 명시적 타입을 사용했지만 없어도 된다.

```
val (prod, price, qty) = mySecondItem
```

경우에 따라서는 모든 값이 필요하지는 않다. 사용되지 않는 모든 값은 (_)로 바꿀 수 있다.

```
val (prod, _, qty) = mySecondItem
```

주석

주석Annotations은 코드에 메타 정보(문서, 구성 등과 같은)를 첨부하는 방법이다.

다음 예제를 살펴보자.

```
annotation class Tasty
```

주석 자체에 주석을 달아 동작을 수정할 수 있다.

```
@Target(AnnotationTarget.CLASS)
@Retention(AnnotationRetention.RUNTIME)
annotation class Tasty
```

이 경우 Tasty 주석은 클래스, 인터페이스 및 오브젝트에 설정할 수 있으며, 런타임 시에 쿼리될 수 있다.

전체 옵션 목록을 보려면 코틀린 문서를 확인하자.

주석은 한 가지 제한 사항이 있는데, null이 가능해서는 안 된다는 점이다.

```
@Target(AnnotationTarget.CLASS)
@Retention(AnnotationRetention.RUNTIME)
annotation class Tasty(val tasty:Boolean = true)

@Tasty(false)
object ElectricOven : Oven {
   override fun process(product: Bakeable) {
       println(product.bake())
   }
}

@Tasty
class CinnamonRoll : Roll("시나몬")

@Tasty interface Fried {
   fun fry(): String
}
```

런타임 시 주석 값을 쿼리하려면 리플렉션 API(kotlinreflect.jar가 클래스 경로에 있어야 한다)를 사용해야만 한다.

```
fun main(args: Array<String>) {
   val annotations: List<Annotation> = ElectricOven::class.annotations
   for (annotation in annotations) {
       when (annotation) {
           is Tasty -> println("이것은 맛있는가? ${annotation.tasty}")
           else -> println(annotation)
       }
   }
}
```

열거형

코틀린의 열거형Enum은 상수 값의 집합을 정의하는 방식이다. 열거형은 매우 유용하지만, 구성 값 같이 제한되지는 않는다.

```
enum class Flour {
    WHEAT, CORN, CASSAVA
}
```

이 코드에서 각 요소는 `Flour` 클래스를 확장하는 오브젝트다.

다른 오브젝트와 같이 인터페이스를 확장할 수 있다.

```
interface Exotic {
    fun isExotic(): Boolean
}

enum class Flour : Exotic {
    WHEAT {
        override fun isExotic(): Boolean {
            return false
        }
    },
    CORN {
        override fun isExotic(): Boolean {
            return false
        }
    },
    CASSAVA {
        override fun isExotic(): Boolean {
            return true
        }
    }
}
```

열거형은 추상 메소드를 가질 수도 있다.

```
enum class Flour: Exotic {
  WHEAT {
      override fun isGlutenFree(): Boolean {
          return false
      }
      override fun isExotic(): Boolean {
          return false
      }
  },
  CORN {
      override fun isGlutenFree(): Boolean {
          return true
      }
      override fun isExotic(): Boolean {
          return false
      }
  },
  CASSAVA {
      override fun isGlutenFree(): Boolean {
          return true
      }
      override fun isExotic(): Boolean {
          return true
      }
  };
  abstract fun isGlutenFree(): Boolean
}
```

모든 메소드 정의는 마지막 요소를 분리하는 (;) 다음에 선언해야 한다.

열거형을 표현식과 같이 사용할 때 코틀린의 컴파일러는 모든 사례가 (개별적으로 혹은 else와 함께) 다루어지는지 확인한다.

```
fun flourDescription(flour: Flour): String {
    return when(flour) { //에러
        Flour.CASSAVA -> "매우 이국적인 맛"
    }
}
```

이 경우 CASSAVA만을 확인하고 다른 요소는 확인하지 않았다. 따라서 실패한다.

```
fun flourDescription(flour: Flour): String {
    return when(flour) {
        Flour.CASSAVA -> "매우 이국적인 맛"
        else -> "지루함"
    }
}
```

정리

1장에서는 OOP의 기본과 코틀린이 이를 지원하는 방법을 다뤘다. 클래스, 인터페이스, 오브젝트, 데이터 클래스, 주석, 열거형을 사용하는 방법을 배웠다. 또한 코틀린 타입 시스템을 둘러보고, 그것이 좀 더 좋고 안전한 코드를 작성하는 데 어떻게 도움이 되는지 살펴봤다.

2장에서는 함수형 프로그래밍을 소개한다.

02

함수형 프로그래밍 시작

함수형 프로그래밍은 지난 5년간 소프트웨어 산업에 큰 파장을 일으켰으며, 모두가 이 물결에 뛰어들길 원한다. 함수형 프로그래밍은 첫 번째 프로그래밍 언어라고 간주되는 (혹은 최소한 함수형 기능을 소개하는 첫 번째인) 1950년대의 **리스프**Lisp에서 시작됐으며, **커먼 리스프**Common Lisp와 **스킴**Scheme 혹은 **클로저**Clojure 같은 다른 변종 언어에 여전히 존재한다.

2장에서 다루는 내용은 다음과 같다.

- 함수형 프로그래밍이란?
- 기본 개념
- 함수형 컬렉션
- 함수형 리스트 구현

함수형 프로그래밍이란?

함수형 프로그래밍은 하나의 패러다임(프로그램을 구성하는 스타일)이다. 본질적으로 핵심은 표현식으로 데이터를 변환하는 것이다(이상적으로 이런 표현식은 부수 효과가 없어야 한다). 함수형의 이름은 수학 함수의 컨셉을 기반으로 한다(서브루틴, 메소드 또는 프로시저는 포함하지 않음). 수학 함수는 입력과 출력 집합 사이의 관계를 정의한다. 각 입력은 하나의 출력만 한다. 예를 들어 함수 $f(x) = X^2$에서 $f(5)$는 언제나 25이다.

프로그래밍 언어에서 파라미터가 있는 함수를 호출하면 언제나 같은 값을 반환하도록 보장하는 방법은 가변적인 상태에 접근하는 것을 피하는 것이다.

```
fun f(x: Long) : Long {
   return x * x       //외부 상태에 대한 접근 권한 없음
}
```

f 함수는 외부 상태에 접근하지 않으므로 $f(5)$ 호출은 언제나 25를 반환할 것이다.

```
fun main(args: Array<String>) {
   var i = 0

   fun g(x: Long): Long {
       return x * i //가변적인 상태에 접근한다.
   }

   println(g(1)) //0
   i++
   println(g(1)) //1
   i++
   println(g(1)) //2
}
```

반면에 g 함수는 가변적인 상태에 따라 같은 값도 다른 값을 반환한다.

이제 실제 프로그래밍(콘텐츠 관리 시스템CMS, Content Management System, 쇼핑 카트 혹은 채팅)에서 상태가 변경된다. 따라서 함수형 프로그래밍 스타일에서 상태 관리자는 명시적이며 주의해야 한다. 함수형 프로그래밍에서의 상태 변경 관리 기술은 나중에 다룬다.

함수형 프로그래밍 스타일은 다음과 같은 이점을 제공한다.

- **코드는 읽기 쉽고 테스트하기 쉽다.** 외부 가변 상태에 의존하지 않는 함수는 더 쉽게 접근할 수 있고, 더 쉽게 증명할 수 있다.
- **상태와 부수 효과가 주의 깊게 계획된다.** 상태 관리를 코드에 개별적으로 특정 위치로 제한하는 것은 유지와 리팩토링을 쉽게 만든다.
- **동시성이 좀 더 안전해지며 더 자연스러워진다.** 가변 상태가 없다는 것은 동시성 코드가 코드 주변에서 잠금이 적거나 필요 없다는 것을 뜻한다.

기본 개념

함수형 프로그래밍은 몇 가지 잘 정의된 개념으로 구성된다. 이런 개념에 대한 짧은 소개가 뒤따를 것이며, 3장에서 각 개념을 자세히 다룬다.

일급 함수 및 고차 함수

함수형 프로그래밍의 가장 기본적인 컨셉은 **일급 함수**first-class functions다. 일급 함수를 지원하는 프로그래밍 언어는 함수를 다른 타입으로 취급한다. 이런 언어는 함수를 변수, 파라미터, 반환, 일반화 타입 등으로 사용할 수 있게 한다. 파라미터와 반환에 대해 말하자면 다른 함수를 사용하거나 반환하는 함수가 **고차 함수**higher-order function다.

코틀린은 두 가지 컨셉을 모두 지원한다.

간단한 함수를 사용해보자(코틀린의 문서에서 이런 종류의 함수는 람다라고 한다).

```
val capitalize = { str: String -> str.capitalize() }

fun main(args: Array<String>) {
   println(capitalize("헬로 월드!"))
}
```

capitalize 람다 함수는 타입이 (String) -> String이다. 즉, capitalize는 String을 받아 다른 String을 반환한다. 이 경우에는 대문자로 된 문자열이다.

람다 함수로서 capitalize는 파라미터를 가진 (또는 상황에 따라서는 파라미터가 없는) 괄호를 사용해 실행할 수 있다.

그러나 (String) -> String 타입은 무엇을 의미하는 것일까?

(String) -> String은 Function1<String, String>에 대한 단축키(일부는 구문 설탕이라고 부를 수 있음)이다. Function1<P1, R>은 코틀린 표준 라이브러리에 정의된 인터페이스다. Function1<P1, R>은 연산자로 표기된 invoke(P1) : R인 하나의 메소드다(연산자는 나중에 다룬다).

코틀린의 컴파일러는 다음과 같이 컴파일 시간에 바로가기 구문을 완벽한 함수 오브젝트로 변환할 수 있다(실제로 컴파일러는 좀 더 많은 최적화를 행한다).

```
val capitalize = { str: String -> str.capitalize() }
```

이는 다음 코드와 동일하다.

```
val capitalize = object : Function1<String, String> {
   override fun invoke(p1: String): String {
      return p1.capitalize()
   }
}
```

보다시피 capitalize 값의 본문은 invoke 메소드 내부에 있다.

코틀린에서 람다 함수는 다른 함수에서 파라미터로 사용할 수 있다.

다음 예제를 살펴보자.

```
fun transform(str:String, fn: (String) -> String): String {
    return fn(str)
}
```

transform(String, (String) -> String) 함수는 하나의 String을 받아 람다 함수를 적용한다.

결과적으로 변환을 일반화할 수 있다.

```
fun <T> transform(t: T, fn: (T) -> T): T {
    return fn(t)
}
```

transform의 사용은 매우 간단하다. 다음 코드를 살펴보자.

```
fun main(args: Array<String>) {
    println(transform("kotlin", capitalize))
}
```

capitalize를 직접 파라미터로 전달할 수 있다.

transform 함수를 호출하는 방법은 다양하다. 좀 더 해보자.

```
fun reverse(str: String): String {
    return str.reversed()
}
```

```
fun main(args: Array<String>) {
    println(transform("kotlin", ::reverse))
}
```

reverse는 함수다. 다음과 같이 더블 콜론(::)을 사용해 참조를 전달할 수 있다.

```
object MyUtils {
    fun doNothing(str: String): String {
        return str
    }
}

fun main(args: Array<String>) {
    println(transform("kotlin", MyUtils::doNothing))
}
```

doNothing은 오브젝트 메소드다. 이 경우 MyUtils 오브젝트 이름 뒤에 ::을 사용한다.

```
class Transformer {
    fun upperCased(str: String): String {
        return str.toUpperCase()
    }

    companion object {
        fun lowerCased(str: String): String {
            return str.toLowerCase()
        }
    }
}

fun main(args: Array<String>) {
    val transformer = Transformer()
```

```
    println(transform("kotlin", transformer::upperCased))
    println(transform("kotlin", Transformer.Companion::lowerCased))
}
```

또한 인스턴스나 컴패니언 오브젝트 메소드에 참조를 전달할 수도 있다. 그러나 가장 일반적인 경우는 람다를 직접 전달하는 것이다.

```
fun main(args: Array<String>) {
    println(transform("kotlin", { str -> str.substring(0..1) }))
}
```

다음과 같이 암시적 파라미터를 사용하는 짧은 버전이 있다.

```
fun main(args: Array<String>) {
    println(transform("kotlin", { it.substring(0..1) }))
}
```

it는 하나의 파라미터로 람다에서 사용할 수 있는 암시적 파라미터다(명시적으로 선언하지 않는다).

람다를 어떤 경우든지 사용할 수 있다는 점은 매력적이지만, 연속적으로 혹은 중첩된 람다와 함께 사용하면 읽기 어려워질 수 있다. 가능한 한 드물게 사용하고 어떤 타입이 사용되는지 명확하게 해야 한다.

함수가 마지막 파라미터로 람다를 받으면 람다는 괄호 밖으로 전달될 수 있다.

```
fun main(args: Array<String>) {
    println(transform("kotlin") { str -> str.substring(0..1) })
}
```

이 기능은 코틀린으로 도메인 특화 언어[DSL, Domain Specific Language]를 생성할 수 있는 가능성을 열어준다.

루비에서의 unless 흐름 제어문에 대해 알고 있는가? unless는 조건이 거짓인 경우 코드 블록을 실행하는 제어문이다. 일종의 부정 if문이지만 else 절은 없다.

다음 코드를 실행해 코틀린 버전을 만들어보자.

```
fun unless(condition: Boolean, block: () -> Unit){
   if (!condition) block()
}

fun main(args: Array<String>) {
   val securityCheck = false      //여기에 흥미로운 코드를 넣자.
   unless(securityCheck) {
      println("이 웹 사이트에 접근할 수 없다")
   }
}
```

unless는 불리언[Boolean]을 조건으로 받아 람다[lambda] () -> Unit(파라미터와 반환 없음)으로 실행하게 블록한다. unless가 실행되면 다른 코틀린의 흐름 제어 구조와 똑같이 생겼다.

이제 타입 앨리어스는 함수와 혼합해 간단한 인터페이스를 대체하는 데 사용할 수 있다. 1장의 Machine<T> 인터페이스인 다음 예제를 살펴보자.

```
interface Machine<T> {
   fun process(product: T)
}

fun <T> useMachine(t: T, machine: Machine<T>) {
   machine.process(t)
}
```

```
class PrintMachine<T> : Machine<T> {
    override fun process(t: T) {
        println(t)
    }
}

fun main(args: Array<String>) {
    useMachine(5, PrintMachine())
    useMachine(5, object : Machine<Int> {
        override fun process(t: Int) {
            println(t)
        }
    })
}
```

이것은 타입 앨리어스로 대체될 수 있으며, 모든 함수의 구문적 특징과 함께 사용될 수 있다.

```
typealias Machine<T> = (T) -> Unit

fun <T> useMachine(t: T, machine: Machine<T>) {
    machine(t)
}

class PrintMachine<T>: Machine<T> {
    override fun invoke(p1: T) {
        println(p1)
    }
}

fun main(args: Array<String>) {
    useMachine(5, PrintMachine())

    useMachine(5, ::println)
    useMachine(5) { i ->
```

```
        println(i)
    }
}
```

순수 함수

순수 함수에는 부수 효과나 메모리, I/O가 없다. 순수 함수는 참조 투명도, 캐싱(메모이제이션), 기타(3장에서 이러한 기능을 다룬다) 다양한 속성을 가진다.

코틀린에서 순수 함수를 작성하는 것은 가능하지만, 컴파일러는 다른 언어와 마찬가지로 실행하지는 않을 것이다. 혜택을 누리기 위해 순수 함수를 만드는 것은 스스로에게 달려있다. 코틀린은 순수 함수를 실행하지 않으므로 많은 프로그래머는 코틀린이 실제 함수형 프로그래밍 도구가 아니라고 말하며, 그게 맞을지도 모른다. 그렇다. 코틀린은 순수 함수형 프로그래밍을 실행하지 않으며, 원한다면 순수한 함수형 스타일로 작성할 수 있는 기능을 포함한 대단한 유연성을 제공한다.

재귀 함수

재귀 함수는 실행을 멈추는 조건과 함께 스스로를 호출하는 함수다. 코틀린에서 재귀 함수는 스택을 유지하지만 `tailrec` 수정자를 통해 최적화할 수 있다.

`factorial` 함수의 구현 예제를 살펴보자.

우선 다음 코드에서 일반적인 명령형 구현, 루프 및 상태 변경을 살펴보자.

```
fun factorial(n: Long): Long {
    var result = 1L
    for (i in 1..n) {
        result *= i
    }
```

```
    return result
}
```

이것은 멋지거나 우아하지는 않다. 이제 루프와 상태 변경이 없는 재귀 구현을 살펴보자.

```
fun functionalFactorial(n: Long): Long {
    fun go(n: Long, acc: Long): Long {
        return if (n <= 0) {
            acc
        } else {
            go(n - 1, n * acc)
        }
    }
    return go(n, 1)
}
```

내부 재귀 함수를 사용한다. 조건에 도달할 때까지 go 함수는 자기 자신을 호출한다. 보다시피 마지막 n 값에서 시작해 각 재귀 반복에서 값을 줄인다.

최적화된 구현은 비슷하지만 tailrec 수정자를 사용한다.

```
fun tailrecFactorial(n: Long): Long {
    tailrec fun go(n: Long, acc: Long): Long {
        return if (n <= 0) {
            acc
        } else {
            go(n - 1, n * acc)
        }
    }
    return go(n, 1)
}
```

어떤 구현이 빠른지 테스트하기 위해 가난한 남자 프로파일러poor's man profiler 함수를 작성할 수 있다.

```
fun executionTime(body: () -> Unit): Long {
    val startTime = System.nanoTime()
    body()
    val endTime = System.nanoTime()
    return endTime - startTime
}
```

이번 목적을 위해서라면 executionTime 함수는 괜찮다. 그러나 중요한 제품 코드는 자바 마이크로벤치마크 하네스JMH, Java Microbenchmark Harness와 같은 적절한 프로파일링 툴과 함께 검사돼야 한다.

```
fun main(args: Array<String>) {
    println("factorial :" + executionTime { factorial(20) })
    println("functionalFactorial :" + executionTime { functionalFactorial(20) })
    println("tailrecFactorial :" + executionTime { tailrecFactorial(20) })
}
```

이 코드의 결과는 다음과 같다.

```
factorial :966332
functionalFactorial :1730842
tailrecFactorial :798309
```

tailrec 최적화 버전은 일반적인 명령형 버전보다 훨씬 빠르다. 그러나 tailrec은 코드를 빠르게 돌아가게 하는 마법의 주문이 아니다. 일반적으로 tailrec 최적화 코드는 최적화되지 않은 버전보다 빠르게 돌아가겠지만, 언제나 명령형 코드를 이기는 것은 아니다.

다음과 같이 명령형으로 시작되는 피보나치 구현을 살펴보자.

```
fun fib(n: Long): Long {
    return when (n) {
        0L -> 0
        1L -> 1
        else -> {
            var a = 0L
            var b = 1L
            var c = 0L
            for (i in 2..n) {
                c = a + b
                a = b
                b = c
            }
            c
        }
    }
}
```

이제 재귀적으로 구현된 함수를 살펴보자.

```
fun functionalFib(n: Long): Long {
    fun go(n: Long, prev: Long, cur: Long): Long {
        return if (n == 0L) {
            prev
        } else {
            go(n - 1, cur, prev + cur)
        }
    }

    return go(n, 0, 1)
}
```

이제 다음과 같이 tailrec 버전을 확인하자.

```
fun tailrecFib(n: Long): Long {
    tailrec fun go(n: Long, prev: Long, cur: Long): Long {
        return if (n == 0L) {
            prev
        } else {
            go(n - 1, cur, prev + cur)
        }
    }

    return go(n, 0, 1)
}
```

그리고 다시 executionTime으로 프로파일링해보자.

```
fun main(args: Array<String>) {
    println("fib :" + executionTime { fib(93) })
    println("functionalFib :" + executionTime { functionalFib(93) })
    println("tailrecFib :" + executionTime { tailrecFib(93) })
}
```

결과는 다음과 같다.

```
fib :670550
functionalFib :1486167
tailrecFib :768623
```

tailrec 구현은 재귀 버전보다는 훨씬 빠르지만, 일반 명령형 구현만큼 빠르지는 않다.

느긋한 계산법

일부 함수형 언어는 lazy(엄격하지 않은) 계산 모드를 제공한다. 코틀린은 기본적으로 열렬한(엄격한) 평가를 사용한다.

코틀린은 언어 자체에서 느긋한lazy 계산법을 기본적으로 지원하지는 않지만, 코틀린 표준 라이브러리와 델리게이트 속성이라는 언어 기능의 일부로 제공한다(자세한 것은 나중에 다룬다).

```
fun main(args: Array<String>) {
    val i by lazy {
        println("느긋한 계산법")
        1
    }

    println("i 사용 전")
    println(i)
}
```

출력은 다음 스크린샷과 같다.

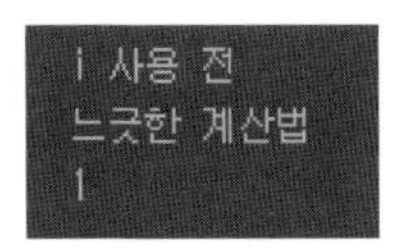

by 예약어 뒤에서 lazy() 상위 함수는 처음 i에 접근할 때 실행될 (() -> T) 초기화 람다 함수를 받는다.

그러나 또한 일부 느긋한 유스케이스의 경우 노멀 람다 함수를 사용할 수 있다.

```
fun main(args: Array<String>) {
    val size = listOf(2 + 1, 3 * 2, 1 / 0, 5 - 4).size
}
```

이 표현식을 실행하려고 하면 ArithmeticException 예외가 발생할 것이다. 이는 0으로 나누기 때문이다.

```
fun main(args: Array<String>) {
    val size = listOf({ 2 + 1 }, { 3 * 2 }, { 1 / 0 }, { 5 - 4 }).size
}
```

이 코드를 실행하는 데는 문제가 없다. 문제가 되는 코드는 실행되지 않아 효과적인 느긋한 계산법이 된다.

함수적 컬렉션

함수적 컬렉션Functional collections은 고차 함수를 통해 요소와 상호작용할 수 있는 방법을 제공하는 컬렉션이다. 함수적 컬렉션은 필터, 맵, 폴드와 같은 이름과 함께 공통된 작업이 있다. 이 이름들은 관습에 따라 정의됐으며(디자인 패턴과 유사함), 여러 라이브러리와 언어로 구현됐다.

순수 함수형 언어에서 구현된 데이터 구조인 순수 함수적 데이터 구조와 혼동하지 말자. 순수 함수적 데이터 구조는 변경 불가능하며, 느긋한 계산법과 다른 기능 테크닉을 사용한다.

함수적 컬렉션은 순수 함수적 데이터 구조가 될 수는 있지만 반드시 그래야만 하는 것은 아니다. 이미 알고리즘의 명령적 구현이 함수적인 것보다 더 빠를 수 있는지에 대한 방법을 다뤘다.

코틀린은 뛰어난 함수적 컬렉션 라이브러리를 제공한다. 다음을 살펴보자.

```
val numbers: List<Int> = listOf(1, 2, 3, 4)
```

숫자를 List<Int> 타입으로 했다. 이제 다음과 같이 멤버를 출력하자.

```
fun main(args: Array<String>) {
   for(i in numbers) {
       println("i = $i")
   }
}
```

지금까지는 좋았지만, 그다지 함수적으로 보이지는 않는다.

더 이상 걱정하지 말자. 코틀린 컬렉션은 멤버에서 작동하기 위해 람다를 받는 많은 함수가 포함돼 있다. 다음과 같이 이 루프를 람다로 변경할 수 있다.

```
fun main(args: Array<String>) {
   numbers.forEach { i -> println("i = $i") }
}
```

이제 다음 코드에서 컬렉션을 변형해보겠다.

```
val numbers: List<Int> = listOf(1, 2, 3, 4)

fun main(args: Array<String>) {
   val numbersTwice: List<Int> = listOf()

   for (i in numbers) {
       numbersTwice.add(i * 2)    //컴파일 에러: 해결되지 않은 참조: add
   }
}
```

이 코드는 컴파일되지 않는다. numberTwice가 add(T) 메소드를 갖지 않기 때문이다. List<T>는 변하지 않는 리스트다. 초기화된 이후에는 수정할 수 없다. 리스트에 요소를 추가하려면 다른 타입을 사용해야만 한다. MutableList<T>를 사용하자.

```
val numbers: List<Int> = listOf(1, 2, 3, 4)

fun main(args: Array<String>) {
    val numbersTwice: MutableList<Int> = mutableListOf()
    for (i in numbers) {
        numbersTwice.add(i * 2)    //잘 된다.
    }
}
```

MutableList<T>는 List<T>를 확장한다. add(T), remove(T), clear 등과 같이 컬렉션 자체를 수정하는 메소드를 추가한다.

모든 주요 코틀린 컬렉션 타입(List<T>, Set<T>, Map<K, V>)은 변경 가능한 하위 버전(MutableList<T>, MutableSet<T>, MutableMap<K, V>)을 가진다.

그러나 다음 코드와 같이 이 변형을 한 줄의 표현식으로 바꿀 수 있다.

```
val numbers: List<Int> = listOf(1, 2, 3, 4)

fun main(args: Array<String>) {
    val numbersTwice: List<Int> = numbers.map { i -> i * 2 }
}
```

멥 작업은 변환(기술적으로 값을 다른 것으로 매핑)할 수 있게 한다. 이 코드는 많은 장점을 가지며 더 깨끗하다. 그리고 이제 numberTwice 값은 MutableList<T> 리스트 대신 List<Int> 리스트다.

다른 몇 가지 예를 들어보자. 루프를 사용해 숫자의 모든 요소를 더할 수 있다.

```
val numbers: List<Int> = listOf(1, 2, 3, 4)

fun main(args: Array<String>) {
    var sum = 0
```

```
    for (i in numbers) {
        sum += i
    }
    println(sum)
}
```

다음과 같이 변하지 않는 sum 값을 통해 한 줄로 줄일 수 있다.

```
val numbers: List<Int> = listOf(1, 2, 3, 4)

fun main(args: Array<String>) {
    val sum = numbers.sum()
    println(sum)
}
```

괜찮지만 재미있지는 않으므로 좀 더 발전시켜보자.

```
val numbers: List<Int> = listOf(1, 2, 3, 4)

fun main(args: Array<String>) {
    val sum = numbers.fold(0) { acc, i -> acc + i }
    println(sum)
}
```

fold 메소드는 누적 값을 유지하면서 컬렉션을 반복한다. fold는 T 값을 초기 값으로 받아들인다. 첫 번째 반복에서 이 초기 값은 누적되고, 다음 반복은 람다의 반환을 다음 누적 값으로 사용한다.

```
val numbers: List<Int> = listOf(1, 2, 3, 4)

fun main(args: Array<String>) {
    val sum = numbers.fold(0) { acc, i ->
```

```
        println("acc, i = $acc, $i")
        acc + i
    }
    println(sum)
}
```

출력은 다음 스크린샷과 같다.

```
acc, i = 0, 1
acc, i = 1, 2
acc, i = 3, 3
acc, i = 6, 4
10
```

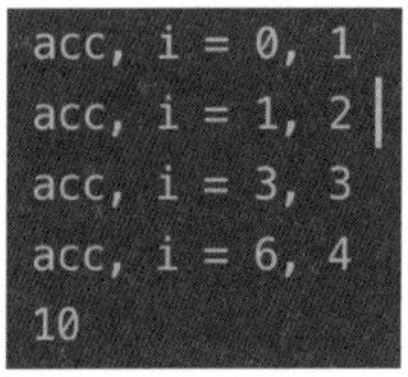

fold와 비슷하게 누적기를 통해 컬렉션에서 반복을 줄이지만 초기 값은 없다.

```
val numbers: List<Int> = listOf(1, 2, 3, 4)

fun main(args: Array<String>) {
    val sum = numbers.reduce { acc, i ->
        println("acc, i = $acc, $i")
        acc + i
    }
    println(sum)
}
```

출력은 다음 스크린샷과 같다.

```
acc, i = 1, 2
acc, i = 3, 3
acc, i = 6, 4
10
```

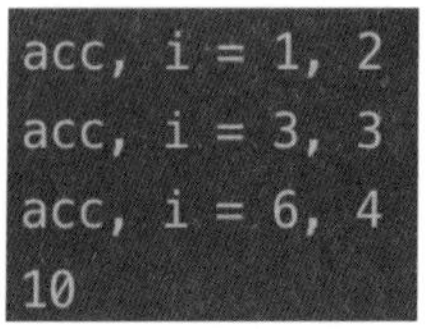

fold와 reduce는 마지막에서부터 첫 번째까지 반복하는 것을 시작하는 foldRight와 reduceRight라는 대응 함수가 있다.

함수형 리스트 구현

처음 두 장에서 배웠던 모든 것을 갖고 순수 함수형 리스트를 구현할 수 있다.

```
sealed class FunList<out T> {
    object Nil : FunList<Nothing>()

    data class Cons<out T>(val head: T, val tail: FunList<T>) : FunList<T>()
}
```

FunList 클래스는 sealed 클래스다. Nil과 빈 리스트(다른 책에서는 이것을 Null 또는 Empty로 정의하는 것을 볼 수 있다), Cons(두 값을 보유하며 Lisp에서 상속받은 이름) 두 가지만이 가능한 서브클래스가 존재한다.

T 타입이 표시돼 있다. 이것은 차이에 대한 것이며, 나중에 이 내용을 다룬다.

Nil은 오브젝트이며 (Nil의 다른 인스턴스는 필요하지 않다) FunList<Nothing>을 확장했다. (Nothing은 코틀린의 타입 계층도의 맨 아래라는 것을 기억하자).

Cons 값은 두 값을 가진다. 머리에는 단일 T, 꼬리에는 FunList<T>이다. 그러므로 Nil 값 혹은 또 다른 Cons가 될 수 있다.

다음과 같이 리스트 인스턴스를 만들어보자.

```
import com.packtpub.functionalkotlin.chapter02.FunList.Cons
import com.packtpub.functionalkotlin.chapter02.FunList.Nil
```

```
fun main(args: Array<String>) {
   val numbers = Cons(1, Cons(2, Cons(3, Cons(4, Nil))))
}
```

이것은 함수적이지만 그렇게 읽기 쉽지는 않다. 더 나은 초기화 함수를 만들 수 있다.

```
import com.packtpub.functionalkotlin.chapter02.FunList.Cons
import com.packtpub.functionalkotlin.chapter02.FunList.Nil

fun intListOf(vararg numbers: Int): FunList<Int> {
   return if (numbers.isEmpty()) {
       Nil
   } else {
       Cons(numbers.first(), intListOf(*numbers.drop(1).toTypedArray()
            .toIntArray()))
   }
}
```

여기에 새로운 것들이 많다. 인자 번호는 vararg로 표시되며 이는 원하는 만큼 많은 파라미터로 이 함수를 호출할 수 있다는 것을 뜻한다. 모든 의도와 목적에서 숫자는 IntArray 값(특수한 타입의 배열)이다. 숫자가 비어 있으면 Nil을 반환할 수 있다. 그렇지 않으면 첫 번째 요소를 머리 값으로 추출하고 꼬리 값으로 intListOf를 재귀적으로 호출할 수 있다. 꼬리 값을 추출하려면 drop 메소드를 사용하고 그 결과를 IntArray 값으로 변환한다. 그러나 vararg로 배열을 직접 전달할 수는 없다. 따라서 스프레드(*) 연산자를 사용해 배열의 각 멤버에게 개별적으로 전달해야 한다.

이제 FunList<Int> 값을 만들 수 있다.

```
fun main(args: Array<String>) {
   val numbers = intListOf(1, 2, 3, 4)
}
```

다음과 같이 forEach를 구현하자.

```
sealed class FunList<out T> {
    object Nil : FunList<Nothing>()

    data class Cons<out T>(val head: T, val tail: FunList<T>) : FunList<T>()

    fun forEach(f: (T) -> Unit) {
        tailrec fun go(list: FunList<T>, f: (T) -> Unit) {
            when (list) {
                is Cons -> {
                    f(list.head)
                    go(list.tail, f)
                }
                is Nil -> Unit    //아무것도 하지 않는다.
            }
        }

        go(this, f)
    }
}
```

forEach 구현은 tailrec을 포함해 '재귀' 절의 팩토리얼과 피보나치 함수 예제와 유사하다.

기술적으로 FunList는 대수적 데이터 타입ADT, Algebraic Data Type이다. FunList는 Nil 혹은 Cons 중 하나일 수 있다. 코틀린의 컴파일러는 컨트롤 구조에서 FunList 타입이 인자로 사용될 때 두 값이 평가됐는지 확인하기 위해 이 정보를 사용할 수 있다.

```
fun main(args: Array<String>) {
    val numbers = intListOf(1, 2, 3, 4)
    numbers.forEach { i -> println("i = $i") }
}
```

fold 구현은 다음 코드와 유사하다.

```
sealed class FunList<out T> {
    /*이전 코드는 여기에*/
    fun <R> fold(init: R, f: (R, T) -> R): R {
        tailrec fun go(list: FunList<T>, init: R, f: (R, T) -> R): R = when
        (list) {
            is Cons -> go(list.tail, f(init, list.head), f)
            is Nil -> init
        }
        return go(this, init, f)
    }
}
```

이런 기능이 구현하기 매우 간단하다는 것을 깨달았는가? 다음 코드를 살펴보자.

```
fun main(args: Array<String>) {
    val numbers = intListOf(1, 2, 3, 4)
    val sum = numbers.fold(0) { acc, i -> acc + i}
}
```

코틀린의 목록과 기능 목록 간의 약간의 경쟁은 어떤가?

```
fun main(args: Array<String>) {
    val funList = intListOf(1, 2, 3, 4)
    val list = listOf(1, 2, 3, 4)

    println("funList에서 fold 실행 : ${executionTime { funList.fold(0) { acc, i ->
            acc + i } }}")
    println("list에서 fold 실행 : ${executionTime { list.fold(0) { acc, i -> acc
            + i } }}")
}
```

출력은 다음 스크린샷과 같다.

```
funList에서 fold 실행 : 1606701
list에서 fold 실행 : 117701
```

이런! 이 구현은 10배 느리다. 걱정하지는 말자. 코틀린의 구현은 크게 최적화된 명령형 솔루션이며, 이것은 단지 재미있게 배우기 위한 것이다.

맵은 어떤가? 함수적인 방식으로 맵을 구현하려면 먼저 다른 기능을 구현해야 한다. reverse부터 시작하자.

reverse는 리스트를 역순으로 반환하는 함수다.

```
sealed class FunList<out T> {
  /*이전 코드*/
  fun reverse(): FunList<T> = fold(Nil as FunList<T>) { acc, i -> Cons(i, acc) }
}
```

acc 값을 꼬리로 사용해 각 반복에서 fold를 재사용하고 새로운 Cons 값을 만들 수 있다. 기존 함수를 재사용하는 이것은 함수형 프로그래밍의 큰 이점 중 하나다.

이제 foldRight를 구현할 수 있다.

```
sealed class FunList<out T> {
  /*이전 코드*/
  fun <R> foldRight(init: R, f: (R, T) -> R): R {
      return this.reverse().fold(init, f)
  }
}
```

다시 기존 함수를 재사용한다. 이제 맵 함수를 구현할 때다. 이 시점에서 기존 함수를 재사용하는 것은 그리 놀라운 것은 아니다.

```
sealed class FunList<out T> {
    /*이전 코드*/
    fun <R> map(f:(T) -> R): FunList<R> {
        return foldRight(Nil as FunList<R>){ tail, head -> Cons(f(head), tail) }
    }
}
```

foldRight는 필요로 하는 모든 것이다. 보다시피 빌딩 블록과 같이 함수와 다른 기본 컨셉을 사용해 완벽한 리스트를 구현할 수 있다. 그리고 이것이 함수형 프로그래밍에 대한 모든 것이다.

정리

2장에서는 함수형 프로그래밍의 기본과 고차 함수, 순수 함수, 재귀 함수, 느긋한 계산법를 다뤘다. 또한 함수형 컬렉션을 다뤘으며, 함수형 프로그래밍 스타일을 사용해 함수형 컬렉션을 구현했다.

3장에서는 함수형 프로그래밍의 근본적인 내용인 불변성에 대해 다룬다.

03

불변성: 중요한 것

이제 함수형 코틀린의 3장으로 왔다. 3장에서는 불변성에 대해 알아본다. 불변성은 함수형 프로그래밍에서 가장 중요한 부분일 것이다. 실제로 함수형 프로그래밍뿐만 아니라 OOP 또한 변하지 않는 오브젝트로 불변성을 키울 수 있는 여지를 제공한다. 그래서 왜 중요한 것일까? 이것은 무엇을 뜻하는 것일까? 코틀린에서 불변성을 어떻게 구현할 수 있을까? 3장에서는 이 세 가지 질문에 답한다.

3장에서 다루는 내용은 다음과 같다.

- 불변성이란?
- 불변성의 장점
- 코틀린에서 불변성의 구현방법
- 변수에서의 불변성

- val과 var
- val과 const val: 정말 변하지 않을까?
- 컴파일러 최적화
- 변하지 않는 컬렉션
- 불변성의 단점

불변성이란?

본질적으로 함수형 프로그래밍은 스레드 안전thread safe이다. 불변성은 스레드를 안전하게 만드는 데 큰 역할을 한다. 사전적인 정의로 가면 **불변성**immutability은 무언가가 변할 수 없다는 것을 의미한다. 따라서 사전에 따라 **불변 변수**immutable variable는 변경될 수 없는 변수다. 이제 어떻게 스레드 안전에 도움이 될 수 있을까?

다음 예제는 스레드 안전성에 대한 추가적인 보호 조치가 없는 간단한 클래스를 보여준다.

```
class MutableObject {
    var mutableProperty:Int = 1
}
```

이 클래스를 동시에 여러 스레드에서 호출하는 상황을 생각해보자. 이것의 무결성에 대한 보장은 없다.

이제 mutableProperty를 변경할 수 없게 한다고 상상해보자. 문제는 부분적으로 해결된다.

그러나 불변성을 클래스를 생성하고 모든 변수를 읽기 전용으로 만드는 것으로 생각한다면 그런 단순화된 설명은 잘못됐을 뿐만이 아니라 끔찍한 것이다. 실제로 불변성은 변경 금지에 대한 것이 아니라 변경 처리에 대한 것이다. 속성의 값을 직접 변경하는 대신 새 속성을 만들고 적용된 변경 사항으로 값을 복사한다. 이것은 코틀린과 자바(혹은 심지어 C에서)의 원시 데이터 타입과 같은 것에도 적용된다. 예를 들어 다음 예제에서 var y = x.capitalize( )를 작성할 때 x의 값에 변경이 적용된 상태로 y에 복사되는 대신 변경되지 않은 채로 남아 있다.

```
fun main(args: Array<String>) {
   var x:String = "abc"
   var y = x.capitalize( )
   println("x = $x, y = $y")
}
```

대부분의 기본 유형은 동일한 방식으로 작동한다. 그것이 **불변성**이라고 부르는 것이다. 이제 코틀린에서 불변성을 구현하는 방법을 살펴본 다음 장점과 단점에 대해 살펴본다.

코틀린에서 불변성 구현

Clojure, Haskell, F# 등과는 달리 코틀린은 불변성이 강제되는 순수 함수형 프로그래밍 언어가 아니다. 오히려 코틀린은 함수형 프로그래밍과 OOP 언어의 완벽한 조화라고 할 수 있다. 즉, 두 세계의 주요 이점을 가진다. 그러므로 순수 함수형 프로그래밍 언어와 같이 불변성을 강요하는 대신 코틀린은 불변성을 권장하며, 가능하면 자동으로 환경설정을 제공한다.

즉, 코틀린은 불변 변수(val)을 갖지만 상태의 진정한 깊은 불변성을 보장하는 언어 메커니즘은 없다. val 변수가 가변 오브젝트를 참조한다면 여전히 내용을 수정할 수 있다. 이 주제에 대해 좀 더 정교하게 알아보고, 깊이 들어가 볼 것이지만, 우선 코틀린에서의 참조 불변성을 어떻게 얻는지와 var, val, const val의 차이점을 살펴본다.

상태의 진정한 불변성은 호출 여부에 상관없이 속성이 언제나 같은 값을 반환할 것이며, 속성이 그 값을 절대 바꾸지 않을 것을 의미한다. 커스텀 게터(custom getter)가 있는 val 속성이 있다면 이것을 쉽게 피할 수 있다. 다음 링크에서 자세한 내용을 확인할 수 있다.

https://artemzin.com/blog/kotlin-val-does-not-meanimmutable-it-just-means-readonly-yeah/

var와 val의 차이

불변성을 장려하지만 개발자에게 선택권을 주기 위해 코틀린은 두 종류의 변수를 소개했다. 첫 번째는 var인데, 다른 명령형 언어에 있는 것과 같이 그저 단순한 변수다. 반면에 val은 불변성에 좀 더 가깝다. 다시 말하지만 이것이 불변성을 보장하는 것은 아니다. 그러면 val 변수는 정확히 무엇을 제공하는 것일까? 읽기 전용을 강제하며, 초기화 이후에 val 변수에 쓸 수 없다. 따라서 커스텀 게터 없이 val 변수를 사용하면 참조 불변성을 얻을 수 있다.

다음 코드를 살펴보자. 다음 코드는 컴파일되지 않는다.

```
fun main(args: Array<String>) {
    val x:String = "코틀린"
    x+="불변"      //(1)
}
```

앞에서 언급했듯이 이 코드는 컴파일되지 않는다. 주석 (1)에서 에러를 보일 것이다. x 변수를 val로 선언했으므로 x를 초기화한 후에는 읽기 전용이 된다. 나중에 수정할 수 없다.

이제 왜 val로 불변성을 보장할 수 없을지 궁금증이 생길지도 모르겠다. 다음 예제를 통해 이를 살펴보자.

```
object MutableVal {
    var count = 0
    val myString:String = "가변"
    get() {        //(1)
        return "$field ${++count}"     //(2)
    }
}

fun main(args: Array<String>) {
    println("1번째 호출 ${MutableVal.myString}")
    println("2번째 호출 ${MutableVal.myString}")
    println("3번째 호출 ${MutableVal.myString}")//(3)
}
```

이 코드에서는 myString을 val로 선언했지만 커스텀 get 함수도 구현했다. 이 함수는 반환 전에 myString 값을 조정했다. 출력을 먼저 살펴본 다음 코드를 자세히 살펴보자.

```
"D:₩Program Files₩Java₩jdk-10.0.1₩bin₩java.exe" "-javaagent:D:₩Progra
1번째 호출 가변 1
2번째 호출 가변 2
3번째 호출 가변 3

Process finished with exit code 0
```

보다시피 myString 속성은 val이지만 접근할 때마다 다른 값을 반환한다. 이제 이런 행동을 이해하기 위해 코드를 들여다보자.

주석 (1)에서 val 속성 myString에 대한 커스텀 게터를 선언했다. 주석 (2)에서는 count 값을 미리 증가시키고 필드 값인 myString의 값을 거기에 더한 다음 게터에서 동일한 것을 반환했다. 따라서 myString 속성을 요청할 때마다 count가 증가하고 다음 요청에서는 다른 값을 얻게 된다. 그 결과 val 속성의 불변적인 동작을 파괴했다.

컴파일 타임 상수

어떻게 이를 극복할 수 있을까? 불변성을 강제하는 방법이 있을까? const val 속성이 있다. 단순히 val myString을 const val myString으로 수정하면 커스텀 게터를 구현할 수 없다.

val 속성은 읽기 전용 변수이지만 const val은 컴파일 타임 상수다. 함수의 출력(결과)을 const val에 대입할 수 없다. val과 const val의 차이점에 대해 알아보자.

- val 속성은 읽기 전용이고, const val은 컴파일 타임 상수다.
- val 속성은 커스텀 게터를 가질 수 있지만, const val은 불가능하다.
- 함수 내부, 클래스 멤버 등의 코틀린 코드의 어디서나 val 속성을 가질 수 있지만, const val은 클래스/오브젝트의 최상위 멤버여야만 한다.
- const val 속성을 위한 델리게이트를 작성할 수 없다.
- 모든 타입에 대한 val 속성을 가질 수 있어 커스텀 클래스 혹은 모든 종류의 기본 데이터 타입이 될 수 있지만, 기본 데이터 타입과 문자열만이 const val 속성이 될 수 있다.
- const val 속성의 null 가능한 데이터 타입을 가질 수 없다. 그 결과 const val 속성의 null 값을 가질 수도 없다.

결과적으로 const val 속성은 값의 불변성을 보장하지만 유연성은 떨어진다. 또한 const val로 오직 기본 데이터 타입만 사용해야 하므로 항상 목적을 달성할 수는 없다.

이제 참조 불변성이라는 단어를 자주 사용했으므로 이것의 의미가 무엇인지, 얼마나 많은 종류의 불변 타입이 있는지 살펴보자.

불변성의 종류

기본적으로 불변성에는 다음과 같은 두 가지 타입이 있다.

- 참조 불변성
- 불변 값

변경 불가능 참조(참조 불변)

참조 불변은 일단 참조가 할당되면 다른 것에 할당될 수 없게 한다. 커스텀 클래스 혹은 MutableList나 MutableMap의 val 속성을 생각해보자. 속성을 초기화한 뒤에는 이 속성으로부터 기본 값을 제외한 다른 것을 참조할 수 없다. 예를 들어 다음 프로그램을 보자.

```
class MutableObj {
   var value = ""
   override fun toString(): String {
       return "MutableObj(value='$value')"
   }
}

fun main(args: Array<String>) {
   val mutableObj:MutableObj = MutableObj()         //(1)
   println("MutableObj $mutableObj")
   mutableObj.value = "Changed"                     //(2)
   println("MutableObj $mutableObj")
   val list = mutableListOf("a","b","c","d","e")  //(3)
   println(list)
   list.add("f")//(4)
   println(list)
}
```

프로그램을 설명하기 전에 결과를 살펴보자.

```
"C:\Program Files\Java\jdk1.8.0_131\bin\java" ...
MutableObj MutableObj(value='')
MutableObj MutableObj(value='Changed')
[a, b, c, d, e]
[a, b, c, d, e, f]

Process finished with exit code 0
```

이 프로그램에는 두 val 속성이 있다. list와 mutableObj다. MutableObj의 기본 생성자로 mutableObj를 초기화했다. 항상 특정 오브젝트를 참조하는 val 속성이기 때문이다. 그러나 주석 (2)에 집중하면 mutableObj 값 속성을 변경했는데, MutableObj의 값 속성이 mutable(var)이기 때문이다.

list 속성과 동일하다. 초기화 후에 리스트에 아이템을 추가해 기본 값을 변경할 수 있다. list와 mutableObj는 모두 불변 참조의 완벽한 예다. 한 번 초기화되면 속성을 다른 것에 할당할 수는 없지만, 기본 값은 변경할 수 있다(출력을 참조할 수 있다). 그 이유는 이 속성에 할당하는 데 사용한 데이터 타입 때문이다. MutableObj 클래스와 MutableList<String> 데이터 구조는 스스로 변경 가능하므로 인스턴스에 대한 값 변경을 제한할 수 없다.

불변 값

반면 불변 값은 값을 변경하지 않게 한다. 따라서 유지 관리가 정말로 복잡하다. 코틀린에서 const val 속성은 값의 불변성을 강요하지만 융통성이 부족해(이미 이에 대해 다뤘다) 실제 시나리오에서는 성가시게 될 수 있으므로 기본 타입만 사용해야 한다.

불변 컬렉션

코틀린은 가능하다면 어디서든 불변성을 선호하지만, 사용 여부에 관계없이 개발자에게 선택권을 남겨준다. 이런 선택의 힘은 언어를 더욱 강력하게 만든다. 오직 가변적인 것(자바, C# 등)만 갖거나 불변적인 컬렉션(F#, Haskell, Clojure 등)만 갖는 대부분의 언어와 달리 코틀린은 둘 다 가지며, 구별해 사용한다. 개발자에게 가변적인 것 혹은 불변적인 것을 선택할 수 있는 자유를 남겨뒀다.

코틀린은 컬렉션 오브젝트를 위한 두 가지 인터페이스가 있는데, Collection<out E>와 MutableCollection<out E>이다. 모든 컬렉션 클래스(예를 들어 List, Set, Map)는 둘 중 하나를 구현한다. 이름에서 알 수 있듯이 두 인터페이스는 각각 가변, 불변의 컬렉션을 제공하도록 디자인됐다. 예제를 살펴보자.

```
fun main(args: Array<String>) {
    val immutableList = listOf(1,2,3,4,5,6,7)        //(1)
    println("불변 리스트 $immutableList")
    val mutableList:MutableList<Int> = immutableList.toMutableList() //(2)
    println("가변 리스트 $mutableList")
    mutableList.add(8)                                //(3)
    println("추가 후의 가변 리스트 $mutableList")
    println("추가 후의 불변 리스트 $immutableList")
}
```

결과는 다음과 같다.

```
"D:\Program Files\Java\jdk-10.0.1\bin\java.exe" ...
불변 리스트 [1, 2, 3, 4, 5, 6, 7]
가변 리스트 [1, 2, 3, 4, 5, 6, 7]
추가 후의 가변 리스트 [1, 2, 3, 4, 5, 6, 7, 8]
추가 후의 불변 리스트 [1, 2, 3, 4, 5, 6, 7]

Process finished with exit code 0
```

이 프로그램에서 코틀린의 listOf 메소드의 도움으로 주석 (1)의 불변 리스트를 만들었다. listOf 메소드는 요소(varargs)가 전달된 불변 리스트를 생성한다. 이 메소드에는 요소 배열이 비어있지 않으면 건너뛸 수 있는 일반 타입 파라미터도 있다. listOf

메소드는 가변 버전도 있다. `mutableListOf()`는 `MutableList`를 반환한다는 점을 제외하면 동일하다. 주석 (3)에서 요소를 추가하기 위해 주석 (2)에서 한 것처럼 `toMutableList()` 확장 함수의 도움으로 불변 리스트를 가변으로 변환할 수 있다. 그러나 결과를 확인하면 원래의 불변 리스트는 변경 없이 유지되지만 아이템은 대신 새로 생성된 `MutableList`에 추가됐다.

불변성의 장점

불변성이 가져오는 안전성에 대해 몇 번 언급했다. 그러나 그게 전부는 아니다. 다음은 불변성이 주는 장점의 간략한 목록이다. 하나씩 살펴보자.

- 스레드 안전성
- 낮은 커플링
- 참조 투명성
- 실패 원자성Failure atomicity
- 컴파일러 최적화
- 순수 함수

이제 더 자세히 이해하기 위해 이점을 하나씩 살펴보자.

스레드 안전성

불변성이 테이블에 안전성을 가져오는 것을 여러 번 봤을 것이다. 이것이 실제로 의미하는 것은 무엇이며, 불변성이 어떻게 스레드 안전성을 달성할까? 여러 스레드로 작업하는 것은 그 자체만으로 복잡한 작업이다. 여러 스레드에서 클래스에 접근할 때 오브젝트 잠금 및 해제와 동기화 같은 것으로 보장해야 하지만, 여러 스레드에서 불변 데이터에 접근할 때는 이런 것이 필요하지 않다.

헷갈리는가? 스레드와 가변 데이터의 예를 살펴보자.

```
class MyData {
   var someData:Int = 0 }

fun main(args: Array<String>) {
   val myData:MyData = MyData()

   async(CommonPool) {
      for(i in 11..20) {
         myData.someData+=i
         println("1번째 async로부터의 someData ${myData.someData}")
         delay(500)
      }
   }

   async(CommonPool) {
      for(i in 1..10) {
         myData.someData++
         println("2번째 async로부터의 someData ${myData.someData}")
         delay(300)
      }
   }

   runBlocking { delay(10000) }
}
```

이 프로그램에서는 같은 가변 데이터에서 작업하는 2개의 코루틴을 사용했다(7장에서 코루틴을 다룬다). 결과를 살펴보고 이 프로그램의 문제점에 대해 생각해보자.

```
"D:\Program Files\Java\jdk-10.0.1\bin\java.exe" ...
2번째 async로부터의 someData 12
1번째 async로부터의 someData 12
2번째 async로부터의 someData 13
1번째 async로부터의 someData 25
2번째 async로부터의 someData 26
2번째 async로부터의 someData 27
1번째 async로부터의 someData 40
2번째 async로부터의 someData 41
1번째 async로부터의 someData 55
2번째 async로부터의 someData 56
2번째 async로부터의 someData 57
1번째 async로부터의 someData 72
2번째 async로부터의 someData 73
2번째 async로부터의 someData 74
1번째 async로부터의 someData 90
2번째 async로부터의 someData 91
1번째 async로부터의 someData 108
1번째 async로부터의 someData 126
1번째 async로부터의 someData 145
1번째 async로부터의 someData 165

Process finished with exit code 0
```

결과를 자세히 살펴보자. 두 코루틴은 myData.someData에서 동시에 작동하므로 어느 쪽에서도 데이터 일관성이 보장되지 않는다.

이 문제에 대한 전통적인 해결법은 잠금-해제 기술과 동기화를 사용하는 것이다. 그러나 이를 위해 많은 코드를 작성해야 하며, 데이터의 잠금 및 해제를 구현하는 동안 교착 상태를 피해야 한다.

함수형 프로그래밍은 불변성을 통해 이 문제에 대한 원 스톱 솔루션을 제공한다. 불변성과 지역 변수가 멀티스레딩에서 개발자를 구할 수 있는 방법을 살펴보자.

```
class MyDataImmutable {
   val someData:Int = 0
}
```

```
fun main(args: Array<String>) {
    val myData: MyDataImmutable = MyDataImmutable()

    async(CommonPool) {
        var someDataCopy = myData.someData
        for (i in 11..20) {
            someDataCopy += i
            println("1번째 async에서의 someData $someDataCopy")
            delay(500)
        }
    }

    async(CommonPool) {
        var someDataCopy = myData.someData
        for (i in 1..10) {
            someDataCopy++
            println("2번째 async에서의 someData $someDataCopy")
            delay(300)
        }
    }

    runBlocking { delay(10000) }
}
```

이전의 프로그램을 수정해 someData를 불변으로 만들었다(이 변수에 커스텀 게터를 사용하지 않았으므로 불변으로 남아있게 된다). 그리고 양쪽 코루틴에 지역 변수를 사용했다.

다음 결과를 살펴보자. 분명히 문제가 해결됐음을 보여준다.

```
"D:₩Program Files₩Java₩jdk-10.0.1₩bin₩java.exe" ...
2번째 async에서의 someData 1
1번째 async에서의 someData 11
2번째 async에서의 someData 2
1번째 async에서의 someData 23
2번째 async에서의 someData 3
2번째 async에서의 someData 4
1번째 async에서의 someData 36
2번째 async에서의 someData 5
1번째 async에서의 someData 50
2번째 async에서의 someData 6
2번째 async에서의 someData 7
1번째 async에서의 someData 65
2번째 async에서의 someData 8
2번째 async에서의 someData 9
1번째 async에서의 someData 81
2번째 async에서의 someData 10
1번째 async에서의 someData 98
1번째 async에서의 someData 116
1번째 async에서의 someData 135
1번째 async에서의 someData 155

Process finished with exit code 0
```

낮은 커플링

스레드 간의 코드 의존성을 커플링coupling이라고 한다. 복잡성을 피하고 코드 베이스를 읽기 쉽고 유지 보수하기 쉽도록 커플링을 최대한 낮게 유지해야 한다. 이것이 실제로는 무슨 뜻일까? 프로그램에서 두 스레드가 동시에 `someData` 값에 접근하고 수정하는 것을 참조하자. 두 스레드가 서로 종속됐으므로 커플링이라고 부를 수 있다. 참고를 위해 다음 코드 부분을 복사했다.

```
async(CommonPool) {
    for(i in 11..20) {
        myData.someData+=i
        println("1번째 async로부터의 someData ${myData.someData}")
        delay(500)
    }
}

async(CommonPool) {
    for(i in 1..10) {
        myData.someData++
        println("2번째 async로부터의 someData ${myData.someData}")
        delay(300)
    }
}
```

다음 프로그램의 불변성을 도입한 곳에서 커플링이 감소했다. 여기서 두 스레드는 동일한 요소를 읽었지만, 한 스레드의 작업과 변경이 다른 스레드에 영향을 주지 않았다.

참조 투명성

참조 투명성referential transparency의 개념은 컨텍스트나 다른 분산과 관계없이 표현식이 언제나 같은 값을 평가한다는 것이다. 좀 더 자세히 설명하자면 함수를 반환 값으로 바꿀 수 있다는 것이다.

순수 함수의 도움이 있으면 불변은 참조 투명성을 확립할 수 있다. 참조 투명성은 가변 상태의 데이터를 강력하게 거부한다.

실패 원자성

전통적인 프로그래밍에서 한 스레드의 실패는 다른 스레드에 쉽게 영향을 미칠 수 있다. 불변성은 낮은 커플링을 강요하므로 애플리케이션의 내부 상태는 어떤 모듈/스레드에서 예외가 발생하더라도 일관성이 있다.

그 이유는 간단하다. 불변 오브젝트는 절대로 상태를 변경하지 않는다. 따라서 한 파트/모듈/스레드에서 에러가 발생하더라도 거기서 바로 멈추며, 애플리케이션의 다른 부분으로 확산될 가능성을 갖지 않는다.

캐싱

불변 오브젝트는 변경되지 않으므로 성능 향상을 위해 쉽게 캐싱할 수 있다. 따라서 동일한 함수/변수를 여러번 호출하는 것을 쉽게 피할 수 있으며, 대신에 로컬로 캐싱하고 충분한 처리 시간을 절약할 수 있다. 다음은 캐싱의 장점 중 일부다.

- 서버 자원의 오버헤드를 줄인다.
- 캐시된 출력을 제공함으로써 애플리케이션의 성능을 향상시킨다.
- 메모리에 데이터를 유지하는 것으로, 데이터베이스에서 데이터를 가져오는 CPU 왕복을 줄인다.
- 신뢰성을 높인다.

컴파일러 최적화

불변성과 참조 투명성은 컴파일러가 광범위한 최적화를 할 수 있게 도우므로 코드에서 수동 최적화의 필요성을 대체하고 프로그래머를 이 교환으로부터 자유롭게 한다.

예를 들어 컴파일 타임 상수(const val)를 사용할 때 컴파일러가 이 변수의 값이 절대 변하지 않는다는 것을 알기 때문에 이것이 적용된다.

순수 함수

불변성을 사용해 얻을 수 있는 가장 큰 것은 아마 순수 함수pure function일 것이다(4장에서 다룬다). 기본적으로 순수 함수와 불변성은 동반자이면서 상호 보완적이다.

불변성 없는 순수 함수를 구현할 수 없으며, 순수 함수 없이 불변성을 완성할 수 없다.

불변성과 그 이점에 대해 많이 배웠으므로, 이제는 다른 부분을 살펴보자. 불변성의 단점과 그것이 진짜 단점인지를 살펴보자.

불변성의 단점

이 세계에서 장점만 있는 것은 없다.

큰 격언이 있다. 모든 것은 그만의 가격으로 제공된다.

불변성에 대해 들을 수 있는 유일한 것은 그것을 수정할 때마다 새로운 오브젝트를 생성해야 한다는 점이다. 일부 시나리오에서는, 특히 많은 오브젝트 세트로 작업하는 곳에는 맞는 말이다. 그러나 작은 데이터셋나 오브젝트로 작업할 때는 영향을 주지 않는다.

정리

3장에서는 불변성과 코틀린에서 불변성을 구현하는 방법을 알아봤다. 코틀린이 요구에 따라 불변 혹은 가변 오브젝트를 고를 수 있는 자유를 제공한다는 것을 배웠다. 불변성의 장점뿐만이 아니라 한계에 대해서도 알아봤다.

4장에서는 함수, 함수 타입, 부수 효과에 중점을 둔다. 또한 4장에서는 불변성의 동반자이자 보완적인 순수 함수에 대해 알아본다.

04

함수, 함수 타입, 부수 효과

함수형 프로그래밍은 불변성과 함수의 개념을 중심으로 이뤄진다. 3장에서 불변성에 대해 알아봤다. 또한 불변성을 다루면서 순수 함수도 살짝 다뤘다. 순수 함수는 함수형 프로그래밍이 제공해야 하는 여러 타입 중 하나다(그러나 가장 중요할 것이다).

4장에서는 함수를 중심으로 살펴본다. 함수형 프로그래밍에 대해 자세히 알려면 함수에 대한 강력한 기초가 필요하다. 개념을 분명히 하기 위해 일반적인 코틀린 함수부터 시작한 다음 조금씩 함수형 프로그래밍이 정의하는 함수의 추상적인 개념에 대해 알아본다. 또한 코틀린에서의 구현을 살펴본다.

4장에서 다루는 내용은 다음과 같다.

- 코틀린의 함수

- 함수 타입
- 람다
- 고차 함수
- 부수 효과와 순수 함수의 이해

함수를 정의하는 것부터 시작해보자.

코틀린의 함수

함수는 프로그래밍에서 가장 중요한 부분 중 하나다. 개발자들은 프로젝트에 매주 엄청난 양의 함수를 작성한다. 함수는 프로그래밍의 기본 요소의 일부이기도 하다. 함수형 프로그래밍을 배우려면 함수와 관련해 개념을 분명히 해야 한다. 이 섹션에서는 추상 함수의 개념과 코틀린에서의 구현을 다루는 다음 섹션을 위한 준비를 할 수 있게 함수의 기본을 살펴볼 것이다.

우선 함수의 정의부터 시작해보자.

함수는 하나의 관련된 작업을 수행하는 데 사용되는 체계적이고 재사용 가능한 코드 블록이다.

명확하지 않은가? 설명하기 전에 먼저 왜 함수를 작성하는지에 대해 알아본다. 즉, 함수의 기능은 무엇인지 살펴보자.

- 함수는 프로그램을 많은 단계 및 하위 단계로 나눌 수 있게 한다.
- 함수는 코드 재사용을 돕는다.
- 함수는 자주 사용된다면 코드를 깨끗하고 정렬되며 이해하기 쉽게 유지되도록 한다.

- 함수는 테스트(단위 테스트)를 쉽게 하고, 프로그램의 작은 부분을 개별적으로 테스트하는 것은 한 번에 전체 프로그램을 테스트하는 것보다 쉽다.

코틀린에서 함수는 일반적으로 다음과 같다.

```
fun appropriateFunctionName(parameter1:DataType1,
       parameter2:DataType2,...): ReturnType {
   //여기서 작업을 한다.
   return returnTypeObject
}
```

코틀린에서 함수 선언은 fun 키워드로 시작하고, 함수명과 괄호가 그 다음에 온다. 괄호 안에서 함수 인자를 지정할 수 있다(선택 사항이다). 괄호 뒤에는 콜론(:) 및 반환될 값/오브젝트의 데이터 타입을 지정하는 반환 타입이 있다(함수가 뭔가를 반환하지 않게 할 때는 반환 타입을 생략할 수 있다. 이 경우 기본 반환 타입 Unit이 함수에 할당된다).

그다음에는 중괄호로 묶인 함수 본문이 있다(중괄호는 단일 표현식 함수의 경우 선택적이며, 5장에서 함수에 대해 자세히 다룬다).

Unit은 코틀린의 데이터 타입이다. Unit은 그 자체의 싱글톤 인스턴스며, Unit 자신인 값을 가진다. Unit은 자바에서의 void에 해당하지만 void와는 많이 다르다. void는 자바에서 아무것도 아님을 의미하며, void는 아무것도 담을 수 없다. (예외 또는 무한 루프로 인해) 함수가 절대 성공적으로 완료되지 않음을 나타내기 위한 목적으로 코틀린에서는 Nothing을 가진다.

반환 타입과 파라미터(인수) 및 함수 본문은 무엇일까? 살펴보자.

다음은 앞서 보여준 추상적인 것보다 훨씬 실제와 같은 함수 예제다.

```
fun add(a:int, b:Int):Int {
```

```
    val result = a+b
    return result
}
```

이제 함수의 각 부분에 대한 다음 설명을 살펴보자.

- **함수 인자/파라미터:** (람다가 아니라면) 함수가 동작하기 위한 데이터다. 이 예제에서 a와 b는 함수 파라미터다.
- **함수 본문:** 함수의 중괄호 안에 쓰인 모든 것은 함수 본문이라고 한다. 이것은 함수의 일부분으로, 특정 작업을 수행하기 위해 논리 또는 명령어 집합을 작성하는 곳이다. 앞의 예제에서 중괄호 안의 두 줄이 함수 본문이다.
- **반환문, 데이터 타입:** 함수에서 어떤 값을 반환하려고 하는 경우 반환하려고 하는 값의 데이터 타입을 선언해야 한다. 이 데이터 타입을 반환 타입이라고 한다. 이 경우 Int가 반환 타입이며, return result가 호출한 함수로 값을 반환하게 하는 반환문이다.

val result = a+b를 없애고 return a+b로 반환문을 변경하는 식으로 앞의 예제를 더 짧게 할 수도 있다. 코틀린에서 이 예제를 더 짧게 할 수도 있는데, 5장에서 볼 수 있다.

함수 작성은 쉽지만 코틀린은 더 쉽게 할 수 있다.

코틀린은 개발자의 삶을 더 편하게 만들어주도록 함수와 관련된 다양한 기능을 제공한다. 다음은 코틀린에서 제공하는 기능의 간단한 목록이다.

- 단일 표현식 함수
- 확장 함수
- 인라인 함수
- 중위 표기법 등

5장의 '람다, 제네릭, 재귀, 코리커젼' 절에서 자세한 내용을 다룬다.

함수에서 두 개의 값 반환

일반적으로 함수는 오직 하나의 값만 반환하는 반면에 코틀린에서는 Pair 타입과 구조화 선언의 이점을 활용해 함수에서 두 변수를 반환할 수 있다. 다음 예제를 보자.

```
fun getUser():Pair<Int,String> {     //(1)
   return Pair(1,"리부")
}
fun main(args: Array<String>) {
   val (userID,userName) = getUser() //(2)
   println("유저 ID: $userID t 유저명: $userName")
}
```

이 프로그램의 주석 (1)에서는 Pair<Int, String> 값을 반환하는 함수를 생성했다.

주석 (2)에서는 두 변수를 반환하는 것처럼 보이는 함수를 사용했다. 실제로 선언 소멸은 data class/Pair를 파기하고 독립 변수에서 기본 값을 얻을 수 있게 한다. 이 기능을 함수와 함께 사용하면 함수가 여러 값을 반환하는 것처럼 보이지만, Pair 값이나 다른 data class인 하나의 값만 반환한다.

확장 함수

코틀린은 확장 함수를 지원한다. 확장 함수는 무엇인가? 기존 데이터 타입/클래스 위의 애드혹 함수와 같다.

예를 들어 문자열에서의 단어 수를 세려면 다음과 같은 전통적인 함수가 필요하다.

```
fun countWords(text:String):Int {
   return text.trim()
          .split(Pattern.compile("\s+"))
          .size
}
```

함수에 문자열을 전달하고 로직이 단어를 센 다음 값을 돌려받으려고 한다.

그러나 String 인스턴스 자체에서 이 함수를 호출하는 방법이 있다면 그것이 훨씬 더 좋을 것 같지 않은가? 코틀린은 이런 행동을 하도록 허용한다.

다음 프로그램을 살펴보자.

```
fun String.countWords():Int {
   return trim()
       .split(Pattern.compile("\s+"))
       .size
}
```

함수 선언을 주의 깊게 살펴보자. 이전처럼 countWords뿐만 아니라 String.countWords()로 함수를 선언했다. 이는 String 클래스의 멤버 함수처럼 String 인스턴스에서 호출돼야 함을 의미한다. 다음 코드와 같다.

```
fun main(args: Array<String>) {
   val counts = "이것은 여러 단어를 가진 예제 문자열이다".countWords()
   println("단어 개수: $counts")
}
```

다음 출력을 살펴보자.

```
"D:₩Program Files₩Java₩jdk-10.0.1₩bin₩java.exe" ...
단어 개수: 6

Process finished with exit code 0
```

기본 인수

함수에 대한 선택적인 파라미터가 필요할 경우가 있을 수 있다. 다음 예제를 살펴보자.

```
fun Int.isGreaterThan(anotherNumber:Int):Boolean {
   return this>anotherNumber
}
```

anotherNumber 파라미터를 선택적으로 설정하려고 한다. 아무 값도 전달되지 않았다면 0이 되게 하고 싶다. 전통적인 방법은 파라미터가 없는 또 다른 오버로드된 함수를 갖는 것이다. 즉, 다음과 같이 0이 있는 함수를 호출하는 것이다.

```
fun Int.isGreaterThan(anotherNumber:Int):Boolean {
   return this>anotherNumber
}
fun Int.isGreaterThan( ):Boolean {
   return this.isGreaterThan(0)
}
```

그러나 코틀린에서는 아주 쉽고 간단하며, 인자를 선택적으로 만들기 위해 함수를 재정의할 필요가 없다. 인자를 선택적으로 만들기 위해 코틀린은 기본 인자를 제공한다. 이것을 사용하면 선언 시에 함수의 기본 값을 즉시 지정할 수 있다.

다음은 수정된 함수다.

```
fun Int.isGreaterThan(anotherNumber:Int=0):Boolean {
   return this>anotherNumber
}
```

다음과 같이 main 함수를 사용한다.

```
fun main(args: Array<String>) {
   println("5>0: ${5.isGreaterThan()}")
   println("5>6: ${5.isGreaterThan(6)}")
}
```

첫 번째는 인자를 생략했고, 두 번째는 6을 제공했다. 첫 번째의 경우 출력은 무조건 참이어야 한다(5는 0보다 크므로). 두 번째는 거짓이어야 한다(5는 6보다 작으므로).

다음 스크린샷의 결과를 보자.

```
"C:\Program Files\Java\jdk1.8.0_131\bin\java" ...
5>0: true
5>6: false

Process finished with exit code 0
```

중첩 함수

코틀린은 함수 내에 함수가 있는 중첩 함수를 허용한다. 다른 함수 내에서 함수를 선언하고 사용할 수 있다.

다른 함수 내에서 함수를 선언할 때 가시성은 부모 함수 내에서만 유지되며, 외부에서 접근할 수는 없다.

예제를 살펴보자.

```
fun main(args: Array<String>) {
    fun nested():String {
        return "중첩 함수에서의 문자열"
    }
    println("중첩 출력: ${nested()}")
}
```

이 프로그램에서는 main 함수 내에서 nested() 함수를 정의하고 사용했다.

다음은 그 출력이다.

```
"D:\Program Files\Java\jdk-10.0.1\bin\java.exe" ...
중첩 출력: 중첩 함수에서의 문자열

Process finished with exit code 0
```

함수의 기본 기능을 익혔다면 이제 함수형 프로그래밍으로 나아가자. 다음 절에서는 함수 타입에 대해 알아본다.

함수형 프로그래밍에서의 함수 타입

함수형 프로그래밍의 주요 목적 중 하나는 모듈식 프로그래밍을 구현하는 것이다. 부수 효과(기능적 용어, 4장의 뒤에서 정의)는 종종 버그의 원인이 된다. 함수형 프로그래밍은 부수 효과를 완전히 피하길 원한다.

이를 달성하기 위해 함수형 프로그래밍에서는 다음과 같은 종류의 함수를 정의했다.

- 속성으로서의 람다 함수
- 고차 함수
- 순수 함수

- 부분 함수

이 절에서는 함수형 프로그래밍 패러다임에 대한 확실한 이해를 돕기 위해 이러한 개념을 각각 살펴본다.

람다부터 시작해보자.

람다

익명 함수라고 부를 수도 있는 람다[lambda]는 코틀린에서 지원하는 일급 오브젝트다. 자바에서 람다는 자바 8부터 지원을 시작했지만, 코틀린에서는 JVM 6 이상으로 코틀린을 사용할 수 있으므로 람다 사용에 대한 제약이 없다.

이제 람다, 익명 클래스(혹은 오브젝트)와 익명 함수에 대해 이야기했는데, 이것은 무엇일까? 살펴보자.

람다 혹은 람다 표현식은 일반적으로 익명 함수를 의미한다. 변수에 할당되거나 인자로 전달되거나 다른 함수에서 반환할 수 있는 이름 없는 함수다. 이것은 중첩된 함수의 일종이지만 융통성과 유연성이 있다. 또한 모든 람다식이 함수라고 말할 수 있지만, 모든 함수가 람다식인 것은 아니다. 익명이고 이름이 없다는 것은 람다식에 많은 이점을 가져다주는데, 조만간 이에 대해 알아본다.

앞에서 언급했듯이 모든 언어가 람다를 지원하지는 않으며, 코틀린은 희귀한 언어 중 하나다. 코틀린은 람다에 대한 광범위한 지원을 제공한다.

그러면 왜 람다라고 불릴까? 약간의 역사를 파헤쳐보자.

람다, Λ, λ(대문자 Λ, 소문자 λ)는 그리스 알파벳의 11번째 글자다. 발음: lám(b)da.

출처: https://en.wikipedia.org/wiki/Lambda

1930년대 프린세톤 대학교에서 수학을 공부하던 알론조 처치는 함수라고 불렀던 것을 나타내기 위해 그리스 알파벳, 특히 람다를 사용했다. 주목해야 할 점은 그 당시 컴퓨터에는 익명 함수만 있었다는 점이다. 현대의 이름 있는 함수의 개념은 아직 나오지 않았다.

그래서 알론조 처치의 이러한 관행으로 람다라는 단어는 익명 함수에 붙이게 됐고(함수의 유일한 타입), 이것이 현재까지 같은 식으로 참조된 것이다.

알론조 처치(1903년 6월 14일 ~ 1995년 8월 11일)는 미국의 수학자이자 논리학자로서 수학적 논리와 이론적인 컴퓨터 과학의 기초에 크게 기여했다. 그는 람다 미적분학, 처치-튜링 논제, Entscheidungsproblem의 결정 불가능성의 입증, Frege-Church 온톨로지, Church-Rosser 정리로 잘 알려져 있다. 또한 언어 철학에 종사했다(예: Church, 1970).

출처: https://en.wikipedia.org/wiki/Alonzo_Church

이론은 충분하다고 생각하지 않는가? 이제 람다가 실제로 무엇인지를 배우는 것에 초점을 맞춰보자. 코틀린에서 람다가 어떻게 생겼는지 살펴볼 것이다. 그러나 람다가 코틀린에서 얼마나 강력한지와 일급 오브젝트 지원이 정확히 무엇을 뜻하는지 정확히 이해할 수 있도록 우선 자바에서의 람다를 먼저 소개하고 나중에 코틀린의 것을 설명하려고 한다. 또한 자바와 코틀린의 람다의 차이에 대해서도 알아본다.

다음 자바 예제를 잘 살펴보자. 이것은 메소드에 인터페이스의 인스턴스를 전달하는 간단한 예제며, 이 메소드에서 인스턴스의 메소드를 호출한다.

```
public class LambdaIntroClass {
  interface SomeInterface {
      void doSomeStuff();
  }
  private static void invokeSomeStuff(SomeInterface someInterface) {
      someInterface.doSomeStuff();
```

```
    }
    public static void main(String[] args) {
        invokeSomeStuff(new SomeInterface() {
            @Override
                public void doSomeStuff() {
                    System.out.println("doSomeStuff 호출됨");
                }
        });
    }
}
```

이 프로그램에서 SomeInterface는 doSomeStuff() 하나의 메소드를 가진 인터페이스(LambdaIntroClass의 내부 인터페이스)다. 정적 메소드(main 메소드에서 쉽게 접근할 수 있도록 스태틱으로 함) invokeSomeStuff는 SomeInterface의 인터페이스를 가져와 doSomeStuff()를 호출한다.

이것은 간단한 예였다. 이제 람다를 추가해 좀 더 간단하게 해보자. 다음의 업데이트된 코드를 살펴보자.

```
public class LambdaIntroClass {
    interface SomeInterface {
        void doSomeStuff();
    }
    private static void invokeSomeStuff(SomeInterface someInterface) {
        someInterface.doSomeStuff();
    }
    public static void main(String[] args) {
        invokeSomeStuff(()->{
            System.out.println("doSomeStuff 호출됨");
        });
    }
}
```

여기서 SomeInterface의 정의와 invokeSomeStuff()는 동일하게 유지된다. 유일한 차이점은 SomeInterface 인스턴스를 전달하는 것이다. 새로운 SomeInstance로 인스턴스를 생성하는 대신 새로 작성한 것은 수학적 함수 표현식(System.out.println()을 제외하면)과 매우 유사하게 생긴 표현식(굵게 표시된)이다. 이 표현식을 **람다 표현식**이라고 부른다.

환상적이지 않은가? 인터페이스의 인스턴스를 생성하고 메소드와 그 모든 것을 오버라이드할 필요가 없다. 방금 한 것은 간단한 표현식이다. 이 표현식은 인터페이스 내부의 doSomeStuff() 메소드의 본문으로 사용된다.

두 프로그램의 출력은 동일하며, 다음 스크린샷과 같다.

```
"D:\Program Files\Java\jdk-10.0.1\bin\java.exe" ...
doSomeStuff 호출됨

Process finished with exit code 0
```

자바는 람다에 대한 타입이 없다. 클래스와 인터페이스의 인스턴스를 만들기 위해서만 람다를 사용할 수 있다. 자바에서 람다의 유일한 이점은 자바 프로그램을 (사람이) 읽기 쉽게 만들고 라인 수를 줄인다는 점이다.

이 때문에 자바를 비난할 수는 없다. 결국 자바는 기본적으로 순수 객체지향적 언어다. 한편 코틀린은 객체지향과 함수형 프로그래밍 패러다임의 완벽한 조화다. 코틀린은 두 세계를 더 가깝게 만든다. 코틀린은 객체지향 프로그래밍에 대한 이전 지식으로 함수형 프로그래밍을 시작하려고 할 경우 최고의 언어다.

강의는 그만 하고 코드로 이동하자. 이제 코틀린에서 같은 프로그램이 어떻게 생겼는지 살펴보자.

```
fun invokeSomeStuff(doSomeStuff:()->Unit) {
    doSomeStuff()
```

```
}
fun main(args: Array<String>) {
   invokeSomeStuff({
       println("doSomeStuff 호출됨");
   })
}
```

그렇다. 이것이 완전한 프로그램이다(물론 import문과 패키지명은 제외하고). 조금 혼란스러운 것은 안다. 이게 정말 같은 프로그램인지 의문이 들 것이다. 인터페이스 정의는 어디로 갔을까? 코틀린에서는 실제로 필요하지 않다.

invokeSomeStuff() 함수는 실제로는 고차 함수다(다음에 다룬다). 거기에 람다를 전달하면 직접 함수를 호출한다.

똑똑하지 않은가? 코틀린은 람다와 함께 많은 기능을 제공한다. 살펴보자.

속성으로서의 함수

코틀린은 속성으로 함수를 가질 수 있도록 허용한다. 속성으로서의 함수라는 의미는 함수가 속성으로 사용될 수 있다는 뜻이다.

예를 들어 다음 예제를 살펴보자.

```
fun main(args: Array<String>) {
   val sum = { x: Int, y: Int -> x + y }
   println("Sum ${sum(10,13)}")
   println("Sum ${sum(50,68)}")
}
```

이 프로그램에서 전달받은 두 숫자를 합치는 sum 속성을 만들었다.

sum은 val 속성이지만 함수(혹은 람다)를 갖고 있으며, 다른 일반적인 함수처럼 호출할 수 있다. 둘의 차이는 없다.

결과는 다음과 같다.

```
"C:\Program Files\Java\jdk1.8.0_131\bin\java" ...
Sum 23
Sum 120

Process finished with exit code 0
```

이제 람다 구문을 살펴보자.

코틀린에서 람다는 항상 중괄호로 둘러싸인다. 파라미터/인자가 중괄호 밖에 있는 자바와는 달리 람다를 쉽게 알아볼 수 있게 만든다. 코틀린에서 파라미터/인자는 (->)으로 함수의 논리에서 분리된 중괄호 안에 있다. 람다의 마지막 상태문(단순히 변수/속성 이름이거나 또 다른 함수 호출일 수 있다)은 반환문으로 간주된다. 그래서 람다의 마지막 상태문은 람다의 반환 값으로 판단된다.

또한 함수가 단일 파라미터 함수라면 속성 이름을 건너뛸 수도 있다. 이름을 지정하지 않으면 어떻게 그 파라미터를 사용할 수 있을까? 코틀린은 속성 이름을 지정하지 않은 단일 파라미터 람다에 대한 기본 it 속성을 제공한다.

이제 이전 람다에 it을 추가하자. 다음 코드를 살펴보자.

```
reverse = {
    var n = it
    var revNumber = 0
    while (n>0) {
        val digit = n%10
        revNumber=revNumber*10+digit
        n/=10
    }
```

```
    revNumber
}
```

동일하게 유지되도록 전체 프로그램과 출력을 건너뛰었다.

함수 파라미터 값에 또 다른 var 속성을 지정했다는 것을 알아야 한다(파라미터의 이름이 붙었을 때와 it으로 표시했을 때). 그 이유는 코틀린에서 함수 파라미터는 불변이지만 역수 프로그램을 사용하면 값을 바꿀 방법이 필요하기 때문이다. 그래서 값이 바뀔 수 있는 var 속성에 값을 할당했다.

이제 람다를 속성으로 갖지만, 이것의 데이터 타입은 무엇일까? 모든 속성/변수에는 (타입을 유추한다고 해도) 데이터 타입이 있다. 람다는 어떨까? 다음 예제를 살펴보자.

```
fun main(args: Array<String>) {
    val reverse:(Int)->Int //(1)
    reverse = {number ->
        var n = number
        var revNumber = 0
        while (n>0) {
            val digit = n%10
            revNumber=revNumber*10+digit
            n/=10
        }
        revNumber
    }  //(2)
    println("reverse 123 ${reverse(123)}")
    println("reverse 456 ${reverse(456)}")
    println("reverse 789 ${reverse(789)}")
}
```

이 프로그램에서 reverse 속성을 함수로 선언했다. 코틀린에서 속성을 함수로 선언할 때 괄호 안에서 화살표 다음에 파라미터/인자의 데이터 타입을 언급하고 그다음 함수의 반환 타입을 언급해야 한다. 함수가 무언가를 반환할 계획이 없다면 Unit을 언급해야 한다. 함수를 속성으로 선언하는 동안 파라미터/인자 이름을 지정할 필요가 없으며, 함수에 속성을 정의/할당하는 동안 속성의 데이터타입 제공을 건너뛸 수 있다.

다음은 결과다.

```
"C:\Program Files\Java\jdk1.8.0_131\bin\java" ...
reverse 123 321
reverse 456 654
reverse 789 987

Process finished with exit code 0
```

그래서 코틀린의 람다와 속성으로서 함수의 좋은 개념을 알게 됐다. 이제 고차 함수를 살펴보자.

고차 함수

고차 함수High order functions는 다른 함수를 파라미터로 받거나 또 다른 함수를 반환하는 함수다. 방금 함수를 속성으로 사용하는 방법을 살펴봤다. 따라서 다른 함수를 파라미터로 받거나 한 함수에서 다른 함수로 반환하는 것이 쉽다는 것을 알 수 있다. 앞에서 설명한 것처럼 기술적으로 다른 함수를 받거나 반환하는 함수(1개 이상일 수도 있음) 혹은 둘 다 하는 함수를 고차 함수라고 한다.

코틀린의 첫 번째 람다 예제에서 invokeSomeStuff 함수가 고차 함수였다.

다음은 고차 함수의 다른 예다.

```
fun performOperationOnEven(number:Int,operation:(Int)->Int):Int {
   if(number%2==0) {
       return operation(number)
   } else {
       return number
   }
}
fun main(args: Array<String>) {
   println("4, (it*2)로 호출 : ${performOperationOnEven(4,
           {it*2})}")
   println("5, (it*2)로 호출 : ${performOperationOnEven(5,
           {it*2})}")
}
```

이 프로그램에서 Int와 람다 연산을 받아 그 Int에서 실행하는 performOperationOnEven이라는 고차 함수를 만들었다. 이 함수는 제공된 Int가 짝수인 경우에만 연산을 수행한다.

간단하지 않은가? 다음 결과를 살펴보자.

```
"D:\Program Files\Java\jdk-10.0.1\bin\java.exe" ...
4, (it*2)로 호출 : 8
5, (it*2)로 호출 : 5

Process finished with exit code 0
```

앞의 모든 예제에서 함수(람다)를 다른 함수로 전달하는 방법을 살펴봤다. 그러나 이것이 고차 함수의 유일한 특징은 아니다. 고차 함수를 사용하면 함수에서 함수를 반환할 수도 있다.

이에 대해 알아보자. 다음 예제를 살펴보자.

```
fun getAnotherFunction(n:Int):(String)->Unit {
    return {
        println("n:$n it:$it")
    }
}
fun main(args: Array<String>) {
    getAnotherFunction(0)("abc")
    getAnotherFunction(2)("def")
    getAnotherFunction(3)("ghi")
}
```

이 프로그램에서 Int 파라미터를 받은 뒤에 String 값을 받아들이는 함수와 Unit을 반환하는 getAnotherFunction 함수를 생성했다. 반환 함수는 파라미터(String)와 부모 파라미터(Int)를 모두 출력한다.

다음 결과를 보자.

```
"C:\Program Files\Java\jdk1.8.0_131\bin\java" ...
n:0 it:abc
n:2 it:def
n:3 it:ghi

Process finished with exit code 0
```

코틀린에서는 기술적으로 어떠한 깊이든지 중첩된 고차 함수를 가질 수 있다. 그러나 이는 도움보다는 해를 더 많이 끼치며, 가독성을 파괴한다. 그러니 피하자.

순수 함수와 부수 효과

지금까지 람다와 고차 함수에 대해 알아봤다. 이는 함수형 프로그래밍에서 가장 흥미롭고 중요한 두 가지 주제다. 이 절에서는 부수 효과와 순수 함수에 대해 알아본다.

우선 부수 효과부터 시작하자. 그 다음 순수 함수에 대해 알아본다.

부수 효과

컴퓨터 프로그램에서 자신의 범위 외부에 있는 오브젝트/데이터를 함수가 수정할 때 이것을 부수 효과side effect라고 한다. 예를 들어 전역 혹은 정적 속성을 수정하거나, 인자를 수정하거나, 예외를 발생시키거나, 데이터를 출력하거나, 파일에 저장, 혹은 다른 부수 효과를 가진 함수를 호출하는 함수를 종종 작성한다.

예를 들어 다음 프로그램을 살펴보자.

```
class Calc {
   var a:Int=0
   var b:Int=0
   fun addNumbers(a:Int = this.a,b:Int = this.b):Int {
       this.a = a
       this.b = b
       return a+b
   }
}
fun main(args: Array<String>) {
   val calc = Calc()
   println("결과는 ${calc.addNumbers(10,15)} 이다")
}
```

이 프로그램은 간단한 객체지향 프로그램이다. 그러나 부수 효과를 갖고 있다. addNumbers() 함수는 Calc 클래스의 상태를 수정하는데, 이는 함수형 프로그래밍에서 나쁜 습관이다.

IO 혹은 데이터베이스에 접근하는 등의 일부 함수에서는 부수 효과를 피할 수 없지만, 부수 효과는 가능하면 피해야만 한다.

순수 함수

함수의 반환 값이 인자/파라미터에 완전히 의존한다면 이 함수를 순수 함수라고 한다. 따라서 fun func1(x:Int):Int라고 함수를 선언하면 이 함수의 반환 값은 인자 x에 의존하게 될 것이다. func1을 3번 호출해도 모든 호출에서 반환 값은 같다.

또한 순수 함수는 능동적 혹은 수동적으로 부수 효과를 일으켜서는 안 되며, 이는 직접 부수 효과를 일으키거나 부수 효과가 발생하는 함수를 호출하지 않아야 한다.

순수 함수는 람다 또는 명명된 함수일 수 있다.

그렇다면 왜 순수 함수라고 불릴까? 이유는 매우 간단하다. 프로그래밍 함수는 수학 함수에서 유래했다. 프로그래밍 함수는 시간이 지남에 따라 여러 작업을 포함하고 전달된 인자의 처리와 직접적인 관련이 없는 익명의 작업을 수행하도록 진화했다. 따라서 여전히 수학 함수와 유사한 함수를 순수 함수라고 한다.

앞의 프로그램을 수정해 순수 함수로 만들어보자.

```
fun addNumbers(a:Int = 0,b:Int = 0):Int {
    return a+b
}

fun main(args: Array<String>) {
    println()
}
```

꽤나 쉽지 않은가? 프로그램은 정말 간단하므로 결과는 건너뛰겠다.

정리

4장에서는 함수와 함수의 사용법 및 분류에 대해 알아봤다. 또한 람다와 고차 함수를 소개했다. 순수 함수와 부수 효과에 대해서도 배웠다.

5장에서는 함수에 대해 더 깊이 들어가 볼 것이다. 앞에서 설명한 것처럼 함수형 프로그래밍을 올바르게 배우려면 함수를 마스터해야 한다. 무엇을 기다리는가? 당장 페이지를 넘겨라.

05

함수 심화 학습

4장에서는 코틀린 함수의 많은 기능을 다뤘다. 대부분은 다른 언어로부터 빌려왔지만 코틀린의 전반적인 목표와 특성(타입 안정성과 실용적 간결함)을 완벽히 반영하는 새로운 방향으로 기능을 확장할 것이다.

도메인 특화 언어DSL, Domain Specific Language와 같은 일부 기능은 코틀린이 처음 디자인됐을 때 고려하지 않은 도메인으로 언어를 확장할 수 있게 한다.

5장의 마지막에는 다음을 포함한 모든 기능에 대한 큰 그림이 있다.

- 함수 확장
- 연산자 오버로딩
- 타입 안전Type-safe 빌더

- 인라인 함수
- 재귀 및 코리커젼

단일 표현 함수

지금까지 모든 예제는 일반적인 방법으로 선언됐다.

함수 sum은 두 개의 Int 값을 받아서 더한다. 보통의 방법으로 선언한다면 중괄호와 명시적 return을 가진 본문을 제공해야 한다.

```
fun sum(a:Int, b:Int): Int {
   return a + b
}
```

sum 함수는 중괄호 안에 return 절이 포함된 본문을 가진다. 그러나 함수가 단일 표현 single-expression이라면 한 줄로 써진다.

```
fun sum(a:Int, b:Int): Int = a + b
```

따라서 중괄호가 없으며, return 절이 없고 등호(=) 기호가 사용된다. 주의를 기울이면 이것은 람다와 비슷하게 보인다.

더 많은 문자를 자르려면 타입 유추를 사용할 수도 있다.

```
fun sum(a:Int, b:Int) = a + b
```

반환하려는 타입이 분명할 때 함수의 반환에 대한 타입 유추를 사용하자. 좋은 규칙은 숫자 값, 불리언, 문자열, 간단한 데이터 클래스 생성자 같은 간단한 타입에만 사용하는 것이다. 함수가 변환을 수행하는 것과 같은 좀 더 복잡한 것은 명시적인 타입을 가져야 한다.

파라미터

함수는 0개 이상의 파라미터를 가질 수 있다. basicFunction 함수는 다음 코드와 같이 두 개의 파라미터를 가진다.

```
fun basicFunction(name: String, size: Int) {
}
```

각 파라미터는 parameterName: ParameterType으로 정의되며, 예제에서는 name: String과 size: Int다. 새로운 것은 없다.

수정자 vararg

파라미터가 이전에 다뤘던 vararg와 람다 두 타입을 가진 경우는 흥미로워진다.

```
fun aVarargFun(vararg names: String) {
    names.forEach(::println)
}
fun main(args: Array<String>) {
    aVarargFun()
    aVarargFun("안젤라", "브렌다", "캐롤라인")
}
```

수정자 vararg로 표시된 파라미터가 있는 함수는 0개 이상의 값으로 호출할 수 있다.

```
fun multipleVarargs(vararg names: String, vararg sizes: Int) {
  //컴파일 에러, "다중 vararg 파라미터는 금지됨"
}
```

함수는 여러 개의 vararg 파라미터를 가질 수 없다. 다른 타입이라도 말이다.

람다

함수의 마지막 파라미터가 람다인 경우 람다 자체가 제어 구조의 본문인 것처럼 괄호 바깥과 중괄호 내부로 전달될 수 있다는 것에 대해서는 이미 설명했다.

2장의 '일급 함수와 고차 함수' 절에서 unless 함수를 다뤘다. 다음 코드를 살펴보자.

```
fun unless(condition: Boolean, block: () -> Unit) {
  if (!condition) block()
}

unless(someBoolean) {
  println("이 웹 사이트에 접근할 수 없다")
}
```

vararg와 람다를 결합하면 어떻게 될까? 다음 코드에서 살펴보자.

```
fun <T, R> transform(vararg ts: T, f: (T) -> R): List<R> = ts.map(f)
```

람다는 vararg 파라미터가 있는 함수의 끝에 갈 수 있다.

```
transform(1, 2, 3, 4) { i -> i.toString() }
```

약간 낯선 람다의 vararg 파라미터를 살펴보자.

```
fun <T> emit(t: T, vararg listeners: (T) -> Unit) = listeners.forEach {
   listener ->
         listener(t)
}

emit(1){i -> println(i)}  //컴파일 에러. vararg로 값을 전달하는 것은 괄호로 묶인
                          //인수 목록 내에서만 허용된다.
```

괄호 밖에서 람다를 전달할 수는 없지만, 내부로 많은 람다를 전달할 수는 있다.

```
emit(1, ::println, {i -> println(i * 2)})
```

명명된 파라미터

이상적으로 함수에는 많은 파라미터가 있어서는 안 되지만, 항상 그런 것은 아니다. 예를 들면 데이터 클래스 생성자(생성자는 새로운 인스턴스를 반환하는 함수)와 같은 일부 함수는 크기가 커지려는 경향이 있다.

많은 파라미터를 갖는 함수의 문제는 다음과 같다.

- 사용하기 어렵다. 이것은 다음 절인 '기본 파라미터'에서 다루는 기본 파라미터를 사용해 완화하거나 수정할 수 있다.
- 읽기 어렵다. 이걸 돕는 것이 명명된 파라미터다.
- 너무 많은 것을 한다. 함수가 너무 크지는 않다고 확신하는가? 리팩토링하고 정리하자. 가능한 부수 효과와 다른 해로운 관행을 찾자. 데이터 클래스 생성자는 특수한 경우인데, 자동 생성된 할당이기 때문이다.

명명된 파라미터로 모든 함수 호출에 가독성을 추가할 수 있다.

data class 생성자를 예제로 사용해보자.

```
typealias Kg = Double
typealias cm = Int

data class Customer(val firstName: String,
            val middleName: String,
            val lastName: String,
            val passportNumber: String,
            val weight: Kg,
            val height: cm)
```

일반적인 호출은 다음과 같다.

```
val customer1 = Customer("존", "칼", "도", "XX234", 82.3, 180)
```

그러나 명명된 파라미터를 포함하면 읽는 사람/유지 관리자가 사용 가능한 정보가 늘어나고 정신 노동이 줄어들 것이다. 또한 실제 상황에서 더 편리하거나 의미 있는 순서대로 파라미터를 전달할 수도 있다.

```
val customer2 = Customer(
  lastName = "도",
  firstName = "존",
  middleName = "칼",
  height = 180,
  weight = 82.3,
  passportNumber = "XX234")
```

명명된 파라미터는 vararg 파라미터와 결합될 때 매우 유용하다.

```
fun paramAfterVararg(courseId: Int, vararg students: String,
roomTemperature: Double) {
   //여기서 작업을 한다.
}

paramAfterVararg(68, "아벨", "바바라", "칼", "다이앤", roomTemperature = 18.0)
```

고차 함수의 명명된 파라미터

고차 함수를 정의할 때 일반적으로 람다에 대한 파라미터의 이름을 짓지 않는다.

```
fun high(f: (Int, String) -> Unit) {
   f(1, "로미오")
}

high { q, w ->
   //작업을 한다.
}
```

그러나 이름을 추가하는 것은 가능하다. 그래서 f 람다는 이제 age와 name이라는 파라미터를 가진다.

```
fun high(f: (age:Int, name:String) -> Unit) {
   f(1, "로미오")
}
```

이것은 어떠한 행동도 바꾸지 않는다. 단지 이 람다가 의도하는 사용법을 좀 더 명확하게 한다.

```
fun high(f: (age:Int, name:String) -> Unit) {
   f(age = 3, name = "루시아나") //컴파일 에러
```

```
}
```

그러나 명명된 파라미터를 사용해 람다를 호출할 수는 없다. 예제에서 f를 이름과 함께 호출하면 컴파일 에러가 발생한다.

기본 파라미터

코틀린에서 함수 파라미터는 기본 값을 가질 수 있다. 다음 코드에서는 Programmer를 위해 favouriteLanguage와 yearsOfExperience 데이터 클래스는 기본 값을 가진다(생성자 역시 함수라는 것을 기억하자).

```
data class Programmer(val firstName: String,
    val lastName: String,
    val favouriteLanguage: String = "코틀린",
    val yearsOfExperience: Int = 0)
```

따라서 Programmer는 단지 두개의 파라미터로 생성할 수 있다.

```
val programmer1 = Programmer("존", "도")
```

그러나 yearsOfExperience를 전달하고 싶다면 명명된 파라미터로 전달해야 한다.

```
val programmer2 = Programmer("존", "도", 12) //에러

val programmer2 = Programmer("존", "도", yearsOfExperience = 12) //OK
```

원하는 경우 모든 파라미터를 전달할 수는 있지만 명명된 파라미터를 사용하지 않는 경우 올바른 순서대로 제공해야 한다.

```
val programmer3 = Programmer("존", "도", "TypeScript", 1)
```

확장 함수

코틀린의 최고의 기능 중 하나는 확장 함수다. 확장 함수는 새로운 함수로 기존 타입을 수정할 수 있게 한다.

```
fun String.sendToConsole( ) = println(this)

fun main(args: Array<String>) {
   "헬로 월드! (외부 함수로부터)".sendToConsole( )
}
```

기본 타입에 확장 함수를 추가하려면 타입명 옆에 점(.)으로 결합된 함수명을 작성해야 한다.

이 예제에서는 String 타입에 확장 함수(sendToConsole( ))를 추가했다. 함수 본문 내부에서 이것은 String 타입의 인스턴스를 나타낸다(이 확장 함수에서 string은 리시버 타입이다).

점(.)과 this 외에도 확장 함수는 일반 함수와 같은 구문 규칙과 기능을 가진다. 사실 확장 함수는 첫 번째 파라미터가 리시버 타입의 값인 노멀 함수다. 따라서 sendToConsole( ) 확장 함수는 다음 코드와 동일하다.

```
fun sendToConsole(string: String) = println(string)

sendToConsole("헬로 월드! (일반 함수로부터)")
```

따라서 실제로는 새로운 함수로 타입을 수정하지 않는다. 확장 함수는 유틸리티 함수를 쉽고 사용하기 재미있으며 읽기 좋게 작성하는 아주 우아한 방식이다. 이것은 또한 확장 함수가 하나의 제한을 가진다는 것을 의미한다. 적절한 멤버 함수가 인스턴스 내부의 모든 것에 접근할 수 있는 것과는 달리 확장 함수는 this의 private 멤버에 접근할 수 없다.

```
class Human(private val name: String)

fun Human.speak(): String = "${this.name}(이)가 소리를 낸다" //'name'에 접근할 수
                                                  //없음: 'Human'에서 private임
```

확장 함수를 호출하는 것은 일반 함수와 동일하다. 리시버 타입의 인스턴스와 함께(확장 내에서 this로 참조된다) 함수를 이름으로 호출한다.

확장 함수와 상속

상속에 대해 말할 때 멤버 함수와 확장 함수 간에는 큰 차이가 있다.

open 클래스인 Canine는 Dog라는 하위 클래스가 있다. 독립적인 함수 printSpeak는 Canine 타입의 파라미터를 받고 speak(): String 함수의 결과를 출력한다.

```
open class Canine {
    open fun speak() = "<일반적인 개과 소리>"
}

class Dog : Canine() {
    override fun speak() = "멍멍!!"
}

fun printSpeak(canine: Canine) {
    println(canine.speak())
```

```
}
```

1장의 '상속' 절에서 이미 다뤘다. open 메소드(멤버 함수)를 가진 Open 클래스는 확장해 동작을 변경할 수 있다. speak 함수를 호출하면 인스턴스 타입에 따라 다르게 동작한다.

printSpeak 함수는 Canine와 is-a 관계인 클래스의 인스턴스로 호출할 수 있다.

```
printSpeak(Canine())
printSpeak(Dog())
```

이 코드를 실행하면 콘솔에서 다음을 볼 수 있다.

```
<일반적인 개과 소리>
멍멍!!
```

둘 다 Canine지만 하위 클래스에서 상위 구현을 오버라이드했으므로 speak의 행동은 다르다.

그러나 확장 함수에서는 많은 것이 달라진다.

앞 예제에서 Feline은 Cat 클래스를 확장한 open 클래스다. 그러나 speak는 이제 확장 함수다.

```
open class

Feline fun Feline.speak() = "<일반적인 고양잇과 소리>"

class Cat : Feline()

fun Cat.speak() = "야옹!!"
```

```
fun printSpeak(feline: Feline) {
   println(feline.speak())
}
```

확장 함수는 오버라이드로 표시할 필요가 없다. 아무것도 오버라이드하지 않을 것이기 때문이다.

```
printSpeak(Feline())
printSpeak(Cat())
```

이 코드를 실행하면 콘솔에서 다음을 볼 수 있다.

```
<일반적인 고양잇과 소리>
<일반적인 고양잇과 소리>
```

이 경우 두 호출 모두 같은 결과를 생성한다. 처음에는 혼란스럽겠지만 일단 무엇이 일어나는지 분석하면 좀 더 분명해질 것이다. Feline.speak() 함수를 두 번 호출했다. 이는 printSpeak(Feline) 함수에 전달한 각각의 파라미터가 Feline이기 때문이다.

```
open class Primate(val name: String)

fun Primate.speak() = "$name: <일반적인 영장류 소리>"

open class GiantApe(name: String) : Primate(name)

fun GiantApe.speak() = "${this.name} :<무서운 100db 포효>"

fun printSpeak(primate: Primate) {
   println(primate.speak())
}

printSpeak(Primate("코코"))
```

```
printSpeak(GiantApe("콩"))
```

이 코드를 실행하면 콘솔에서 다음을 볼 수 있다.

```
코코: <일반적인 영장류 소리>
콩: <일반적인 영장류 소리>
```

이 경우 이전 예제와 동일한 동작이지만 name에 올바른 값을 사용했다. 말하자면 name과 this.name으로 참조할 수 있다. 둘 다 유효하다.

멤버로서의 확장 함수

확장 함수는 클래스의 멤버로서 선언할 수 있다. 확장 함수가 선언된 클래스의 인스턴스를 디스패치 리시버dispatch receiver라고 한다.

Caregiver open 클래스는 Feline과 Primate이라는 두 개의 다른 클래스에 대한 확장 함수를 내부적으로 정의했다.

```
open class Caregiver(val name: String) {
    open fun Feline.react() = "크엉!!!"
    fun Primate.react() = "*$name (은)는 ${this@Caregiver.name}(와)과 같이 논다*"

    fun takeCare(feline: Feline) {
        println("고양잇과 반응: ${feline.react()}")
    }
    fun takeCare(primate: Primate){
        println("영장류 반응: ${primate.react()}")
    }
}
```

두 확장 함수는 Caregiver의 인스턴스 내에서 사용하기 위한 것이다. 실제로 열지 않을 경우 멤버 확장 함수를 private으로 표기하는 것은 좋은 습관이다.

Primate.react()의 경우 Primate의 이름 값과 Caregiver의 이름 값을 사용한다. 이름 충돌이 있는 멤버에 접근하려면 확장 리시버(this)가 우선권을 가진다. 디스패처 리시버의 멤버에 접근하려면 제한된 this 구문을 사용해야만 한다. 이름 충돌이 없는 디스패처 리시버의 다른 멤버는 제한된 this 없이 사용할 수 있다.

이미 다룬 this의 다양한 뜻을 혼동하지 말자.

- 클래스 내에서 this는 클래스의 인스턴스를 뜻한다.
- 확장 함수 내에서 this는 좋은 구문이 있는 유틸리티 함수의 첫 번째 파라미터 같은 리시버 타입의 인스턴스를 뜻한다.

```
class Dispatcher {
   val dispatcher: Dispatcher = this
   fun Int.extension(){
       val receiver: Int = this
       val dispatcher: Dispatcher = this@Dispatcher
   }
}
```

Zoo 예제로 돌아가 Caregiver, Cat, Primate를 인스턴스화하고, 두 동물 인스턴스 모두 Caregiver.takeCare 함수를 호출한다.

```
val adam = Caregiver("아담")

val fulgencio = Cat()

val koko = Primate("코코")

adam.takeCare(fulgencio)
```

```
adam.takeCare(koko)
```

이 코드를 실행하면 콘솔에서 다음을 볼 수 있다.

```
고양잇과 반응: 크엉!!!
영장류 반응: *코코 (은)는 아담(와)과 같이 논다*
```

동물원에는 수의사가 필요하다. Vet 클래스는 Caregiver를 확장한다.

```
open class Vet(name: String): Caregiver(name) {
    override fun Feline.react() = "*$name (으)로부터 도망친다*"
}
```

Feline.react() 함수를 다른 구현으로 오버라이드했다. Feline 클래스는 속성 이름이 없으므로 Vet 클래스 이름을 직접 사용한다.

```
val brenda = Vet("브렌다")
listOf(adam, brenda).forEach { caregiver ->
    println("${caregiver.javaClass.simpleName} ${caregiver.name}")
    caregiver.takeCare(fulgencio)
    caregiver.takeCare(koko)
}
```

그 뒤에는 다음의 결과를 얻는다.

```
Caregiver 아담
고양잇과 반응: 크엉!!!
영장류 반응: *코코 (은)는 아담(와)과 같이 논다*
Vet 브렌다
고양잇과 반응: *브렌다 (으)로부터 도망친다*
영장류 반응: *코코 (은)는 브렌다(와)과 같이 논다*
```

충돌하는 이름을 가진 확장 함수

확장 함수가 멤버 변수와 같은 이름을 가진 경우 어떻게 될까?

Worker 클래스는 work(): String 함수와 rest(): String private 함수를 가진다. 또한 동일한 이름의 두 확장 함수 work와 rest를 가진다.

```
class Worker {
    fun work() = "*열심히 일한다*"
    private fun rest() = "*쉰다*"
}

fun Worker.work() = "*열심히 일하지는 않는다*"

fun <T> Worker.work(t:T) = "*$t 작업중*"

fun Worker.rest() = "*비디오 게임을 하는 중*"
```

동일한 이름의 확장 함수를 갖는 것은 컴파일 에러는 아니지만 확장이 멤버에 의해 숨겨졌다. public final fun work(): String이라는 경고를 받는다.

멤버 함수와 같은 이름을 가진 함수를 서명하는 것은 합법이지만 멤버 함수가 언제나 우선권을 가지므로 확장 함수는 호출되지 않는다. 이 기능은 멤버 함수가 private인 경우에 변경된다. 이 경우 확장 함수가 우선권을 가진다.

확장 함수를 사용해 기존 멤버 함수를 오버로드하는 것도 가능하다.

```
val worker = Worker()

println(worker.work())

println(worker.work("리팩토링"))

println(worker.rest())
```

실행 시 work()는 멤버 함수를 호출하고 work(String)과 rest()는 확장 함수다.

```
*열심히 일한다*
*리팩토링 작업중*
*비디오 게임을 하는 중*
```

오브젝트용 확장 함수

코틀린에서 오브젝트는 타입이므로 확장 함수(확장 인터페이스 같은 다른 기능)를 포함한 함수를 가질 수 있다.

Builder 오브젝트에 buildBridge 확장 함수를 추가할 수 있다.

```
object Builder {
}

fun Builder.buildBridge() = "반짝거리는 새 다리"
```

컴패니언 오브젝트를 포함할 수 있다. Designer 클래스는 컴패니언 오브젝트와 Desk 오브젝트의 두 내부 오브젝트를 가진다.

```
class Designer {
    companion object {
    }
    object Desk {
    }
}

fun Designer.Companion.fastPrototype() = "프로토타입"
fun Designer.Desk.portofolio() = listOf("프로젝트1", "프로젝트2")
```

이 함수를 호출하면 다른 일반적인 오브젝트 멤버 함수처럼 작동한다.

```
Designer.fastPrototype()
Designer.Desk.portofolio().forEach(::println)
```

중위 함수

하나의 파라미터만 가진 (일반 혹은 확장) 함수는 infix로 표기할 수 있으며, 중위 표기법과 함께 사용할 수 있다. 중위 표기법은 수학 및 대수 연산과 같은 일부 영역에 대해 코드를 자연스럽게 표현하는 데 유용하다.

Int 타입인 superOperation에 infix 확장 함수를 추가해보자(이것은 단순히 일반적인 합계다).

```
infix fun Int.superOperation(i: Int) = this + i

fun main(args: Array<String>) {
   1 superOperation 2
   1.superOperation(2)
}
```

중위 표기법 혹은 일반 표기법을 사용해 superOperation 함수를 사용할 수 있다.

중위 표기법이 일반적으로 사용되는 또 다른 영역은 HamKrest(https://github.com/npryce/hamkrest) 혹은 Kluent(https://github.com/MarkusAmshove/Kluent) 같은 어서션[assertion] 라이브러리다. 자연스럽고 이해하기 쉬운 언어로 명시 코드[specification code]를 작성하는 것이 큰 이점이다.

Kluent 어서션은 마치 자연스러운 영어 표현처럼 보인다.

```
"Kotlin" shouldStartWith "Ko"
```

Kluent는 또한 더 큰 가독성을 위한 백틱[backtick] 버전도 제공한다.

```
"Kotlin" `should start with` "Ko"
```

백틱(`)은 코틀린에서 예약한 단어를 포함해 임의의 식별자를 사용할 수 있게 한다. 이제 자신만의 카오모지[kaomoji] 함수를 작성할 수 있다.

```
infix fun String.`(╯°□°）╯︵ ┻━┻`(s: String) = "*$this flips table at $s*"

fun main(args: Array<String>) {

    "Adam" `(╯°□°）╯︵ ┻━┻` "Ben"*
```

많은 infix 함수를 연결해 내부 DSL을 생성하거나 고전적인 밈[memes]을 재생성할 수 있다.

```
object All {
   infix fun your(base: Pair<Base, Us>) {}
}

object Base {
   infix fun are(belong: Belong) = this
}

object Belong

object Us

fun main(args: Array<String>) {
   All your (Base are Belong to Us)
}
```

your 함수는 Pair<Base, US>를 받고(코틀린 표준 라이브러리에서 널리 사용되는 튜플의 일종) infix 확장 함수 <K, V> K.to(v: V)는 리시버로 사용하는 Pair<K, V>를 첫 번째 멤버로, 파라미터를 (어떤 타입의 조합에서도 호출할 수 있는) 두 번째 멤버로 반환한다.

연산자 오버로딩

연산자 오버로딩은 다형성의 한 가지 형태다. 일부 연산자는 다른 타입에서 동작이 바뀐다. 고전적인 예는 더하기(+) 연산자다. 숫자 값에서 더하기는 합 연산이고, 문자열에서는 연결이다. 연산자 오버로딩은 API에 자연스러운 포장을 제공하는 유용한 도구다. 시간과 날짜 라이브러리를 작성하고 있다고 해보자. 더하기와 빼기 연산자를 시간 단위로 정의하는 것이 자연스러울 것이다.

코틀린은 연산자 수정자로 표시된 일반 혹은 확장 함수를 사용해 커스텀이나 기존 타입의 연산자 행동을 정의할 수 있게 한다.

```
class Wolf(val name:String) {
   operator fun plus(wolf: Wolf) = Pack(mapOf(name to this, wolf.name to wolf))
}

class Pack(val members:Map<String, Wolf>)

fun main(args: Array<String>) {
   val talbot = Wolf("탈봇")
   val northPack: Pack = talbot + Wolf("빅 버사") //talbot.plus(Wolf("..."))
}
```

연산자 함수 plus는 Pack 값을 반환한다. 중위 연산자를 사용하거나(Wolf + Wolf) 일반적인 방법(Wolf.plus(Wolf))으로 호출할 수 있다.

코틀린에서 연산자 오버로딩에 대해 알아야 할 사항은 코틀린에서 오버라이드 가능한 연산자는 한정돼 있다는 점이다. 따라서 임의의 연산자를 만들 수는 없다.

바이너리 연산자

바이너리 연산자는 파라미터를 받는다(이 규칙에는 예외가 있다. 호출 및 인덱싱된 접근).

Pack.plus 확장 함수는 Wolf 파라미터를 받고 새로운 Pack을 반환한다. MutableMap 역시 더하기(+) 연산자를 갖고 있다는 점을 명심하자.

```
operator fun Pack.plus(wolf: Wolf) = Pack(this.members.toMutableMap() +
(wolf.name to wolf))

val biggerPack = northPack + Wolf("나쁜 늑대")
```

다음 표는 오버로드될 수 있는 모든 바이너리 연산자를 보여준다.

연산자	동일	참고
x + y	x.plus(y)	
x - y	x.minus(y)	
x * y	x.times(y)	
x / y	x.div(y)	
x % y	x.rem(y)	코틀린 1.1부터, 이전은 mod였음
x..y	x.rangeTo(y)	
x in y	y.contains(x)	
x !in y	!y.contains(x)	
x += y	x.plussAssign(y)	Unit을 반환해야 함
x -= y	x.minusAssign(y)	Unit을 반환해야 함
x *= y	x.timesAssign(y)	Unit을 반환해야 함
x /= y	x.divAssign(y)	Unit을 반환해야 함

(이어짐)

연산자	동일	참고
x %= y	x.remAssign(y)	코틀린 1.1부터, 이전은 modAssign이었음. Unit을 반환해야 함
x == y	x?.equals(y) ?: (y === null)	null 확인용
x != y	!(x?.equals(y) ?: (y === null))	null 확인용
x < y	x.compareTo(y) < 0	Int를 반환해야 함
x > y	x.compareTo(y) > 0	Int를 반환해야 함
x <= y	x.compareTo(y) <= 0	Int를 반환해야 함
x >= y	x.compareTo(y) >= 0	Int를 반환해야 함

Invoke

2장의 '일급 함수와 고차 함수' 절에서 람다 함수를 소개할 때 Function1의 정의를 보여줬다.

```
/** 1개의 인수를 취하는 함수 */
public interface Function1<in P1, out R> : Function<R> {
    /** 지정된 인자로 함수 호출 */
    public operator fun invoke(p1: P1): R
}
```

invoke 함수는 연산자다. invoke 연산자는 이름 없이 호출될 수 있다.

Wolf 클래스에는 invoke 연산자가 있다.

```
enum class WolfActions {
    SLEEP, WALK, BITE
}
```

```
class Wolf(val name:String) {
   operator fun invoke(action: WolfActions) = when (action) {
       WolfActions.SLEEP -> "$name(은)는 자는 중이다"
       WolfActions.WALK -> "$name(은)는 걷고 있다"
       WolfActions.BITE -> "$name(은)는 물어뜯는 중이다"
   }
}

fun main(args: Array<String>) {
   val talbot = Wolf("탈봇")
   talbot(WolfActions.SLEEP) //talbot.invoke(WolfActions.SLEEP)
}
```

이것이 괄호로 람다 함수를 직접 호출할 수 있는 이유다. 실제로는 invoke 연산자를 호출한다.

다음 표는 다양한 인자가 있는 invoke의 여러 선언을 보여준다.

연산자	동일	참고
x()	x.invoke()	
x(y)	x.invoke(y)	
x(y1, y2)	x.invoke(y1, y2)	
x(y1, y2..., yN)	x.invoke(y1, y2..., yN)	

인덱싱된 접근

인덱싱된 접근Indexed access 연산자는 C와 유사한 구문을 사용하는 언어에서 사용되는 것처럼 대괄호([])를 사용하는 배열의 읽기 및 쓰기 작업이다. 코틀린에서는 get 연산자를 사용해 읽기 및 쓰기 작업을 수행한다.

Pack.get 연산자를 사용하면 Pack을 배열처럼 사용할 수 있다.

```
operator fun Pack.get(name: String) = members[name]!!

val badWolf = biggerPack["나쁜 늑대"]
```

대부분의 코틀린 데이터 구조는 get 연산자의 정의가 있다. 이 경우 Map<K, V>는 V?를 반환한다.

다음 표는 다른 개수의 인자를 사용하는 get의 선언을 보여준다.

연산자	동일	참고
x[y]	x.get(y)	
x[y1, y2]	x.get(y1, y2)	
x[y1, y2..., yN]	x.get(y1, y2..., yN)	

set 연산자는 비슷한 구문을 가진다.

```
enum class WolfRelationships {
   FRIEND, SIBLING, ENEMY, PARTNER
}

operator fun Wolf.set(relationship: WolfRelationships, wolf: Wolf) {
   println("${wolf.name} (은)는 내 새로운 $relationship (이)다")
}

talbot[WolfRelationships.ENEMY] = badWolf
```

get과 set 연산자는 임의의 코드를 가질 수 있지만, 인덱싱된 접근이 읽기와 쓰기에 사용되는 것은 매우 잘 알려져 있고 오래된 규약이다. 이 연산자들을 사용할 때(그리고 다른 연산자 또한) 최소 놀람의 원칙을 사용해라. 연산자를 특정 도메인에서 자연스러운 의미로 제한하는 것은 장기적으로 사용하기 쉽고 읽기 쉽게 만든다.

다음 표는 다른 개수의 인자를 사용하는 set의 선언을 보여준다.

연산자	동일	노트
x[y] = z	x.set(y, z)	반환 값은 무시된다.
x[y1, y2] = z	x.set(y1, y2, z)	반환 값은 무시된다.
x[y1, y2..., yN] = z	x.set(y1, y2..., yN, z)	반환 값은 무시된다.

Unary 연산자

Unary 연산자에는 파라미터가 없으며, 디스패처에서 직접 작동한다.

Wolf 클래스에 not 연산자를 추가할 수 있다.

```
operator fun Wolf.not() = "$name (은)는 화났다!!!"

!talbot //talbot.not()
```

다음 표는 오버로드할 수 있는 모든 unary 연산자를 보여준다.

연산자	동일	참고
+x	x.unaryPlus()	
-x	x.unaryMinus()	

(이어짐)

연산자	동일	참고
`!x`	`x.not()`	
`x++`	`x.inc()`	후위. `var`에서 호출돼야 하며, 디스패처 타입과 호환되는 타입을 반환해야만 하고 디스패처를 변경해서는 안 된다.
`x--`	`x.dec()`	후위. `var`에서 호출돼야 하며, 디스패처 타입과 호환되는 타입을 반환해야만 하고 디스패처를 변경해서는 안 된다.
`++x`	`x.inc()`	후위. `var`에서 호출돼야 하며, 디스패처 타입과 호환되는 타입을 반환해야만 하고 디스패처를 변경해서는 안 된다.
`--x`	`x.dec()`	후위. `var`에서 호출돼야 하며, 디스패처 타입과 호환되는 타입을 반환해야만 하고 디스패처를 변경해서는 안 된다.

후위(증가 및 감소)는 원래의 값을 반환하며, 그다음 연산자 반환 값으로 값을 변경한다. 후위는 연산자의 반환된 값을 반환한 다음 그 값으로 변수를 변경한다.

타입 안전 빌더

앞의 두 절('중위 함수'와 '연산자 오버로딩')을 통해 환상적인 DSL을 빌드하기 위한 좋은 토대를 마련했다. DSL은 범용 목적 언어GPL와 달리 특정 도메인에 특화된 언어다. DSL의 고전적인 예는 (사람들이 깨닫지 못한다고 해도) HTML(마크업)과 SQL관계형 데이터베이스 쿼리 언어다.

코틀린은 내부 DSL(호스트 GPL 내에서 내부적으로 돌아가는 DSL)을 생성하는 많은 기능을 제공하지만, 지금 다뤄야 할 한 가지 기능은 타입 안전 빌더다. 타입 안전 빌더는 데이터를 (세미semi) 선언적 방식으로 정의할 수 있게 하며, GUI, HTML 마크업, XML 등을 정의하는 데 매우 유용하다.

아름다운 코틀린 DSL의 예는 TornadoFX이다. TornadoFX(https://tornadofx.io/)는 자바FX 애플리케이션을 만들기 위한 DSL이다.

tornadofx.App을 확장하고 tornadofx.View 클래스를 받는(인스턴스가 아닌 클래스 레퍼런스) FxApp 클래스를 작성한다.

```
import javafx.application.Application
import tornadofx.*

fun main(args: Array<String>) {
    Application.launch(FxApp::class.java, *args)
}

class FxApp: App(FxView::class)

class FxView: View() {
    override val root = vbox {
        label("함수형 코틀린")
        button("누르세요")
    }
}
```

import와 메인 함수를 포함한 20줄 이하의 코드로 GUI 애플리케이션을 만들 수 있다.

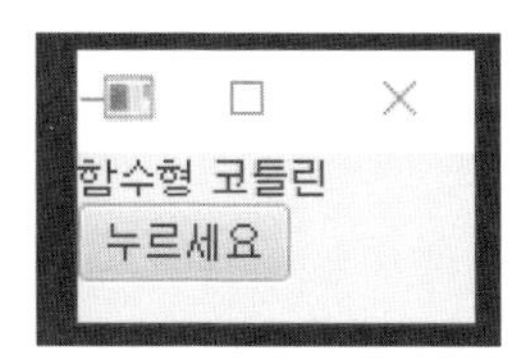

물론 지금은 아무것도 되지 않지만 자바랑 비교해보면 TornadoFX로 자바FX 애플리케이션을 만드는 것은 간단하다. 자바FX 경험이 있는 사람은 FXML(자바FX 레이아웃을 만들기 위해 디자인된 선언적 XML 언어)과 비슷한 것을 얻을 수 있다고 말하겠지만, 다른 XML 파일과 마찬가지로 작성 및 유지는 힘들다. 그리고 TornadoFX의 DSL은 간단하고 유연하며 코틀린의 타입 안전으로 컴파일된다.

그러나 타입 안전 빌더는 어떻게 작동할까?

코틀린 표준 라이브러리의 예제부터 시작해보자.

```
val joinWithPipe = with(listOf("하나", "둘", "셋")){
    joinToString(separator = "|")
}
```

자바스크립트나 비주얼 베이직(닷넷 포함)과 같은 다른 언어로 된 with 블록을 찾을 수 있다. with 블록은 파라미터로 전달하는 값에서 속성이나 메소드를 사용할 수 있게 하는 언어 컨스트럭트다. 그러나 코틀린에서 with는 예약어가 아니라 특별한 타입의 파라미터가 있는 일반적인 함수다.

with 선언문을 살펴보자.

```
public inline fun <T, R> with(receiver: T, block: T.() -> R): R {
    return receiver.block()
}
```

첫 번째 파라미터는 T 타입의 receiver(function? 확장과 같은)며, 두 번째인 block은 T.() -> R 타입의 함수다. 코틀린 문서에서 이런 종류의 함수는 리시버가 있는 명명된 함수 타입이며, T의 인스턴스와 함께 block 함수를 호출할 수 있다. inline 수정자에 대한 걱정은 하지 말자. 다음 절에서 다룬다.

리시버를 가진 함수 타입을 이해하는 방법은 그것을 확장 함수처럼 생각하는 것이다. 익숙한 점(.)이 있는 선언을 잘 살펴보고, 함수 내에서는 확장 함수와 같이 this를 사용해 리시버 타입의 멤버를 사용할 수 있다.

다른 예제는 어떨까? 살펴보자.

```
val html = buildString {
    append("<html>\n")
    append("\t<body>\n")
    append("\t\t<ul>\n")
    listOf(1, 2, 3).forEach { i ->
        append("\t\t\t<li>$i</li>\n")
    }
    append("\t\t<ul>\n")
    append("\t</body>\n")
    append("</html>")
}
```

buildString 함수는 StringBuilder.() -> Unit 파라미터를 받고 문자열을 반환한다. 선언은 놀라울 정도로 간단하다.

```
public inline fun buildString(builderAction: StringBuilder.() -> Unit):
        String = StringBuilder().apply(builderAction).toString()
```

apply 함수는 확장 함수이며, with와 비슷하지만 R을 반환하는 대신 리시버 인스턴스를 반환한다. 일반적으로 apply는 초기화와 인스턴스에 사용된다.

```
public inline fun <T> T.apply(block: T.() -> Unit): T {
    block()
    return this
}
```

보다시피 이 모든 함수는 이해하기 쉽지만 코틀린의 유용성과 가독성을 크게 증가시킨다.

DSL 생성

내가 가장 크게 열정을 들이는 것 중 하나는 자전거 타기다. 움직임의 감정, 노력, 건강상의 이점, 풍경을 즐기는 것이 장점 중의 일부다(그리고 계속 자전거를 타고 있다).

내 자전거와 그 구성 요소를 등록하는 방식을 만들기 원한다고 해보자. 프로토타입 단계에서는 XML을 사용하겠지만 나중에는 다른 구현으로 변경할 수 있다.

```
<bicycle description="Fast carbon commuter">
  <bar material="ALUMINIUM" type="FLAT">
  </bar>
  <frame material="CARBON">
      <wheel brake="DISK" material="ALUMINIUM">
      </wheel>
  </frame>
  <fork material="CARBON">
      <wheel brake="DISK" material="ALUMINIUM">
      </wheel>
  </fork>
</bicycle>
```

이것은 코틀린에서 타입 안전 빌더를 만드는 완벽한 시나리오다.

결국 자전거 DSL은 다음과 같아야 한다.

```
fun main(args: Array<String>) {
  val commuter = bicycle {
      description("Fast carbon commuter")
      bar {
         barType = FLAT
         material = ALUMINIUM
      }
      frame {
         material = CARBON
```

```
            backWheel {
                material = ALUMINIUM
                brake = DISK
            }
        }
        fork {
            material = CARBON
            frontWheel {
                material = ALUMINIUM
                brake = DISK
            }
        }
    }

    println(commuter)
}
```

내 DSL은 일반적인 코틀린 코드로서 빨리 컴파일되며, IDE는 자동 완성을 도울 것이고, 실수했을 때 불평할 것이다. 서로 좋은 상황이다.

프로그램부터 시작해보자.

```
interface Element {
    fun render(builder: StringBuilder, indent: String)
}
```

DSL에서 자전거의 모든 부분이 `Element` 인터페이스를 확장/구현할 것이다.

```
@DslMarker
annotation class ElementMarker

@ElementMarker
abstract class Part(private val name: String) : Element {
```

```
    private val children = arrayListOf<Element>()
    protected val attributes = hashMapOf<String, String>()
    protected fun <T : Element> initElement(element: T, init: T.() -> Unit):T {
        element.init()
        children.add(element)
        return element
    }

    override fun render(builder: StringBuilder, indent: String) {
        builder.append("$indent<$name${renderAttributes()}>\n")
        children.forEach { c -> c.render(builder, indent + "\t") }
        builder.append("$indent</$name>\n")
    }

    private fun renderAttributes(): String = buildString {
        attributes.forEach { attr, value -> append(" $attr=\"$value\"") }
    }

    override fun toString(): String = buildString {
        render(this, "")
    }
}
```

Part는 모든 파트의 기본 클래스로, 자식과 속성을 가진다. 또한 XML 구현으로 Element 인터페이스를 상속받는다. 다른 포맷(JSON, YAML 등)으로 변경하는 것이 너무 어렵지 않아야 한다.

initElement 함수는 요소 T와 receiver T.() -> Unit을 가진 init 함수인 두 파라미터를 받는다. 내부적으로 init 함수가 실행되고 요소가 자식으로 추가된다.

Part는 @ElementMarker 주석으로 주석 처리되며, 주석 자체는 @DslMarker로 주석 처리된다. 이것은 내부 요소가 외부 요소에 도달하는 것을 방지한다.

이 예제에서는 frame을 사용한다.

```
val commuter = bicycle {
  description("Fast carbon commuter")
  bar {
      barType = FLAT
      material = ALUMINIUM
      frame { }   //컴파일 에러
  }
```

this를 갖춘 채로 명시적으로 하는 것도 여전히 가능하다.

```
val commuter = bicycle {
  description("Fast carbon commuter")
  bar {
      barType = FLAT
      material = ALUMINIUM
      this@bicycle.frame{ }
  }
```

다음은 재료, 바 타입, 브레이크를 설명하는 몇 가지 열거형이다.

```
enum class Material {
  CARBON, STEEL, TITANIUM, ALUMINIUM
}

enum class BarType {
  DROP, FLAT, TT, BULLHORN
}

enum class Brake {
  RIM, DISK
}
```

이 부분 중 일부는 material 속성을 가진다.

```
abstract class PartWithMaterial(name: String) : Part(name) {
   var material: Material
   get() = Material.valueOf(attributes["material"]!!)
   set(value) {
       attributes["material"] = value.name
   }
}
```

Material 열거형 타입의 material 속성을 사용하고, attributes 맵 내에 이것을 저장하며, 값을 앞뒤로 변환한다.

```
class Bicycle : Part("bicycle") {

   fun description(description: String) {
       attributes["description"] = description
   }

   fun frame(init: Frame.() -> Unit) = initElement(Frame(), init)

   fun fork(init: Fork.() -> Unit) = initElement(Fork(), init)

   fun bar(init: Bar.() -> Unit) = initElement(Bar(), init)
}
```

Bicycle은 frame, fork, bar를 위한 함수와 description 함수를 정의한다. 각 함수는 initElement로 직접 전달되는 init 함수를 받는다.

Frame은 뒷바퀴를 위한 함수를 가진다.

```
class Frame : PartWithMaterial("frame") {
   fun backWheel(init: Wheel.() -> Unit) = initElement(Wheel(), init)
}
```

Wheel에는 Brake 열거형을 사용하는 brake 속성이 있다.

```
class Wheel : PartWithMaterial("wheel") {

    var brake: Brake
        get() = Brake.valueOf(attributes["brake"]!!)
        set(value) {
            attributes["brake"] = value.name
        }
}
```

Bar는 BarType 열거형을 사용하는 타입에 대한 속성이 있다.

```
class Bar : PartWithMaterial("bar") {

    var barType: BarType
        get() = BarType.valueOf(attributes["type"]!!)
        set(value) {
            attributes["type"] = value.name
        }
}
```

Fork는 앞바퀴에 대한 함수를 정의한다.

```
class Fork : PartWithMaterial("fork") {
    fun frontWheel(init: Wheel.() -> Unit) = initElement(Wheel(), init)
}
```

마무리에 가까워졌다. 지금 필요한 것은 DSL용 입력 함수다.

```
fun bicycle(init: Bicycle.() -> Unit): Bicycle {
    val cycle = Bicycle()
```

```
    cycle.init()
    return cycle
}
```

그리고 이게 전부다. 중위 함수, 연산자 오버로딩, 타입 안전 빌더를 사용하는 코틀린의 DSL은 매우 강력하며, 코틀린 커뮤니티는 매일 새롭고 흥미로운 라이브러리를 만든다.

인라인 함수

고차 함수는 매우 유용하고 멋지지만 주의할 점이 있다. 성능 패널티다. 2장의 '일급 함수와 고차 함수' 절의 컴파일 시간에서 람다가 할당된 오브젝트로 변환되고, 개발자는 그것의 invoke 연산자를 호출한다는 점을 기억하자. 이러한 작업은 얼마나 작은지는 관계없이 CPU 파워와 메모리를 소모한다.

다음과 같은 함수다.

```
fun <T> time(body: () -> T): Pair<T, Long> {
    val startTime = System.nanoTime()
    val v = body()
    val endTime = System.nanoTime()
    return v to endTime - startTime
}

fun main(args: Array<String>) {
    val (_,time) = time { Thread.sleep(1000) }
    println("time = $time")
}
```

컴파일되면 다음과 같이 된다.

```
val (_, time) = time(object : Function0<Unit> {
    override fun invoke( ) {
        Thread.sleep(1000)
    }
})
```

성능이 최우선인 경우(미션 크리티컬 애플리케이션, 게임, 비디오 스트리밍) 인라인으로 고차 함수를 표시할 수 있다.

```
inline fun <T> inTime(body: ( ) -> T): Pair<T, Long> {
    val startTime = System.nanoTime( )
    val v = body( )
    val endTime = System.nanoTime( )
    return v to endTime - startTime
}

fun main(args: Array<String>) {
    val (_, inTime) = inTime { Thread.sleep(1000) }
    println("inTime = $inTime")
}
```

컴파일되면 다음과 같이 된다.

```
val startTime = System.nanoTime( )
val v = Thread.sleep(1000)
val endTime = System.nanoTime( )
val (_, inTime) = (v to endTime - startTime)
```

전체 함수 실행은 고차 함수의 본문과 람다의 본문으로 대체된다. 인라인 함수는 빠르지만 더 많은 코드를 생성한다.

```
time = 1005449985
inTime = 1003105225
```

실행당 2.3밀리초가 많아 보이지는 않지만, 긴 실행과 좀 더 많은 최적화가 있다면 눈에 띄는 복합된 효과가 만들어질 수 있다.

인라인 제한

인라인 람다 함수는 중요한 제한이 있다. 어떤 방식으로든 (저장, 복사 등) 조작할 수 없다.

UserService는 (User) -> Unit인 리스너[listeners] 목록을 저장한다.

```
data class User(val name: String)
class UserService {
   val listeners = mutableListOf<(User) -> Unit>()
   val users = mutableListOf<User>()
   fun addListener(listener: (User) -> Unit) {
       listeners += listener
   }
}
```

addListener를 인라인 함수로 바꾸면 컴파일 에러가 발생한다.

```
inline fun addListener(listener: (User) -> Unit) {
   listeners += listener //컴파일 에러: 잘못된 인라인 파라미터 리스너가 사용됨
}
```

이에 대해 생각해보면 이해가 갈 것이다. 람다를 인라인화했을 때 람다를 본문으로 대체할 것이고, 거기서는 맵을 저장할 수 없게 된다.

noinline 수정자로 이 문제를 해결할 수 있다

```
//경고: addListener 인라인화의 예상되는 성능 향상은 미미할 수 있다.
inline fun addListener(noinline listener: (User) -> Unit) {
  listeners += listener
}
```

인라인 함수에서 noinline을 사용하면 단순히 고차 함수 본문만 인라인화하지만, noinline 람다 파라미터는 건드리지 않는다(인라인 고차 함수는 inline과 noinline 람다 모두를 가질 수 있다). 결과 바이트코드는 완전한 인라인 함수만큼 빠르지는 않으며, 컴파일러는 경고를 표시할 것이다.

인라인 람다 함수는 다른 실행 컨텍스트(로컬 오브젝트, 중첩된 람다) 내부에서 실행될 수 없다.

이 예제에서는 buildUser 람다 내부에서 transform을 사용할 수 없다.

```
inline fun transformName(transform: (name: String) -> String): List<User> {

  val buildUser = { name: String ->
     User(transform(name))  //컴파일 에러: 여기서 transform을 인라인화할 수 없음
  }
  return users.map { user -> buildUser(user.name) }
}
```

이 문제를 해결하려면 crossinline 수정자를 사용해야 한다(대신 noinline을 사용할 수도 있지만 관련 성능이 손실된다).

```
inline fun transformName(crossinline transform: (name: String) -> String):
List<User> {

  val buildUser = { name: String ->
```

```
        User(transform(name))
    }

    return users.map { user -> buildUser(user.name) }
}

fun main(args: Array<String>) {
    val service = UserService()
    service.transformName(String::toLowerCase)
}
```

생성된 코드는 꽤 복잡하다. 많은 조각이 생성된다.

- buildUser를 표시하고 String::toLowerCase를 사용해 이름을 변형하기 위한 User를 내부적으로 생성하기 위한 (String) -> User를 확장한 클래스
- buildUser를 표시하는 클래스의 인스턴스를 사용하는 List<User>.map()을 실행하기 위한 노멀 인라인 코드
- List<T>.map()은 인라인이므로 그 코드도 생성될 것이다.

일단 제한 사항에 대해 알고 있다면 인라인 고차 함수는 코드의 실행 속도를 높이는 좋은 방법이다. 사실 코틀린 표준 라이브러리 내의 많은 고차 함수가 인라인이다.

재귀 및 코리커젼

2장의 '재귀' 절에서 재귀를 광범위하게 다뤘다(그러나 거기에는 이 책의 범위를 벗어나는 재귀 주제가 있었다).

피보나치와 같은 고전 알고리즘을 작성하기 위해 재귀를 사용했다(2장의 tailrexFib을 재사용한다).

```
fun tailrecFib(n: Long): Long {
    tailrec fun go(n: Long, prev: Long, cur: Long): Long {
        return if (n == 0L) {
            prev
        } else {
            go(n - 1, cur, prev + cur)
        }
    }

    return go(n, 0, 1)
}
```

그리고 팩토리얼이다(2장의 tailrecFactorial을 재사용했다).

```
fun tailrecFactorial(n: Long): Long {
    tailrec fun go(n: Long, acc: Long): Long {
        return if (n <= 0) {
            acc
        } else {
            go(n - 1, n * acc)
        }
    }

    return go(n, 1)
}
```

두 경우 모두 숫자로 시작했으며, 기본 조건에 도달하기 위해 값을 줄였다.

살펴본 또 다른 예는 FunList다.

```
sealed class FunList<out T> {
    object Nil : FunList<Nothing>()

    data class Cons<out T>(val head: T, val tail: FunList<T>) : FunList<T>()
```

```
    fun forEach(f: (T) -> Unit) {
        tailrec fun go(list: FunList<T>, f: (T) -> Unit) {
            when (list) {
                is Cons -> {
                    f(list.head)
                    go(list.tail, f)
                }
                is Nil -> Unit    //아무것도 하지 않는다.
            }
        }

        go(this, f)
    }

    fun <R> fold(init: R, f: (R, T) -> R): R {
        tailrec fun go(list: FunList<T>, init: R, f: (R, T) -> R): R = when (list) {
            is Cons -> go(list.tail, f(init, list.head), f)
            is Nil -> init
        }

        return go(this, init, f)
    }

    fun reverse(): FunList<T> = fold(Nil as FunList<T>) { acc, i -> Cons(i, acc) }

    fun <R> foldRight(init: R, f: (R, T) -> R): R = this.reverse().fold(init, f)

    fun <R> map(f:(T) -> R): FunList<R> = foldRight(Nil as FunList<R>){ tail,
            head -> Cons(f(head), tail) }
}
```

forEach와 fold 함수는 재귀적이다. 일반적인 경우 전체 목록부터 시작해 끝(Nil로 표시되는)에 도달할 때까지 그것을 줄인다. 다른 함수인 reverse, foldRight, map은 다른 버전의 fold를 사용했다.

따라서 재귀는 복잡한 값을 가져와 원하는 답으로 줄이는 반면에 코리커젼corecursion은 값을 받아 복잡한 값을 생산하기 위해 상단에 빌드한다(Sequence<T> 같은 잠재적 무한 데이터 구조를 포함한다).

재귀 함수에 fold 함수를 사용했으므로 unfold 함수를 사용할 수 있다.

```
fun <T, S> unfold(s: S, f: (S) -> Pair<T, S>?): Sequence<T> {
   val result = f(s)  return if (result != null) {
       sequenceOf(result.first) + unfold(result.second, f)
   } else {
       sequenceOf()
   }
}
```

unfold 함수는 두 파라미터를 받는다. 시작 혹은 기본 스텝을 표시하는 최초의 S 값과 S 스텝을 받고 시퀀스 및 다음 S 스텝에 더하기 위한 T 값의 Pair<T, S>?(null이 가능한 Pair다)를 생산하는 f 람다다.

f(s)의 결과가 null인 경우 빈 시퀀스를 반환한다. null이 아니라면 단일 값 시퀀스를 만들고 새로운 스텝의 unfold 값을 더한다.

unfold를 사용하면 단일 요소를 여러 번 반복하는 함수를 만들 수 있다.

```
fun <T> elements(element: T, numOfValues: Int): Sequence<T> {
   return unfold(1) { i ->
       if (numOfValues > i)
          element to i + 1
       else
          null
   }
}

fun main(args: Array<String>) {
```

```
    val strings = elements("코틀린", 5)
    strings.forEach(::println)
}
```

elements 함수는 어떤 값의 숫자만큼 반복하기 위해 요소를 받는다. 내부적으로는 최초 스텝으로 1을 전달받은 unfold를 사용하며, 람다가 현재 스텝을 받고 numOfValues와 비교한 다음 같은 요소를 가진 Pair<T, Int> 혹은 현재 스텝 + 1 혹은 null을 반환한다.

괜찮긴 하지만 그렇게 재미있진 않다. 팩토리얼 시퀀스를 반환하는 건 어떨까? 다음과 같이 다뤄봤다.

```
fun factorial(size: Int): Sequence<Long> {
    return sequenceOf(1L) + unfold(1L to 1) { (acc, n) ->
        if (size > n) {
            val x = n * acc
            (x) to (x to n + 1)
        } else
            null
    }
}
```

대부분 똑같으며, 유일한 차이점은 최초 스텝이 Pair<Long, Int>(계산을 수행하는 첫 번째 요소와 크기를 계산하는 두 번째 요소)라는 점이다. 따라서 람다는 Pair<Long, Pair<Long, Int>>를 반환해야 한다.

피보나치도 비슷하게 보일 것이다.

```
fun fib(size: Int): Sequence<Long> {
    return sequenceOf(1L) + unfold(Triple(0L, 1L, 1)) { (cur, next</span>, n) ->
        if (size > n) {
```

```
            val x = cur + next
            (x) to Triple(next, x, n + 1)
        }
        else
            null
    }
}
```

이 경우를 제외하면 Triple<Long, Long, Int>를 사용한다.

팩토리얼과 피보나치 시퀀스를 생성하기 위한 핵심적인 구현은 팩토리얼이나 피보나치 수를 각각 계산하기 위한 재귀 구현의 거울이며, 일부 사람은 그것이 이해하기 쉽다고 주장할 수 있다.

정리

5장에서는 함수형 프로그래밍을 위한 코틀린의 대부분의 기능을 다뤘다. 단일 표현식 함수로 함수를 짧게 작성하는 방법, 다른 종류의 파라미터, 확장 함수로 타입을 확장하는 방법, 중위infix 함수와 연산자를 사용해 자연스럽고 읽기 쉬운 코드를 쓰는 방법을 살펴봤다. 또한 타입 안전 빌더를 통한 DSL 작성의 기본과 효율적인 고차 함수의 작성법도 다뤘다. 마지막으로 재귀와 코리커전에 대해 알아봤다.

6장에서는 코틀린의 델리게이트에 대해 알아본다.

06

코틀린의 델리게이트

4장과 5장에서는 함수형 프로그래밍의 함수와 함수 타입에 대해 다뤘다. 또한 코틀린이 제공하는 다양한 종류의 함수도 다뤘다.

6장에서는 코틀린의 델리게이트를 기반으로 한다. 델리게이트는 함수형 프로그래밍을 사용하는 코틀린의 멋진 기능이다. 자바와 같은 비함수형 프로그래밍 환경에서 왔다면 델리게이트에 대해 처음 듣고 있을지도 모르겠다. 그래서 6장에서는 독자를 위해 모든 것을 정리하려고 노력할 것이다.

위임의 기초를 배우는 것부터 시작해 점차 코틀린의 델리게이트 구현으로 나아갈 것이다.

6장에서 다루는 내용은 다음과 같다.

- 위임 소개
- 코틀린의 델리게이트
- 델리게이트 속성
- 표준 델리게이트
- 커스텀 델리게이트
- 델리게이트 맵
- 로컬 위임
- 클래스 위임

델리게이트부터 시작해보자.

위임 소개

프로그래밍에서 위임[delegation]의 기원은 오브젝트 합성[object composition]으로부터다. 오브젝트 합성은 간단한 오브젝트를 결합해 복잡한 오브젝트를 만드는 방법이다. 오브젝트 합성은 태그된 유니온, 링크드 리스트, 바이너리 트리를 포함한 많은 기본 데이터 구조의 중요한 빌딩 블록이다.

오브젝트 합성을 좀 더 재사용할 수 있게(상속같이 재사용되게) 하려면 새로운 패턴인 위임 패턴[delegation pattern]으로 통합된다.

이 패턴은 오브젝트가 헬퍼 오브젝트를 가질 수 있게 하며, 이 헬퍼 오브젝트는 델리게이트[delegate]라고 불린다. 이 패턴은 원래 오브젝트가 델리게이트 헬퍼 오브젝트로 위임해 요청을 처리할 수 있게 한다.

위임은 객체지향적 디자인 패턴이지만, 모든 언어가 위임을 암시적으로 지원하지는 않는다(위임을 암시적으로 지원하지 않는 자바와 같은). 이 경우 명시적으로 원본 오브젝트를 델리게이트에 인자/파라미터인 메소드로 전달하는 것으로 위임을 여전히 사용할 수 있다.

그러나 언어 지원(코틀린과 같은)이 있다면 위임이 쉬워지고, 종종 원래 변수 자체를 사용하는 것처럼 보일 것이다.

위임의 이해

시간이 지남에 따라 위임 패턴은 상속의 좀 더 나은 대안으로 입증됐다.

상속은 코드 재사용을 위한 강력한 도구다. 특히 리스코프 치환 모델Liskov Substitution model의 맥락에서 말이다. 게다가 OOP 언어의 직접적인 지원은 이를 더 강력하게 만들었다.

그러나 상속에는 여전히 몇 가지 제한 사항이 있다. 예를 들어 클래스가 자신의 부모 클래스를 프로그램 실행 중에 바꿀 수 없는 것이 있다. 부모 클래스에 약간의 수정을 수행하면 자식 클래스에 그 변경이 직접 전파되며, 이를 매번 원하는 것은 아니다.

위임은 다른 한편으로는 유연하다. 위임은 한 오브젝트가 메소드 호출로 다른 오브젝트로 전달되고 델리게이트를 호출하는 여러 오브젝트의 합성으로 생각할 수 있다. 앞서 언급했듯이 위임은 유연하다. 런타임 시에 델리게이트를 바꿀 수 있다.

예를 들어 `Electronics` 클래스와 `Refrigerator` 클래스를 생각해보자. 상속을 통해 냉장고는 전자기기 메소드 호출과 속성을 구현하거나 오버라이드해야 한다. 그러나 위임을 사용하면 냉장고 오브젝트는 전자기기 오브젝트로의 참조를 유지하고, 이것으로 메소드 호출을 전달한다.

이제 코틀린이 위임을 지원한다는 것을 알게 됐으니 코틀린의 위임에 대해 시작해보자.

코틀린의 델리게이트

코틀린은 위임에 대해 즉각적으로 지원한다. 코틀린은 대부분의 일반적인 프로그래밍이 필요로 하는 속성에 대한 일부 표준 델리게이트를 제공한다. 대부분의 경우 자신만의 델리게이트를 만드는 대신 이 표준 델리게이트를 사용할 것이다. 그러나 필요에 맞춰 자신만의 델리게이트를 만들 수도 있다.

속성 위임만이 아니라 코틀린은 위임된 클래스를 가질 수 있게 한다.

그래서 기본적으로 코틀린의 위임에는 다음과 같은 두 가지 종류가 있다.

- 속성 위임
- 클래스 위임

먼저 속성 위임을 살펴보고 클래스 위임으로 진행할 것이다.

속성 위임(표준 델리게이트)

위임에 대해 이야기한 앞 절에서 위임은 메소드 전달/전송 테크닉이라는 것을 배웠다.

속성 델리게이트의 경우 대부분이 동일하다. 속성은 게터와 세터 호출을 델리게이트로 전달할 수 있고, 델리게이트는 속성 자체를 대신해 이 호출을 처리할 수 있다.

델리게이트로 게터와 세터 호출을 전달하는 것의 이점은 무엇일까? 사용 중인 델리게이트만이 이 질문에 답할 수 있다. 코틀린은 가장 일반적인 사용 사례에 대해 여러 개의 미리 정의된 표준 위임을 가진다. 사용 가능한 표준 델리게이트를 갖는 다음 목록을 살펴보자.

- `Delegates.notNull` 함수와 `lateinit`
- 느긋한 함수

- `Delegates.Observable` 함수
- `Delegates.vetoble` 함수

Delegates.notNull 함수와 lateinit

클래스 레벨에서 속성을 정의해야 하지만, 거기에 변수의 초기 값이 없는 경우를 생각해보자. 속성이 실제로 사용되기 전에 값을 얻을 수 있으며, 속성은 사용되기 전에 초기화될 것이고 null이 아닐 것이라고 확신할 수 있다. 그러나 코틀린 구문에 따라 초기화 시점에 속성을 초기화해야 한다. 빠른 수정은 null이 가능한 var 속성으로 선언하고 기본 null 값을 할당하는 것이다. 그러나 이전에 언급했듯이 변수를 사용하는 동안 null이 되지 않으므로 null이 가능하도록 선언하지 않을 것이다.

`Delegates.notNull`이 이 경우의 답이 될 것이다. 다음 프로그램을 살펴보자.

```
var notNullStr:String by Delegates.notNull<String>()

fun main(args: Array<String>) {
   notNullStr = "초기 값"
   println(notNullStr)
}
```

첫 번째 줄에 집중하자. null이 아닌 `String` `var` 속성을 선언했지만 초기화하지는 않았다. 대신 `by Delegates.notNull<String>()`을 작성했는데, 이것은 무슨 뜻일까? 검사해보자. `by` 연산자는 코틀린에서 예약된 키워드로, 델리게이트와 함께 사용된다. `by` 연산자는 두 피연산자로 작업하며, 왼쪽에는 위임해야 할 속성/클래스가 있고, 오른쪽에는 델리게이트가 있다.

`Delegates.notNull` 델리게이트는 속성을 초기화하지 않고 일시적으로 이동할 수 있게 한다. `main` 메소드의 첫 번째 줄에서 한 것처럼, 사용되기 전에 초기화해야 하며 그렇지 않으면 예외가 발생한다.

다른 속성을 추가해 프로그램을 수정하되 사용하기 전에 초기화하지 않으면 어떤 일이 일어나는지 살펴보자.

```
var notNullStr:String by Delegates.notNull<String>()
var notInit:String by Delegates.notNull<String>()

fun main(args: Array<String>) {
    notNullStr = "초기 값"
    println(notNullStr)
    println(notInit)
}
```

결과는 다음과 같다.

```
"D:\Program Files\Java\jdk-10.0.1\bin\java.exe" ...
초기 값
Exception in thread "main" java.lang.IllegalStateException: Property notInit should be initialized before get.
    at kotlin.properties.NotNullVar.getValue(Delegates.kt:63)
    at MainKt.getNotInit(Main.kt)
    at MainKt.main(Main.kt:9)

Process finished with exit code 1
```

따라서 notInit 속성은 예외를 발생시켰다. notInit는 get 전에 초기화해야 한다.

그러나 Delegates.notNull()에 의한 변수 선언이 어색하게 들리지는 않는가? 코틀린 팀도 같은 생각을 했다. 그것이 같은 목표를 달성하기 위해 코틀린 1.1에서 lateinit이라는 간단한 키워드를 추가한 이유다. 단순히 지연 초기화에 대해 나타내기 때문에 그냥 lateinit가 됐다.

따라서 이전 프로그램에서 Delegates.notNull()을 lateinit로 바꿔보자. 다음은 수정된 프로그램이다.

```
lateinit var notNullStr1:String
lateinit var notInit1:String

fun main(args: Array<String>) {
   notNullStr1 = "초기 값"
   println(notNullStr1)
   println(notInit1)
}
```

이 프로그램에서는 최상위 레벨(클래스/함수가 없는 패키지 레벨 변수)에서 같은 이름의 변수를 두개 가질 수 없으니 변수 이름을 변경했다. 변수 이름을 제외하고 변경된 유일한 것은 Delegates.notNull() 대신 lateinit을 추가한 것이다.

이제 변경 사항이 있는지 확인하기 위해 다음 출력을 살펴보자.

```
"D:\Program Files\Java\jdk-10.0.1\bin\java.exe" ...
초기 값
Exception in thread "main" kotlin.UninitializedPropertyAccessException: lateinit property notInit1 has not been initialized
    at MainKt.main(Main.kt:7)

Process finished with exit code 1
```

출력은 에러 메시지가 약간 변했다는 것을 제외하면 동일하다. 이제는 lateinit 속성 notInit1이 초기화되지 않았다고 말한다.

느긋한 함수

lateinit 키워드는 var 속성에서만 동작한다. Delegates.notNull() 함수도 var 속성에서만 동작한다.

그렇다면 val 속성을 사용할 때 무엇을 사용해야 할까? 코틀린은 다른 위임인 lazy를 제공한다. 이것은 val 속성에서만 의미가 있다. 그러나 약간 다른 방식으로 작동한다.

lateinit이나 Delegates.notNull()과는 달리 선언 시에 변수를 초기화하는 방법을 지정해야 한다. 그렇다면 이점은 무엇인가? 변수가 실제로 사용될 때까지 초기화가 호출되지 않는다. 이게 바로 이 델리게이트가 lazy라고 불리는 이유다. 즉, 속성의 느긋한 초기화를 활성화한다.

다음은 코드의 예다.

```
val myLazyVal:String by lazy {
    println("방금 초기화됨")
    "느긋한 Val"
}

fun main(args: Array<String>) {
    println("아직 초기화되지 않음")
    println(myLazyVal)
}
```

이 프로그램에서 lazy 델리게이트를 사용해 maLazyVal인 String val 속성을 선언했다. main 함수의 두 번째 줄에서 이 속성을 사용했다.

이제 변수 선언에 초점을 맞추자. lazy 델리게이트는 속성의 값을 반환할 것으로 기대되는 람다를 허용한다.

다음의 결과를 살펴보자.

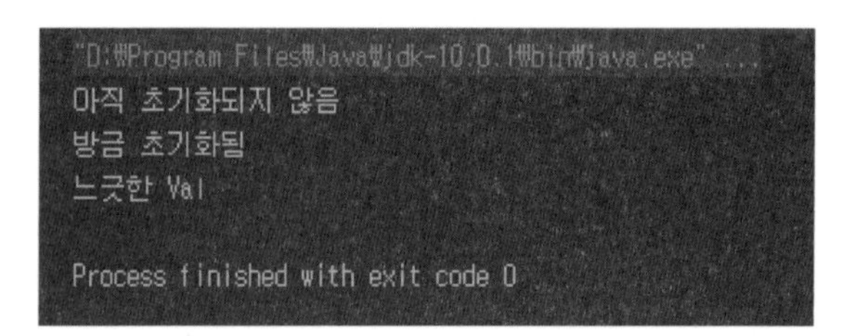

결과는 main 메소드의 첫 번째 줄이 실행된 이후에 속성이 초기화됐다는 것을 확실하게 보여준다. 초기화된 시점은 속성이 실제 사용되는 때다. 이 느긋한 속성 초기화는 중요한 조치로 메모리를 절약할 수 있다. 또한 일부 상황에서 유용한 도구가 된다. 예를 들어 특정 지점 이후에서만 사용 가능한 다른 속성/컨텍스트로 속성을 초기화하길 원한다고 해보자(속성 이름은 갖고 있다). 이 경우 속성을 lazy로 유지하면 초기화가 성공적이라고 확신할 때 사용할 수 있다.

Delegates.Observable를 사용해 속성 값 변경 관찰

델리게이트는 속성의 최근/느긋한 초기화만을 위한 것이 아니다. 위임은 델리게이트에 속성의 게터와 세터 호출을 전달할 수 있게 한다. 이는 델리게이트가 최근/느긋한 초기화보다 멋진 기능을 제공할 수 있게 한다.

멋진 기능 중 하나는 Delegates.observable이다. 속성의 값 변경을 살펴봐야 하며, 변경이 일어나는 즉시 뭔가를 수행해야 하는 경우를 생각해보자. 떠오르는 즉각적인 해결책은 세터를 오버라이드하는 것이다. 그러나 이것은 안 좋아 보이면서 코드를 복잡하게 만들 것이다. 델리게이트는 이 문제를 해결할 방법을 가진다.

다음 예제를 살펴보자.

```
var myStr:String by Delegates.observable("<초기 값>") {
   property, oldValue, newValue ->
       println("속성 `${property.name}`(을)를 "$oldValue"에서 "$newValue"로 
변경한다")
   }

   fun main(args: Array<String>) {
       myStr = "값 변경"
       myStr = "값 재변경"
   }
```

이는 간단한 예다. Delegates.observable의 도움으로 myStr이라는 String 속성을 선언했다(이 초기화에 대해서는 결과를 살펴본 뒤에 설명할 것이다). 그다음 main 함수 안에서 myStr 값을 두 번 변경했다.

다음 출력을 살펴보자.

```
"D:\Program Files\Java\jdk-10.0.1\bin\java.exe" ...
속성 `myStr`(을)를 '<초기 값>'에서 '값 변경'(으)로 변경한다
속성 `myStr`(을)를 '값 변경'에서 '값 재변경'(으)로 변경한다

Process finished with exit code 0
```

결과에서 값을 변경한 두 번 모두 속성의 이전 값과 새 값이 로그로 출력된 것을 볼 수 있다. 이 프로그램의 Delegates.observable 블록은 출력에서 해당 로그를 담당한다. 이제 Delegates.observable 블록을 좀 더 자세히 살펴보고 어떻게 동작하는지 이해해보자.

```
var myStr:String by Delegates.observable("<초기 값>") {
    property, oldValue, newValue ->
        println("속성 `${property.name}`(을)를 "$oldValue"에서 "$newValue"로 
변경한다")
}
```

Delegates.observable 함수는 델리게이트를 만들기 위해 두 파라미터를 사용한다. 첫 번째는 속성의 초기 값이며, 두 번째는 값 변경이 감지될 때마다 실행돼야 하는 람다다.

Delegates.observable의 람다는 다음과 같은 세 개의 파라미터를 필요로 한다.

- 첫 번째는 KProperty<out R>의 인스턴스다.

KProperty는 코틀린 stdlib, kotlin.reflect 패키지의 인터페이스다. 명명된 val이나 var 선언과 같은 속성이다. 이 클래스의 인스턴스는 :: 연산자로 얻을 수 있다. 자세한 내용은 다음 링크를 참고하자.

https://kotlinlang.org/api/latest/jvm/stdlib/kotlin.reflect/-k-property/

- 두 번째 파라미터는 속성의 이전 값이 포함된다(할당 직전의 마지막 값).
- 세 번째 파라미터는 속성에 할당된 최신 값이다(할당에 사용된 새로운 값).

이제 Delegates.observable에 대한 개념을 얻었으니 Delegates.vetoable이라는 새로운 델리게이트로 향해보자.

거부의 힘: Delegates.vetoable

Delegates.vetoable은 값 변경을 거부할 수 있게 하는 또 다른 표준 델리게이트다.

I forbid의 라틴어인 veto는 공식적인 행동을 일방적으로 막을 수 있는 힘이다(예를 들어 주 경찰관이 사용하는 권력). 더 자세한 정보는 다음 링크를 참조하자.

https://en.wikipedia.org/wiki/Veto

veto의 오른쪽에서는 각각의 속성 할당에 대해 할당을 계속할지의 여부를 결정하는 논리 체크를 한다.

다음은 그 예다.

```
var myIntEven:Int by Delegates.vetoable(0) {
  property, oldValue, newValue ->
     println("${property.name} $oldValue -> $newValue")
  newValue%2==0
```

```
}

fun main(args: Array<String>) {
    myIntEven = 6
    myIntEven = 3
    println("myIntEven:$myIntEven")
}
```

이 프로그램에서는 myIntEven이라는 Int 속성을 생성했다. 이 속성은 짝수만을 할당으로 받아들여야 한다. Delegates.vetoable 델리게이트는 Delegates.observable 함수와 거의 비슷하게 동작한다. 람다에서 약간의 변화가 있을 뿐이다. 여기서 람다는 불리언Boolean을 반환할 것으로 예상한다. 반환 값이 참이라면 할당이 전달될 것이고, 거짓이라면 할당은 없어질 것이다.

프로그램을 다시 살펴보자. Delegates.vetoable 델리게이트를 통해 변수를 선언하는 동안 초기 값으로 0을 전달했다. 그다음 람다에서 할당 호출을 로그로 남긴 뒤 새로운 값이 짝수면 참을, 홀수면 거짓을 반환했다.

다음은 결과다.

```
"C:\Program Files\Java\jdk1.8.0_131\bin\java" ...
myIntEven 0 -> 6
myIntEven 6 -> 3
myIntEven:6

Process finished with exit code 0
```

출력에서 두 개의 할당 로그를 볼 수 있다. 그러나 마지막 할당 후에 myIntEven 속성을 출력했을 때 마지막 할당이 성공적이지 않았다는 것을 볼 수 있다.

흥미롭지 않은가? 또 다른 Delegates.vetoable 예제를 살펴보자. 다음 코드를 살펴보자.

```
var myCounter:Int by Delegates.vetoable(0) {
    property, oldValue, newValue ->
    println("${property.name} $oldValue -> $newValue")
    newValue>oldValue
}

fun main(args: Array<String>) {
    myCounter = 2
    println("myCounter:$myCounter")
    myCounter = 5
    myCounter = 4
    println("myCounter:$myCounter")
    myCounter++
    myCounter--
    println("myCounter:$myCounter")
}
```

이 프로그램은 각 할당마다 증가할 것으로 예상되는 myCounter 속성을 가진다. 람다에서 newValue가 oldValue보다 큰지 확인했다. 다음은 결과다.

```
"C:\Program Files\Java\jdk1.8.0_131\bin\java" ...
myCounter 0 -> 2
myCounter:2
myCounter 2 -> 5
myCounter 5 -> 4
myCounter:5
myCounter 5 -> 6
myCounter 6 -> 5
myCounter:6

Process finished with exit code 0
```

출력에서 값의 증가가 성공적인 할당은 보여줬지만 값이 감소하는 할당은 버려졌다.

증가와 감소 연산자를 사용했을 때도 증가 연산자는 성공적이었지만 감소 연산자는 실패했다. 이 기능은 델리게이트 없이 구현하기 어렵다.

위임된 맵

표준 델리게이트를 사용하는 방법을 배웠지만 코틀린은 위임에 대한 것을 더 많이 제공한다. 맵 위임은 위임과 함께 제공되는 멋진 기능 중 하나다. 맵 위임은 함수/클래스 생성자에서 여러 파라미터 대신 하나의 파라미터로 맵을 전달할 수 있다. 다음은 맵 위임을 적용한 프로그램이다.

```
data class Book (val delegate:Map<String,Any?>) {
    val name:String by delegate
    val authors:String by delegate
    val pageCount:Int by delegate
    val publicationDate:Date by delegate
    val publisher:String by delegate
}

fun main(args: Array<String>) {
    val map1 = mapOf(
        Pair("name","'Reactive Programming in Kotlin"),
        Pair("authors","Rivu Chakraborty"),
        Pair("pageCount",400),
        Pair("publicationDate",SimpleDateFormat("yyyy/mm/dd")
              .parse("2017/12/05")),
        Pair("publisher","Packt")
    )
    val map2 = mapOf(
        "name" to "Kotlin Blueprints",
        "authors" to "Ashish Belagali, Hardik Trivedi, Akshay Chordiya",
        "pageCount" to 250,
```

```
        "publicationDate" to SimpleDateFormat("yyyy/mm/dd")
                .parse("2017/12/05"),
        "publisher" to "Packt"
    )
    val book1 = Book(map1)
    val book2 = Book(map2)
    println("Book1 $book1 nBook2 $book2")
}
```

프로그램은 충분히 간단하다. Book 데이터 클래스를 정의했고, 생성자에서 모든 멤버 값을 하나씩 가져오는 대신 맵을 가져온 다음 맵 델리게이트로 위임했다.

여기서 주의해야 할 점은 맵의 모든 멤버 변수를 언급하는 것이다. 그리고 key 이름은 속성명과 정확히 동일해야 한다.

다음은 결과다.

```
"C:\Program Files\Java\jdk1.8.0_131\bin\java" ...
Book1 Book(delegate={name=Reactive Programming in Kotlin, authors=Rivu
 Chakraborty, pageCount=400, publicationDate=Tue Dec 05 00:00:00 IST
 2017, publisher=Packt})
Book2 Book(delegate={name=Kotlin Blueprints, authors=Ashish Belagali,
 Hardik Trivedi, Akshay Chordiya, pageCount=230, publicationDate=Sun Dec
 10 00:00:00 IST 2017, publisher=Packt})

Process finished with exit code 0
```

간단하지 않은가? 그렇다. 위임은 충분히 강력하다. 그러나 맵의 속성 중 하나를 언급하지 않으면 어떤 일이 일어날지 궁금하지 않은가? 단순히 건너뛴 속성을 피할 것이고, 명시적으로 그 속성에 접근하려고 하면 java.util.NoSuchElementException 예외가 발생할 것이다.

커스텀 델리게이트

지금까지 코틀린에서 사용 가능한 표준 델리게이트를 봤다. 그러나 사용자의 요구에 맞게 커스텀 델리게이트를 작성할 수 있다.

예를 들어 프로그램에서 Delegates.vetoable로 짝수를 확인한 곳에서 값 할당을 버리는 것만이 가능했다. 그러나 자동으로 다음 짝수를 변수에 할당하는 방법은 없을까?

다음 프로그램에서는 makeEven을 사용했다. 이것은 커스텀 델리게이트로 홀수가 할당되는 곳에 전달되면 자동으로 다음 짝수를 할당하며, 짝수가 할당되는 곳에 전달되면 그것을 넘길 것이다.

다음 프로그램을 살펴보자.

```
var myEven:Int by makeEven(0) {
    property, oldValue, newValue, wasEven ->
        println("${property.name} $oldValue -> $newValue, Even:$wasEven")
}

fun main(args: Array<String>) {
    myEven = 6
    println("myEven:$myEven")
    myEven = 3
    println("myEven:$myEven")
    myEven = 5
    println("myEven:$myEven")
    myEven = 8
    println("myEven:$myEven")
}
```

다음은 결과다.

```
"C:\Program Files\Java\jdk1.8.0_131\bin\java" ...
myEven 6 -> 6, Even:true
myEven:6
myEven 3 -> 3, Even:false
myEven:4
myEven 5 -> 5, Even:false
myEven:6
myEven 8 -> 8, Even:true
myEven:8

Process finished with exit code 0
```

결과는 myEven에 짝수를 할당할 때마다 할당됐지만, 홀수를 할당할 때에는 다음 짝수(+1)가 할당됐다.

이 델리게이트의 경우 Delegates.observable과 거의 동일한 람다를 사용했으며, 할당되는 숫자가 짝수라면 참을, 아니라면 거짓을 갖는 wasEven:Boolean 파라미터를 하나 더 추가했다.

델리게이트를 어떻게 만들었는지 알고 싶은가? 다음 코드를 살펴보자.

```
abstract class MakeEven(initialValue: Int):ReadWriteProperty<Any?,Int> {
  private var value:Int = initialValue

  override fun getValue(thisRef: Any?, property: KProperty<*>) = value

  override fun setValue(thisRef: Any?, property: KProperty<*>, newValue:Int) {
      val oldValue = newValue
      val wasEven = newValue %2==0
      if(wasEven) {
         this.value = newValue
      } else {
         this.value = newValue +1
      }
      afterAssignmentCall(property,oldValue, newValue,wasEven)
```

```
    }
    abstract fun afterAssignmentCall (property: KProperty<*>, oldValue:Int,
            newValue: Int, wasEven:Boolean):Unit
}
```

var 속성에 대한 델리게이트를 만들려면 ReadWriteProperty 인터페이스를 구현해야 한다.

이 인터페이스는 getValue와 setValue 두 함수를 오버라이드해야 한다. 이 함수는 실제로 속성의 게터와 세터의 위임된 함수다. getValue 함수에서 원하는 값을 반환할 수 있으며, 그 값은 속성의 반환 값으로 전달될 것이다. 속성에 접근할 때마다 getValue 함수가 호출될 것이다. 마찬가지로 속성에 값이 할당될 때마다 setValue 함수가 호출되며, setValue 함수에서 반환되는 값은 실제로 속성이 최종적으로 할당하는 값이 될 것이다. 예를 들어 a 속성에 X가 할당됐지만 setValue 함수에서 Y를 반환했다면 할당문 뒤에 a 속성은 X 대신 Y를 갖게 된다.

그러므로 델리게이트의 getValue 속성으로부터 속성의 값을 반환하려고 한다면 어딘가에 속성의 값을 유지해야 한다(속성은 델리게이트됐다는 것을 알기 때문에 원래의 속성이 값을 저장하지 않을 수도 있으므로 원래의 속성으로부터 값을 가져오지 못할 수도 있다). 이 프로그램에서는 속성의 값을 저장하려고 value라는 잘 변하는[mutable] var 속성을 사용했다. getValue 함수에서 값을 반환한다.

setValue 함수 내에서 할당된 newValue가 짝수인지의 여부를 검사한다. 짝수라면 value 속성에 newValue(getValue 함수로부터 반환받은)를 할당하고, 홀수라면 value 속성에 newValue+1을 할당한다.

MakeEven 클래스에는 afterAssignmentCall이라는 가상 함수가 있다. 이 함수는 setValue 함수가 끝나는 중에 호출된다. 이 함수는 로깅을 목적으로 한다.

델리게이트는 거의 완료됐지만 가상 함수는 무엇일까? 델리게이트를 적용하기 위해 클래스를 확장해야만 한다. 그렇지 않은가? 그러나 by makeEven(0) {...} 같은 것을 사용한 코드를 기억해보자. 거기에는 함수가 있어야만 한다. 다음은 그 함수의 정의다.

```
inline fun makeEven(initialValue: Int, crossinline
        onAssignment:(property:KProperty<*>, oldValue: Int, newValue: Int,
        wasEven:Boolean)->Unit):ReadWriteProperty<Any?, Int>=object :
        MakeEven(initialValue) {
    override fun afterAssignmentCall(property: KProperty<*>, oldValue: Int,
            newValue: Int, wasEven: Boolean) =
            onAssignment(property,oldValue,newValue,wasEven)
}
```

MakeEven의 익명 오브젝트를 생성하고 델리게이트로 전달했다. 그리고 onAssignment 람다 인자를 afterAssignmentCall 가상 함수로 전달했다.

델리게이트에 대해 파악했으니 앞으로 나아가 델리게이트의 좀 더 흥미로운 점을 살펴보자.

로컬 델리게이트

이미 살펴봤듯이 델리게이트는 강력하다. 그러나 속성을 선언하고 초기화하는 메소드 내에서 속성을 사용하거나 속성 없이 진행하는 로직을 적용하는 경우를 생각해보자. 다음은 그러한 프로그램의 예다.

```
fun useDelegate(shouldPrint:Boolean) {
    val localDelegate = "델리게이트 사용됨"
    if(shouldPrint) {
        println(localDelegate)
```

```
    }
    println("바이 바이")
}
```

이 프로그램에서는 shouldPrint 값이 참일 경우에만 localDelegate 속성을 사용한다. 그러나 선언되고 초기화된 후부터는 언제나 메모리 공간을 차지한다. 이 메모리 차단을 피할 수 있는 옵션은 if 블록 내에 속성을 포함하는 것이다. 그러나 이것은 간단한 더미 프로그램이고 여기서는 if 블록 내로 변수 선언을 쉽게 옮길 수 있지만, 다양한 실제 시나리오에서는 if 블록 내로 변수 선언을 옮기는 것은 불가능하다.

그렇다면 해결책은 무엇일까? 그렇다. 느긋한 델리게이트를 사용하면 된다. 그러나 코틀린 1.1이 나오기 전까지는 불가능했다.

다음은 업데이트된 프로그램이다.

```
fun useDelegate(shouldPrint:Boolean) {
    val localDelegate by lazy {
        "델리게이트 사용됨"
    }
    if(shouldPrint) {
        println(localDelegate)
    }
    println("바이 바이")
}
```

이 예제에서는 lazy를 사용했지만 코틀린 1.1부터는 로컬 속성에 적용된 위임을 가질 수 있다.

클래스 위임

클래스 위임은 코틀린의 또 다른 재미있는 기능이다. 어떻게 하는 것일까? 다음 상황을 생각해보자.

I 인터페이스와 A, B 두 클래스를 갖고 있다. A와 B는 I를 구현한다. 코드에서는 A의 인스턴스를 갖고 있으며 A에서 B의 인스턴스를 만들려고 한다.

고전적인 상속에서는 이것이 직접적으로 가능하지 않다. 이를 달성하기 위해 많은 코드를 작성해야 하지만 클래스 위임은 이를 해결해준다.

다음 코드를 살펴보자.

```
interface Person {
   fun printName()
}

class PersonImpl(val name:String):Person {
   override fun printName() {
       println(name)
   }
}

class User(val person:Person):Person by person {
   override fun printName() {
       println("이름 출력:")
       person.printName()
   }
}

fun main(args: Array<String>) {
   val person = PersonImpl("마리오 아리아스")
   person.printName()
   println()
   val user = User(person)
```

```
    user.printName()
}
```

이 프로그램에서 person 멤버 변수로 User의 인스턴스를 생성했다. 이 변수는 Person 인터페이스의 인스턴스다. main 함수에서 User의 인스턴스를 만들기 위해 PersonImpl의 인스턴스를 user로 전달했다.

이제 User의 선언을 살펴보자. 콜론(:) 다음의 Person by person 구문은 User 클래스가 Person을 확장하며 제공된 person 인스턴스로부터 Person의 동작을 복사할 것으로 예상한다는 것을 나타낸다.

다음은 결과다.

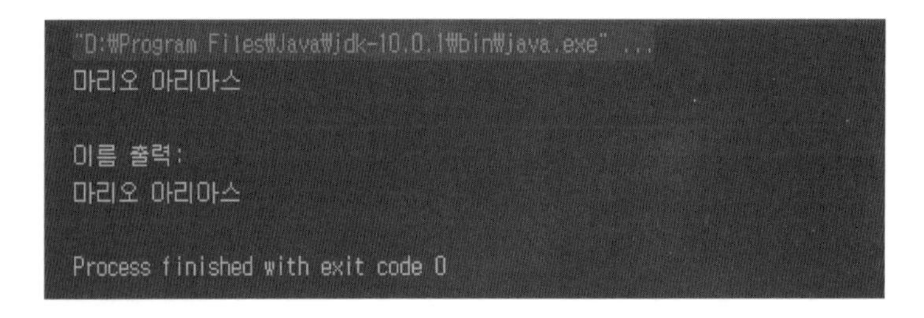

결과는 예상한 대로의 오버라이드된 작업을 보여주며, 일반 속성과 마찬가지로 person의 속성과 함수에 접근 가능하다는 것을 보여준다.

정말 멋진 기능이지 않은가?

정리

6장에서는 델리게이트에 대해 알아봤고, 코드를 효율적으로 깨끗하게 만들기 위해 다양한 방식으로 델리게이트를 사용하는 방법을 알아봤다. 델리게이트의 다양한 기능과 파트에 대해서도 다뤘으며, 사용법도 알아봤다.

7장에서는 개발자의 삶을 편하고 간단하게 유지하면서 원활한 비동기 프로세싱을 가능하게 하는 코틀린의 패스 브레이킹path-breaking 기능인 코루틴에 대해 다룬다.

오래 기다리지 말고 당장 7장을 시작해보자.

07

코틀린을 사용한 비동기 프로그래밍

오늘날의 소프트웨어 개발 환경은 비동기 프로세싱을 가장 중요한 주제 중 하나로 만든다. 프로세서와 코어의 숫자의 지속적인 증가와 막대한 외부 서비스의 소모(마이크로 아키텍처의 채택으로 최근 몇 년간 증가했다)는 좋은 비동기 방식을 사용하기 위해 노력해야 하는 이유 중 일부다.

코틀린의 코루틴coroutine 구현은 비동기 애플리케이션 빌드를 위한 유용한 도구다.

7장에서 다루는 내용은 다음과 같다.

- 코루틴
- 대안 접근법
- 비동기 프로세싱

- 채널과 액터

코루틴 소개

코루틴이 없는 간단한 예제부터 시작하자.

```
import kotlin.concurrent.thread

fun main(args: Array<String>) {
    thread {
        Thread.sleep(1000)
        println("World!")
    }
    print("Hello ")
    Thread.sleep(2000)
}
```

thread 함수는 다른 스레드에서 코드 블록을 실행한다. 블록 내에서 Thread.sleep을 사용해 비싼 I/O 계산(HTTP를 통한 마이크로 서비스에서의 데이터 접근 같은)을 시뮬레이팅한다. Thread.sleep은 파라미터로 전달된 밀리초 동안 현재 스레드를 차단한다. 이 예제에서는 다른 것이 여전히 작동하기 위해 계산이 완료될 때까지 기다리지 않는다. 다른 계산이 실행되는 동안 "Hello"라는 또 다른 메시지를 출력한다. 마지막으로 계산이 완료될 때까지 2초간 기다린다.

이는 예쁜 코드가 아니며, 더 예쁘게 만들 수 있다.

```
fun main(args: Array<String>) {
    val computation = thread {
        Thread.sleep(1000)
        println("World!")
```

```
    }
    print("Hello ")
    computation.join()
}
```

이 버전에서는 computation이라는 스레드에 대한 참조가 있다. 마지막에 join() 메소드가 완료되기를 기다린다. 실제 계산이 다른 실행 시간을 가질 수 있으므로 고정된 시간만을 기다리는 것보다 훨씬 똑똑한 방식이다.

JVM 스레드 이해

스레드는 JVM(과 다른 플랫폼)에서 비동기 동시 애플리케이션의 빌딩 블록이다. JVM 스레드는 대부분 하드웨어 스레드(프로세서 내의 코어 같은)에 의해 백업된다. 하드웨어 스레드는 여러 소프트웨어 스레드(JVM 스레드는 소프트웨어 스레드의 일종이다)를 지원할 수 있지만, 오직 하나의 소프트웨어 스레드만이 주어진 시간에 실행된다.

OS(혹은 JVM)는 각 하드웨어 스레드에서 실행되는 소프트웨어 스레드를 결정하고 생존한 스레드 사이를 빠르게 전환하므로, 여러 소프트웨어 스레드가 동시에 실행되는 것처럼 보이게 한다. 실제에서는 하드웨어 스레드가 있는 만큼 실행되는 많은 활성화된 소프트웨어 스레드가 있다. 그러나 대부분의 경우 모든 소프트웨어 스레드가 동시에 실행된다고 생각하는 것이 좋다.

JVM의 스레드는 매우 빠르고 반응이 좋지만 비용이 크다. 각 스레드는 생성, 처분(가비지 수집 시), 컨텍스트 스위치(스레드 실행 혹은 종료 시에 스레드의 상태를 저장하고 복구하는 프로세스) 시 CPU 타임과 메모리를 소모한다. 이 비용이 상대적으로 높기 때문에 JVM 애플리케이션은 많은 수의 스레드를 가질 수 없다.

일반적인 개발 머신에서의 JVM 애플리케이션은 100개의 스레드는 쉽게 다룰 수 있다.

```
fun main(args: Array<String>) {
  val threads = List(100){
     thread {
        Thread.sleep(1000)
        print('.')
     }
  }
  threads.forEach(Thread::join)
}
```

VisualVM이나 JConsole과 같은 JVM 애플리케이션을 모니터링하기 위한 외부 애플리케이션을 사용한다면 다음과 같은 그래픽을 볼 것이다.

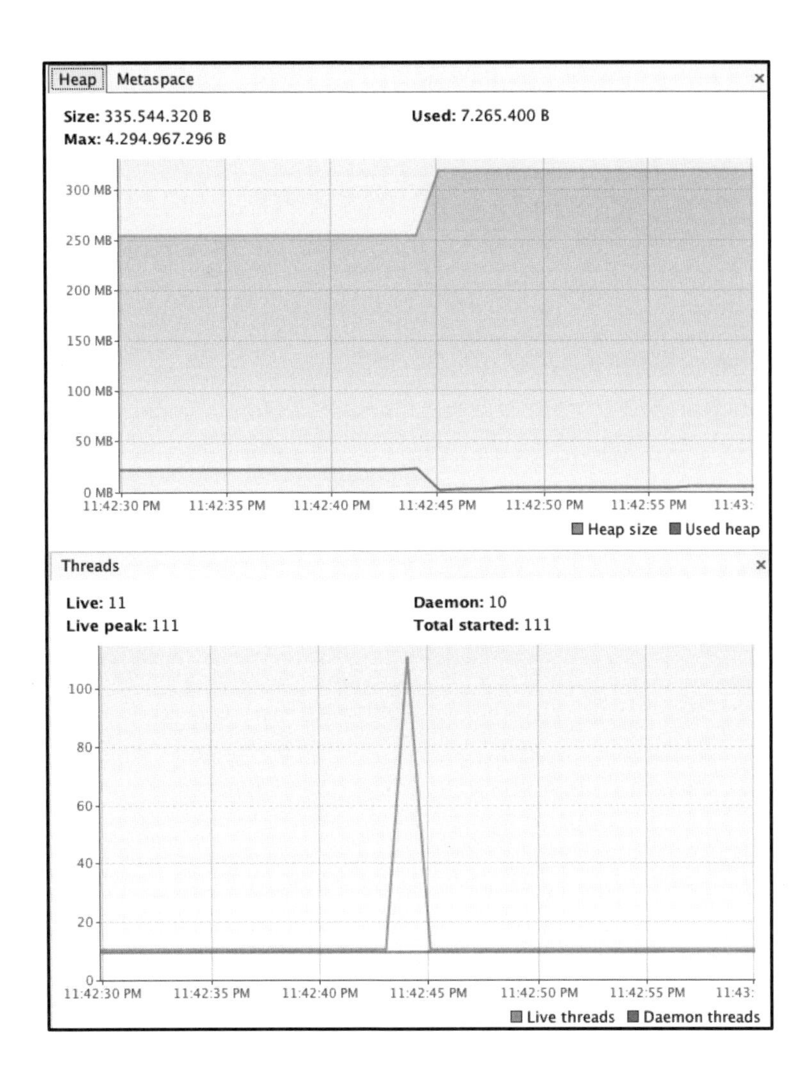
Heap
Metaspace
Size: 335.544.320 B
Used: 7.265.400 B
Max: 4.294.967.296 B
300 MB
250 MB
200 MB
150 MB
100 MB
50 MB
0 MB
11:42:30 PM
11:42:35 PM
11:42:40 PM
11:42:45 PM
11:42:50 PM
11:42:55 PM
Heap size
Used heap
Threads
Live: 11
Daemon: 10
Live peak: 111
Total started: 111
100
80
60
40
20
0
11:42:30 PM
11:42:35 PM
11:42:40 PM
11:42:45 PM
11:42:50 PM
11:42:55 PM
Live threads
Daemon threads

다음 스크린샷과 같이 스레드를 1000개로 늘릴 수 있다.

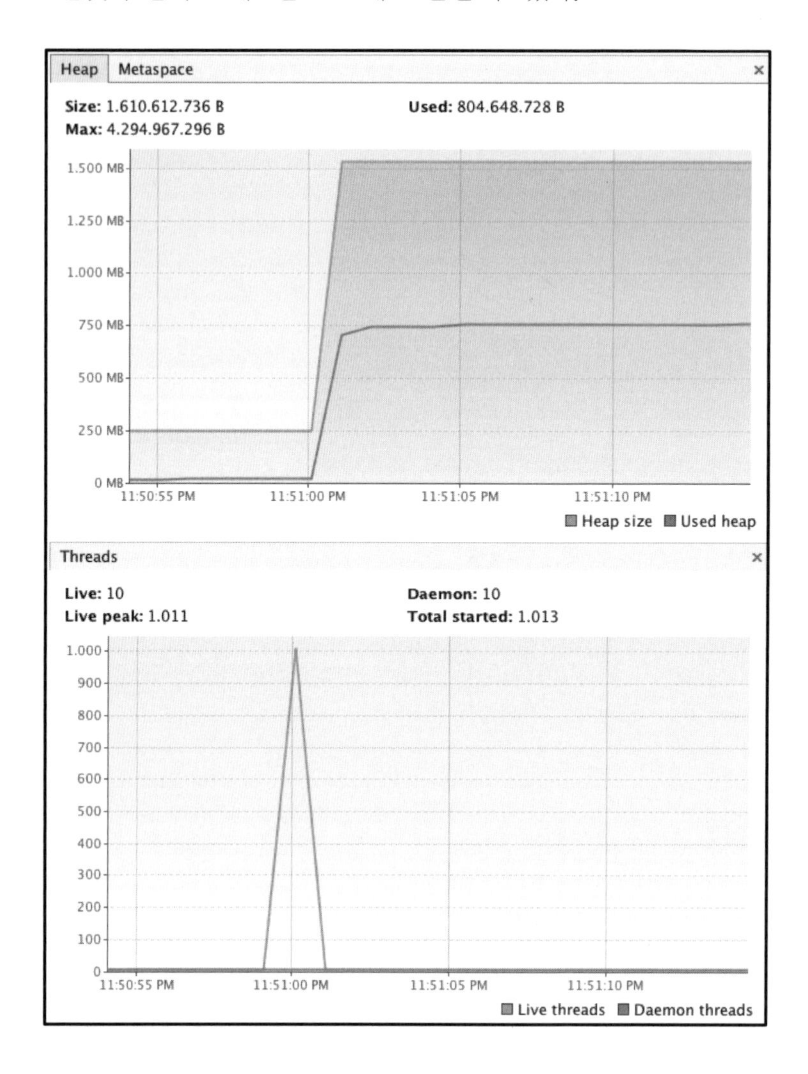

메모리의 양은 빠르게 증가해 1.5GB를 넘어선다.

스레드를 10,000개로 늘릴 수 있을까? 다음 스크린샷을 살펴보자.

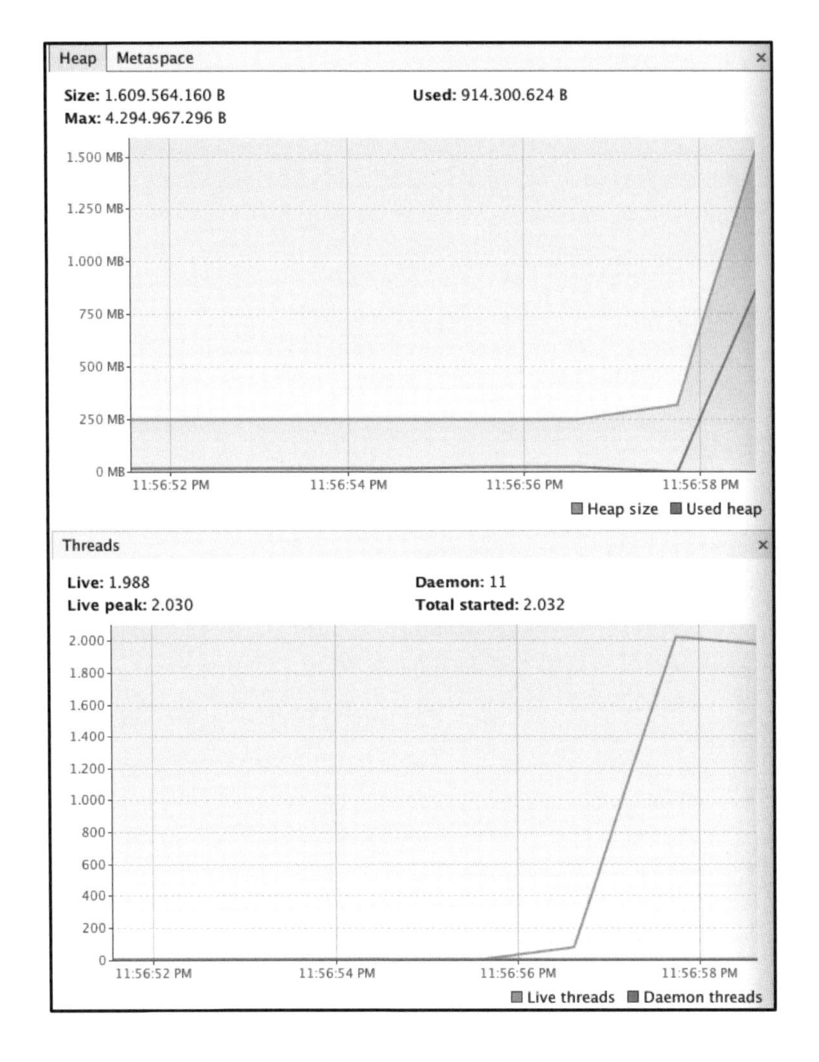

대답은 안 된다는 것이다. 스레드가 약 2,020개 정도 생성됐을 때 애플리케이션이 `OutOfMemoryError`와 함께 죽었다(이 애플리케이션은 기본 설정으로 실행됐다. 이 설정은 시작 시에 변경할 수 있다).

안전하게 실행할 수 있다고 추정되는 1,900개를 시도해보자.

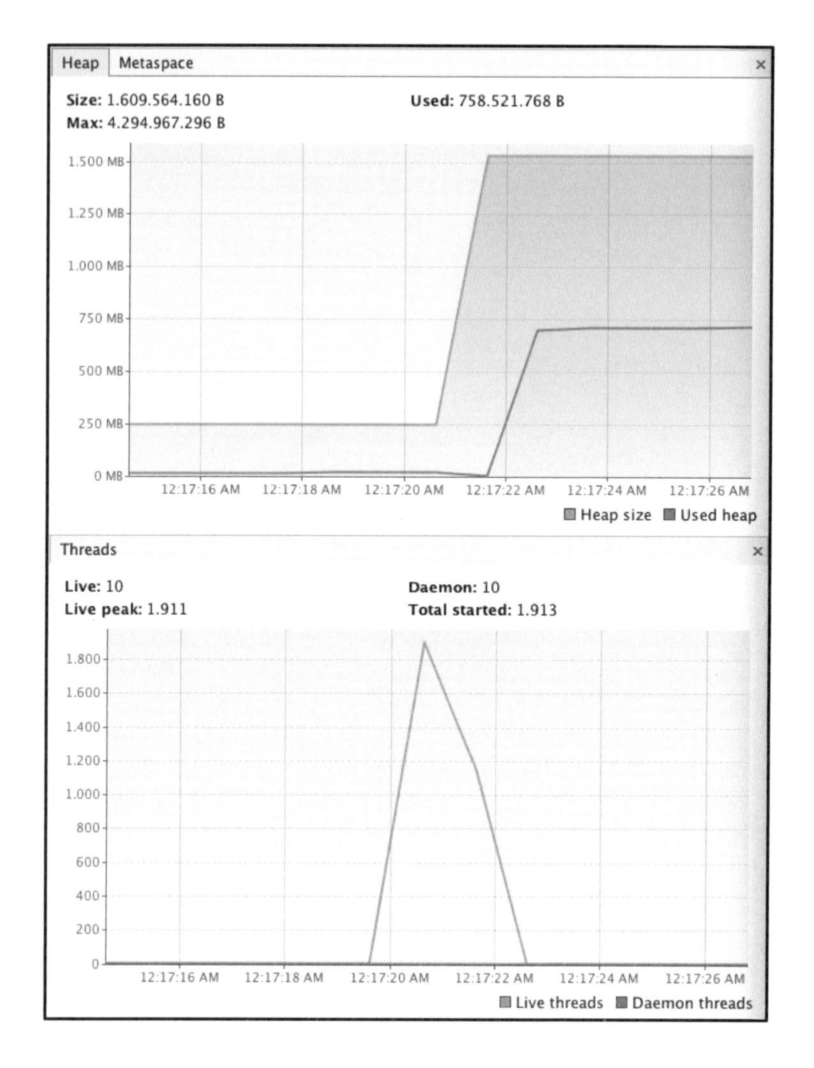

그렇다. 1,900개의 동시 스레드를 실행할 수 있다.

현대의 JVM 애플리케이션에서 스레드를 생성하고 파괴하는 것은 나쁜 습관으로 간주된다. 대신 스레드를 관리하고 재사용해 생성과 처분의 비용을 줄일 수 있는 추상화인 Executor를 사용한다.

```
import java.util.concurrent.Executors
import java.util.concurrent.TimeUnit

fun main(args: Array<String>){
   val executor = Executors.newFixedThreadPool(1024)
   repeat(10000){
       executor.submit {
          Thread.sleep(1000)
          print('.')
       }
   }
   executor.shutdown()
}
```

내부적으로 1,024개의 스레드가 있는 스레드 풀을 가진 executor 값을 생성했다. 그 다음 10,000 태스크를 제출했다. 마지막에 Executor를 종료했다. Executor를 종료할 때 다음과 같이 새로운 태스트를 수락할 수 없으며, 대기 중인 모든 작업을 수행한다.

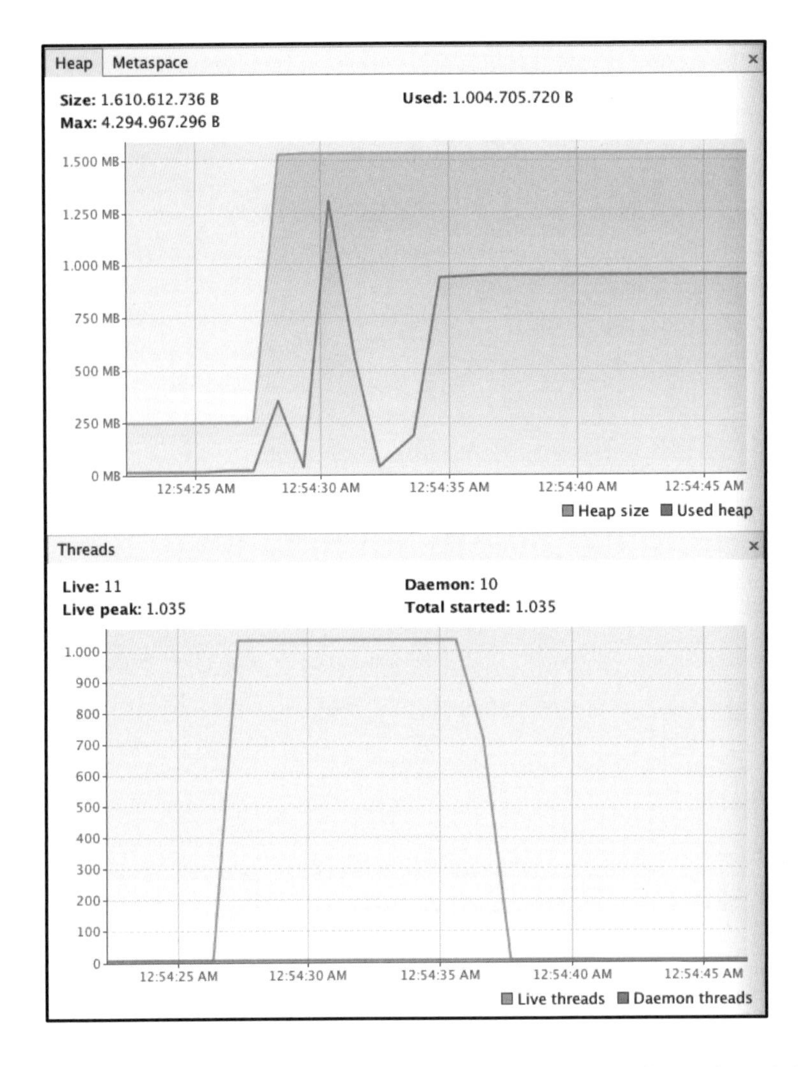

스레드 개수, 풀의 타입이나 실제 구현과 같은 Executor를 조절할 수 있는 많은 옵션이 있다.

이 책에서 다룰 수 있는 것보다 훨씬 더 많은 JVM 스레드에 대한 이론이 있다. 스레드와 동시성에 대해 더 많이 읽고 배우고 싶다면 애디슨웨슬리에서 Dough Lea, David Holmes, Joseph Bower, Joshua Block, Tim Peierls, Brian Goetz가 쓴 『Java Concurrency in Practice』(2006)를 추천한다. 프라그매틱 북셀프(Pragmatic Bookshelf)에서 Venkat Subramanian이 쓴 『Programming Concurrency on the JVM』(2011)과 애디슨웨슬리에서 Douglas Schmidt가 쓴 『Java Concurrency LiveLessons』(2015) 비디오 역시 추천한다. 마지막으로 팩트에서 출간한 Javier Fernández Gonzáles의 「Java Concurrency』 책과 비디오 시리즈를 제안한다.

Hell, coroutine world!

이제 `Hello World` 애플리케이션을 코루틴으로 재작성해보자.

잠시만! 코루틴은 무엇인가? 기본적으로 코루틴은 코트 블록을 실행하고 비슷한 라이프 사이클을 가졌지만 반환 값이나 예외를 사용해 완료할 수 있는 아주 가벼운 스레드다. 기술적으로 코루틴은 중지 가능한 계산의 인스턴스며, 일시 중단할 수 있는 계산이다. 코루틴은 특정 스레드에 바인딩되지 않으며, 한 스레드에서 일시 중지하고 다른 스레드에서 재개할 수 있다.

```
import kotlinx.coroutines.experimental.delay
import kotlinx.coroutines.experimental.launch
import kotlinx.coroutines.experimental.runBlocking

fun main(args: Array<String>) = runBlocking {
   launch {
       delay(1000)
       println("World")
   }
   print("Hello ")
   delay(2000)
}
```

여기서 다뤄야 할 몇 가지 사항이 있다.

- **runBlocking:** 이 함수는 코루틴을 생성한 후 코루틴이 끝나고 그 결과 값(이 경우 Unit)을 반환할 때까지 현재 스레드를 블록한다.
- **launch:** 이 함수는 현재 스레드의 블록 없이 새 코루틴을 생성하고 Job을 반환한다(여기서는 무시됨).
- **delay:** 이 함수는 현재 스레드를 블록하지 않고 현재 코루틴을 지연시키는 함수다.
- **suspend:** 이 함수는 현재 스레드의 블록 없이 코루틴의 실행을 일시 중지할 수 있는 함수다. 따라서 정지 함수는 코루틴 내부에서 호출돼야 한다. 일반 코드에서 실행할 수는 없다. 함수는 suspend 수정자로 표시돼야 한다. 따라서 딜레이는 runBlocking과 launch 내에서 실행될 수 있으며, 양 함수는 마지막 파라미터로 일시 중지 람다를 가진다. 일시 중지 람다는 suspend 수정자로 표시된 람다다.

더 진행하기 전에 지금 알고 있는 것과 몇 가지 다른 개념을 요약해보자.

컨셉	설명
Coroutine	값을 반환할 수 있고 일시 중지 및 복귀할 수 있는 매우 가벼운 스레드다.
Suspending function	suspend 수정자로 표시된 함수다. 스레드 차단 없이 코루틴을 일시 중지할 수 있다. 일시 중지 함수는 delay 같은 코루틴 내에서 호출돼야 한다.
Suspending lambda	suspend 수정자로 표시된 람다 함수다. 스레드 차단 없이 코루틴을 일시 중지할 수 있다.
Coroutine builder	일시 중지 람다를 받고 코루틴을 생성하고 runBlocking 같은 결과를 반환할 수도 있는 함수다.
Suspension point	일시 중지 함수가 호출된 지점이다.
Continuation	일시 중지점에 있는 일시 중지된 코루틴의 상태로, 일시 중지점 이후의 나머지 실행을 표시한다.

다시 돌아가 보자.

앞에서 설명한 것처럼 계산은 각각 다른 실행 시간을 가질 수 있다. 따라서 Hello World 예제에서는 지연이 이상적이지 않다.

```
fun main(args: Array<String>) = runBlocking {
    val job = launch {
        delay(1000)
        println("World")
    }
    print("Hello ")
    job.join()
}
```

스레드를 사용한 예제와 마찬가지로 launch에 의해 생성된 job에 대한 참조를 얻고 일시 중지 함수 join에서 일시 중지한다.

여태까지는 그럭저럭 괜찮았다. 그러나 코루틴은 매우 가벼울까? 10,000개의 코루틴을 가질 수 있을까?

다음 코드를 실행하면서 테스트해보자.

```
fun main(args: Array<String>) = runBlocking {
    val jobs = List(10000) {
        launch {
            delay(1000)
            print('.')
        }
    }
    jobs.forEach { job -> job.join() }
}
```

실행됐다. 잘 동작한다.

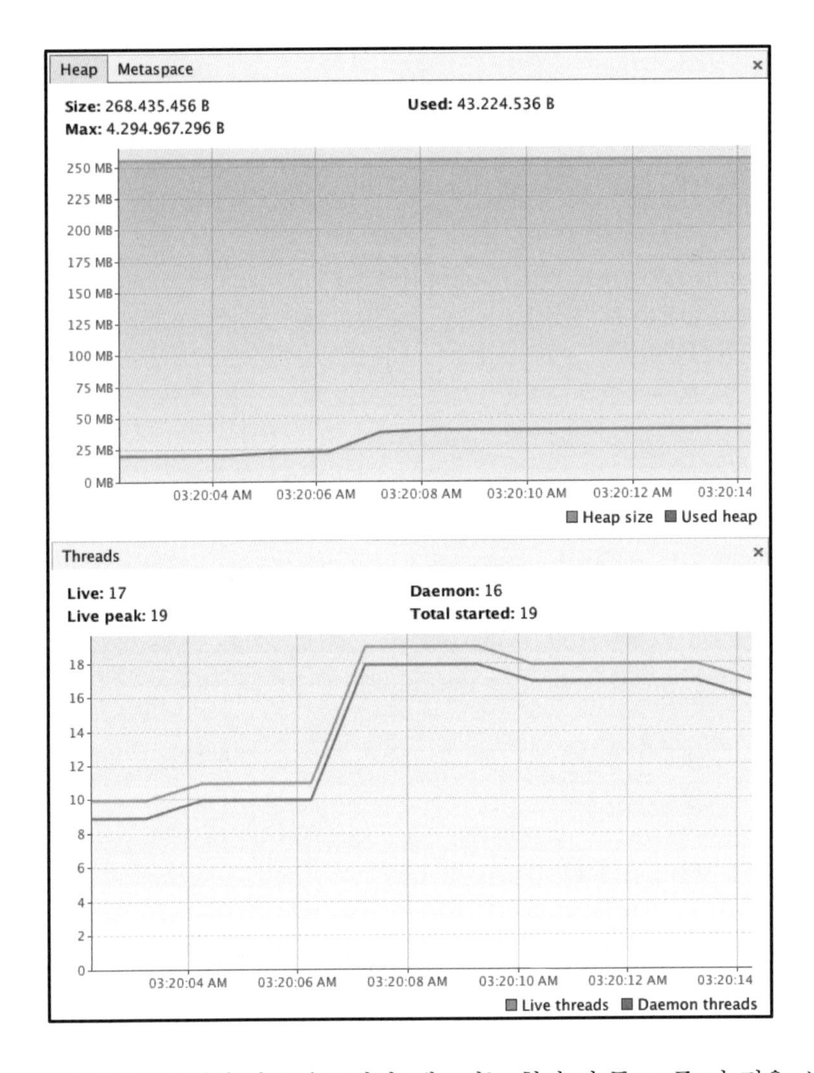

Executor 솔루션보다 훨씬 빠른 속도이며, 메모리는 훨씬 덜 들고, 좀 더 적은 스레드 (겨우 7개의 스레드)를 가지며 아주 읽기 쉽다.

100만 개의 코루틴을 실행해보자.

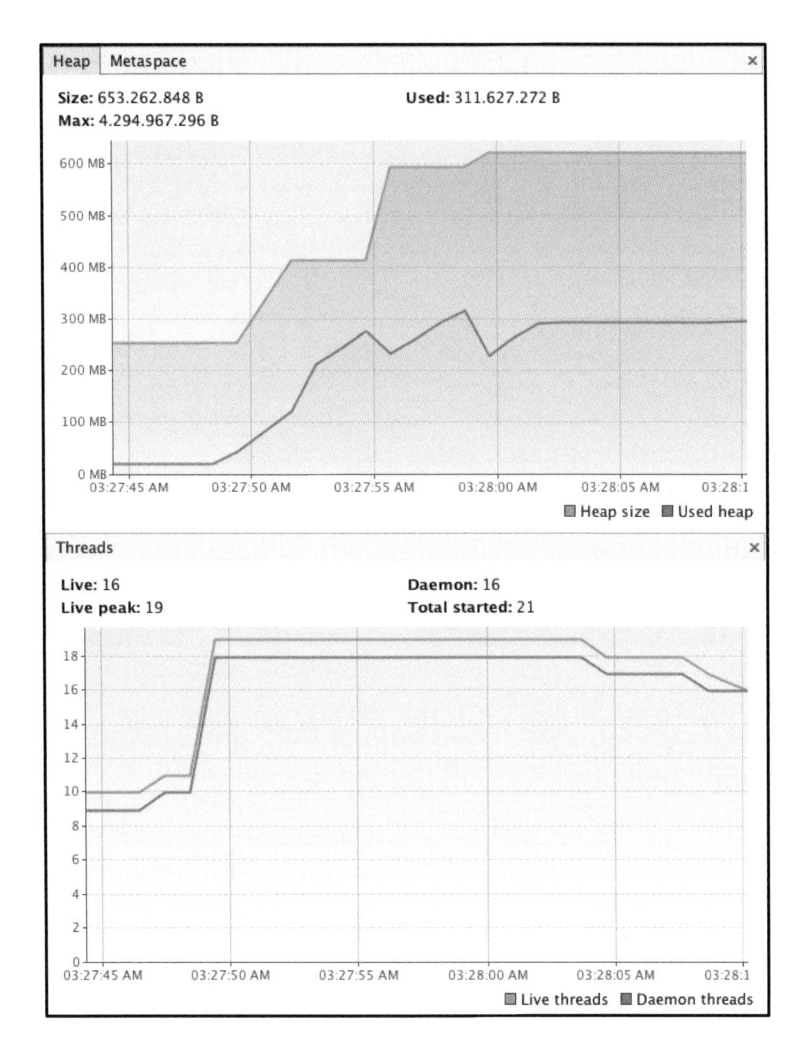

2,000개 미만의 스레드에는 1.5GB 이상의 메모리가 필요하다. 100만 개의 코루틴은 700MB 미만의 메모리가 필요하다. 결론은 코루틴은 매우, 매우 가볍다는 것이다.

실제 코루틴 사용

마이크로 벤치마크는 아주 재미있으며 코틀린 코루틴의 강력함에 대해 이야기해주지만, 실제 시나리오를 제공하지는 않는다.

실제 시나리오를 소개하겠다.

```
enum class Gender {
  MALE, FEMALE;

  companion object {
      fun valueOfIgnoreCase(name: String): Gender = valueOf(name.toUpperCase())
  }
}

typealias UserId = Int

data class User(val id: UserId, val firstName: String, val lastName: String,
      val gender: Gender)

data class Fact(val id: Int, val value: String, val user: User? = null)

interface UserService {
  fun getFact(id: UserId): Fact
}
```

UserService 인터페이스는 유저 ID로 식별되는 유저에 대한 척 노리스의 진실을 반환하는 getFact 하나의 메소드만을 갖고 있다.

구현은 유저를 위한 로컬 데이터베이스를 우선 체크해야 한다. 유저가 데이터베이스에 없으면 RandomUser API 서비스로부터 얻어야 한다(https://randomuser.me/documentation). 그 다음 추후 사용을 위해 저장한다. 서비스가 유저를 가졌다면 그 유저와 관련된 팩트를 데이터베이스에서 다시 확인해야 한다. 실제 내용이 데이터베이스에 없으면 인터넷 척 노리스 데이터베이스 API 서비스로부터 얻어야 한다(http://www.icndb.com/api/).

그런 다음 데이터베이스에 저장한다. 서비스에 실제 내용이 있으면 그것을 반환해야 한다. 서비스는 캐시 사용 없이 외부 호출(데이터베이스, API 서비스)의 횟수를 줄여야 한다.

이제 다른 인터페이스인 HTTP 클라이언트, `UserClient`와 `FactClient`를 살펴보자.

```
interface UserClient {
   fun getUser(id: UserId): User
}

interface FactClient {
   fun getFact(user: User): Fact
}
```

클라이언트는 HTTP 통신을 위해 **http4k**(https://www.http4k.org/)를 사용하고, JSON 처리를 위해 Kotson(https://github.com/SalomonBrys/Kotson)을 사용해 구현할 것이다. 두 라이브러리는 코틀린용으로 설계됐지만 다른 라이브러리도 잘 동작할 것이다.

```
import com.github.salomonbrys.kotson.*
import com.google.gson.GsonBuilder
import org.http4k.client.ApacheClient

abstract class WebClient {
   protected val apacheClient = ApacheClient()
   protected val gson = GsonBuilder()
   .registerTypeAdapter<User> {
      deserialize { des ->
         val json = des.json
         User(json["info"]["seed"].int,
            json["results"][0]["name"]["first"].string.capitalize(),
            json["results"][0]["name"]["last"].string.capitalize(),
            Gender.valueOfIgnoreCase(json["results"][0]["gender"].string))
      }
```

```
    }
    .registerTypeAdapter<Fact> {
        deserialize { des ->
            val json = des.json
            Fact(json["value"]["id"].int,
            json["value"]["joke"].string)
        }
    }.create()!!
}
```

두 클라이언트 모두 http4k ApacheClient와 Kotson DSL로 수정된 Gson 값을 포함하는 공통 부모 클래스를 확장할 것이다.

```
import org.http4k.core.Method
import org.http4k.core.Request

class Http4KUserClient : WebClient(), UserClient {
    override fun getUser(id: UserId): User {
        return gson.fromJson(apacheClient(Request(Method.GET,
                "https://randomuser.me/api")
                .query("seed", id.toString()))
                .bodyString())
    }
}
```

Http4KUserClient는 매우 간단하다. 두 라이브러리 모두 사용하기 쉬우며, 부모 클래스로부터 많은 코드를 이동한다.

```
class Http4KFactClient : WebClient(), FactClient {
    override fun getFact(user: User): Fact {
        return gson.fromJson<Fact>(apacheClient(Request(Method.GET,
                "http://api.icndb.com/jokes/random")
```

```
                .query("firstName", user.firstName)
                .query("lastName", user.lastName))
                .bodyString())
                .copy(user = user)
    }
}
```

Http4KFactClient는 copy 메소드를 사용해 Fact 인스턴스 내로 유저 값을 설정한다.

이 클래스는 매우 잘 구현됐지만 알고리즘의 실제 성능을 테스트하기 위해 다음과 같은 인터페이스를 모방할 것이다.

```
class MockUserClient : UserClient {
    override fun getUser(id: UserId): User {
        println("MockUserClient.getUser")
        Thread.sleep(500)
        return User(id, "Foo", "Bar", Gender.FEMALE)
    }
}

class MockFactClient : FactClient {
    override fun getFact(user: User): Fact {
        println("MockFactClient.getFact")
        Thread.sleep(500)
        return Fact(Random().nextInt(), "FACT ${user.firstName},
              ${user.lastName}", user)
    }
}
```

다음과 같은 데이터베이스 저장소 UserRepository와 FactRepository를 살펴보자.

```
interface UserRepository {
    fun getUserById(id: UserId): User?
```

```
    fun insertUser(user: User)
}

interface FactRepository {
    fun getFactByUserId(id: UserId): Fact?
    fun insertFact(fact: Fact)
}
```

저장소의 경우 스프링 5의 JdbcTemplate을 사용한다. 스프링 5는 코틀린을 지원하며, 쉽고 관용적인 코틀린 사용을 위한 확장 함수가 포함돼 있다(모든 애플리케이션에서 JdbcTemplate을 사용할 수 있으며, 스프링일 필요는 없다).

```
import org.springframework.dao.EmptyResultDataAccessException
import org.springframework.jdbc.core.JdbcTemplate

abstract class JdbcRepository(protected val template: JdbcTemplate) {
    protected fun <T> toNullable(block: () -> T): T? {
        return try {
            block()
        } catch (_: EmptyResultDataAccessException) {
            null
        }
    }
}
```

클라이언트와 마찬가지로 두 저장소는 부모 클래스를 가진다. 이 클래스에는 EmptyResultDataAccessException(존재하지 않는 기록을 나타내는 스프링의 방식)을 null이 가능한 상태로 변환하는 함수가 있다.

두 구현은 다음과 같이 간단하다.

```
import org.springframework.jdbc.core.queryForObject

class JdbcUserRepository(template: JdbcTemplate) :
JdbcRepository(template), UserRepository {
   override fun getUserById(id: UserId): User? {
       return toNullable {
          template.queryForObject("select * from USERS where id = ?", id) {
             resultSet, _ ->
                    with(resultSet) {
                User(getInt("ID"),
                getString("FIRST_NAME"),
                getString("LAST_NAME"),
                Gender.valueOfIgnoreCase(getString("GENDER")))
             }
          }
       }
   }

   override fun insertUser(user: User) {
       template.update("INSERT INTO USERS VALUES (?,?,?,?)",
             user.id,
             user.firstName,
             user.lastName,
             user.gender.name)
   }
}

class JdbcFactRepository(template: JdbcTemplate) :
JdbcRepository(template), FactRepository {
   override fun getFactByUserId(id: Int): Fact? {
       return toNullable {
          template.queryForObject("select * from USERS as U inner join FACTS as
                F on U.ID = F.USER where U.ID = ?", id) { resultSet, _ ->
             with(resultSet) {
                Fact(getInt(5),
                getString(6),
```

```
                User(getInt(1),
                getString(2),
                getString(3),
                Gender.valueOfIgnoreCase(getString(4))))
            }
        }
    }
}

override fun insertFact(fact: Fact) {
    template.update("INSERT INTO FACTS VALUES (?,?,?)", fact.id,
            fact.value, fact.user?.id)
}
}
```

데이터베이스는 H2 인메모리 데이터베이스를 사용하지만 다른 데이터베이스도 작동할 것이다(NoSQL 데이터베이스나 캐시 같은 다른 지속성 메커니즘을 사용해 이 애플리케이션을 동작하게 만들 수 있다).

```
fun initJdbcTemplate(): JdbcTemplate {
    return JdbcTemplate(JdbcDataSource()
    .apply {
        setUrl("jdbc:h2:mem:facts_app;DB_CLOSE_DELAY=-1;
              DB_CLOSE_ON_EXIT=false")
    })
    .apply {
        execute("CREATE TABLE USERS (ID INT AUTO_INCREMENT PRIMARY KEY,
        FIRST_NAME VARCHAR(64) NOT NULL, LAST_NAME VARCHAR(64) NOT NULL, GENDER
        VARCHAR(8) NOT NULL);")
        execute("CREATE TABLE FACTS (ID INT AUTO_INCREMENT PRIMARY KEY,
        VALUE_ TEXT NOT NULL, USER INT NOT NULL, FOREIGN KEY (USER) REFERENCES
        USERS(ID) ON DELETE RESTRICT)")
    }
}
```

`initJdbcTemplate` 함수는 H2 데이터소스로 `JdbcTemplate`을 생성하고, 준비가 되면 `apply` 확장 함수 안에 테이블을 생성한다. `apply` 확장 함수는 속성을 구성하고 초기화 코드를 호출하고 같은 값을 반환하는 데 유용하다.

```
public inline fun <T> T.apply(block: T.() -> Unit): T {
    block()
    return this
}
```

클라이언트와 마찬가지로 테스트를 위해 모의[mock] 클래스를 사용한다.

```
class MockUserRepository : UserRepository {
    private val users = hashMapOf<UserId, User>()
    override fun getUserById(id: UserId): User? {
        println("MockUserRepository.getUserById")
        Thread.sleep(200)
        return users[id]
    }
    override fun insertUser(user: User) {
        println("MockUserRepository.insertUser")
        Thread.sleep(200)
        users[user.id] = user
    }
}

class MockFactRepository : FactRepository {
    private val facts = hashMapOf<UserId, Fact>()
    override fun getFactByUserId(id: UserId): Fact? {
        println("MockFactRepository.getFactByUserId")
        Thread.sleep(200)
        return facts[id]
    }

    override fun insertFact(fact: Fact) {
```

```
        println("MockFactRepository.insertFact")
        Thread.sleep(200)
        facts[fact.user?.id ?: 0] = fact
    }
}
```

이 모의 클래스를 통해 얻는 최악의 시나리오는 약 1,600밀리초다.

- UserRepository.getUserById = 200ms ~
- UserClient.getUser = 500ms ~
- UserRepository = 200ms ~
- FactClient.getFact = 500ms ~
- FactRepository.insertRepository = 200ms ~

이제 동기 구현을 포함해 다양한 스타일의 비동기로 UserService를 구현한다.

동기 구현

동기 코드는 작성하기 쉽고 예측하기 쉬우며, 테스트하기 쉽다. 그러나 일부 경우에는 시스템 자원을 최적의 방식으로 사용하지 않는다.

```
class SynchronousUserService(private val userClient: UserClient,
        private val factClient: FactClient,
        private val userRepository: UserRepository,
        private val factRepository: FactRepository) : UserService {
    override fun getFact(id: UserId): Fact {
        val user = userRepository.getUserById(id)
        return if (user == null) {
            val userFromService = userClient.getUser(id)
            userRepository.insertUser(userFromService)
            getFact(userFromService)
```

```
        } else {
            factRepository.getFactByUserId(id) ?: getFact(user)
        }
    }

    private fun getFact(user: User): Fact {
        val fact = factClient.getFact(user)
        factRepository.insertFact(fact)
        return fact
    }
}
```

여기에는 멋진 것이 없으며, 그저 일반적이고 오래된 지루한 코드뿐이다.

```
fun main(args: Array<String>) {
    fun execute(userService: UserService, id: Int) {
        val (fact, time) = inTime {
            userService.getFact(id)
        }
        println("진실 = $fact")
        println("시간 = $time ms.")
    }

    val userClient = MockUserClient()
    val factClient = MockFactClient()
    val userRepository = MockUserRepository()
    val factRepository = MockFactRepository()
    val userService = SynchronousUserService(userClient,
        factClient,
        userRepository,
        factRepository)

    execute(userService, 1)
    execute(userService, 2)
    execute(userService, 1)
```

```
    execute(userService, 2)
    execute(userService, 3)
    execute(userService, 4)
    execute(userService, 5)
    execute(userService, 10)
    execute(userService, 100)
}
```

UserService.getFact 메소드를 10번 실행해 JVM을 예열한다(JVM 최적화는 잠시 뒤에 애플리케이션을 더 빠르게 돌아가게 한다). 말할 필요도 없이 실행 시간은 1,600밀리초다.

콜백

비동기 코드의 인기 있는 스타일은 코드를 여러 스레드에서 실행하고 앞서 언급한 스레드가 실행을 완료할 때 콜백callback 함수를 호출하는 것이다. 콜백 스타일의 한 가지 단점은 비동기 함수에 추가적인 파라미터가 필요하다는 것이다. 콜백 스타일은 람다에 대한 지원으로 인해 코틀린에서 작성하기 쉽다.

콜백 구현을 위해서는 클라이언트와 저장소용 어댑터가 필요하다.

```
import kotlin.concurrent.thread

class CallbackUserClient(private val client: UserClient) {
    fun getUser(id: Int, callback: (User) -> Unit) {
        thread {
            callback(client.getUser(id))
        }
    }
}

class CallbackFactClient(private val client: FactClient) {
    fun get(user: User, callback: (Fact) -> Unit) {
```

```
        thread {
            callback(client.getFact(user))
        }
    }
}

class CallbackUserRepository(private val userRepository: UserRepository) {
    fun getUserById(id: UserId, callback: (User?) -> Unit) {
        thread {
            callback(userRepository.getUserById(id))
        }
    }

    fun insertUser(user: User, callback: () -> Unit) {
        thread {
            userRepository.insertUser(user)
            callback()
        }
    }
}

class CallbackFactRepository(private val factRepository: FactRepository) {
    fun getFactByUserId(id: Int, callback: (Fact?) -> Unit) {
        thread {
            callback(factRepository.getFactByUserId(id))
        }
    }

    fun insertFact(fact: Fact, callback: () -> Unit) {
        thread {
            factRepository.insertFact(fact)
            callback()
        }
    }
}
```

이 어댑터는 별도의 스레드에서 코드를 실행하고 완료되면 콜백 람다를 호출한다.

```
class CallbackUserService(private val userClient: CallbackUserClient,
        private val factClient: CallbackFactClient,
        private val userRepository: CallbackUserRepository,
        private val factRepository: CallbackFactRepository) : UserService {

    override fun getFact(id: UserId): Fact {
        var aux: Fact? = null
        userRepository.getUserById(id) { user ->
            if (user == null) {
                userClient.getUser(id) { userFromClient ->
                    userRepository.insertUser(userFromClient) {}
                    factClient.get(userFromClient) { fact ->
                        factRepository.insertFact(fact) {}
                        aux = fact
                    }
                }
            } else {
                factRepository.getFactByUserId(id) { fact ->
                    if (fact == null) {
                        factClient.get(user) { factFromClient ->
                            factRepository.insertFact(factFromClient) {}
                            aux = factFromClient
                        }
                    } else {
                        aux = fact
                    }
                }
            }
        }

        while (aux == null) {
            Thread.sleep(2)
        }
        return aux!!
```

```
    }
  }
```

콜백 스타일은 매우 모호하며 읽기 어렵다. 여러 콜백이 중첩될 때 그것은 더 심해진다(커뮤니티에서 콜백 지옥이라고 잘 알려짐). 끝에 Thread.sleep이 있는 while 블록은 매우 좋지 않게 보인다. 또한 1,200밀리초의 매우 빠른 실행 시간을 갖지만 이를 위해 많은 스레드 생성과 메모리 소비가 발생한다.

함수 호출당 스레드를 생성하는 콜백의 구현은 생산 시나리오에서 모든 애플리케이션의 자원을 빠르게 소모한다. 따라서 Executor 구현이나 그 비슷한 것을 기반으로 해야 한다.

자바 퓨처

콜백 스타일은 유지가 어려우므로 최근 다른 스타일이 등장했다.

그중 하나는 퓨처[Futures]다. 퓨처는 미래에 완료될 수 있는 계산이다. Future.get 메소드를 실행할 때 결과를 얻게 되지만 스레드도 차단한다.

```
import java.util.concurrent.ExecutorService
import java.util.concurrent.Executors

class FutureUserService(private val userClient: UserClient,
        private val factClient: FactClient,
        private val userRepository: UserRepository,
        private val factRepository: FactRepository) : UserService
{
    override fun getFact(id: UserId): Fact {
        val executor = Executors.newFixedThreadPool(2)
        val user = executor.submit<User?> { userRepository.getUserById(id)
        }.get()
```

```
        return if (user == null) {
            val userFromService = executor.submit<User> {
                userClient.getUser(id)
            }.get()
            executor.submit { userRepository.insertUser(userFromService) }
            getFact(userFromService, executor)
        } else {
            executor.submit<Fact> {
                factRepository.getFactByUserId(id) ?: getFact(user, executor)
            }.get()
        }.also {
            executor.shutdown()
        }
    }

    private fun getFact(user: User, executor: ExecutorService): Fact {
        val fact = executor.submit<Fact> { factClient.getFact(user) }.get()
        executor.submit { factRepository.insertFact(fact) }
        return fact
    }
}
```

퓨처의 구현은 동기 구현과 매우 유사하지만 이 기묘한 submit과 함께 모든 곳에서 함수를 얻는다. 또한 돌봐야 하는 Executor를 가진다. 총시간은 총 1,200밀리초며, 콜백 예제보다 더 많은 스레드가 생성됐다. 한 가지 가능한 옵션은 인스턴스마다 혹은 글로벌으로 Executor를 갖는 것이지만, 이 경우 이것의 라이프 사이클을 관리하는 방법 또한 가져야 한다.

코버넌트를 통한 프로미스

비동기 코드를 작성하는 또 다른 방법은 프로미스Promise를 사용하는 것이다. 프로미스는 퓨처와 비슷하다(많은 프레임워크에서 퓨처와 프로미스는 동의어다). 이것은 미래에 완료할 수도 있는 계산을 나타낸다. 그 결과를 얻기 위한 블로킹 메소드가 있지만, 그 결과인 콜백 스타일에 반응할 수도 있다.

코버넌트Kovenant(http://kovenant.komponents.nl/)는 코틀린을 위한 프로미스를 구현한 것이다.

```
import nl.komponents.kovenant.Promise
import nl.komponents.kovenant.task
import nl.komponents.kovenant.then

class PromiseUserService(private val userClient: UserClient,
       private val factClient: FactClient,
       private val userRepository: UserRepository,
       private val factRepository: FactRepository) : UserService {
   override fun getFact(id: UserId): Fact {
       return (task {
          userRepository.getUserById(id)
       } then { user ->
          if (user == null) {
             task {
                userClient.getUser(id)
             } success { userFromService ->
                userRepository.insertUser(userFromService)
             } then { userFromService ->
                getFact(userFromService).get()
             }
          } else {
             task { factRepository.getFactByUserId(id) ?: getFact(user).get() }
          }
       }).get().get()
   }

   private fun getFact(user: User): Promise<Fact, Exception> = task {
       factClient.getFact(user)
   } success { fact ->
```

```
        factRepository.insertFact(fact)
    }
}
```

함수 태스크는 Promise<T, Exception>을 생성한다(다른 구현에서는 다루지 않은 것이다). 다양한 방식으로 Promise<T, Exception>과 상호작용할 수 있다.

- **get(): T:** 이것은 현재 스레드를 블록하고 프로미스의 결과를 반환한다.
- **then(bind: (T) -> R): Promise<R, Exception>:** 함수적 컬렉션의 맵과 비슷하다. 새로운 타입의 새 프로미스 값을 반환한다.
- **success(callback: (T) -> Unit): Promise<T, Exception>:** 성공적인 프로미스 실행에 대한 콜백이다. 부수 효과에 유용하다.
- **fail(callback: (Exception) -> Unit): Promise<T, Exception>:** catch 블록 같이 실패했을 때의 콜백이다.
- **always(callback: () -> Unit): Promise<T, Exception>:** finally 블록처럼 언제나 실행된다.

코드는 첫눈에 이해하기 어렵다고 느껴지겠지만, 일단 프로미스 숙어에 익숙해지면 읽기 쉽다. 또한 프로미스가 퓨처라는 것을 명심하자. 퓨처 예제와 비슷하지만 Executor가 없는 것을 작성할 수 있다. 자바 8은 프로미스로 간주될 수 있는 CompletableFuture<T>라는 새로운 퓨처 타입을 포함했다.

실행 시간은 처음 실행 시(코버넌트 초기화 페이즈) 약 1,350밀리초가 걸리며, 이후 약 1,200밀리초로 안정된다. 기본 설정에서 코버넌트는 가능한 한 많은 스레드를 사용해서 그 결과 높은 메모리를 사용한다. 그러나 좀 더 적은 스레드를 사용할 수 있도록 조정할 수 있다.

코루틴

이제 코루틴coroutine으로 예제를 다시 작성해보자.

```
import kotlinx.coroutines.experimental.Deferred
import kotlinx.coroutines.experimental.async
import kotlinx.coroutines.experimental.launch
import kotlinx.coroutines.experimental.runBlocking

class CoroutineUserService(private val userClient: UserClient,
        private val factClient: FactClient,
        private val userRepository: UserRepository,
        private val factRepository: FactRepository) :
        UserService {
    override fun getFact(id: UserId): Fact = runBlocking {
        val user = async { userRepository.getUserById(id) }.await()
        if (user == null) {
            val userFromService = async { userClient.getUser(id) }.await()
            launch { userRepository.insertUser(userFromService) }
            getFact(userFromService)
        } else {
                async { factRepository.getFactByUserId(id) ?:
                        getFact(user)}.await()
        }
    }
    private suspend fun getFact(user: User):Fact {
        val fact: Deferred<Fact> = async { factClient.getFact(user) }
        launch { factRepository.insertFact(fact.await()) }
        return fact.await()
    }
}
```

이 코드는 Future 예제보다 직관적이며, 동기 코드와 매우 가깝다. 앞 절에서 runBlocking을 다루고 실행했지만, 여기서는 새로운 코루틴 빌더 async가 소개된다.

async 코루틴 빌더는 코드 블록을 받고 비동기로 실행하며 Deferred<T>를 반환한다. Deferred는 코루틴 완료까지 코루틴을 블록하는 await 메소드가 있는 퓨처다. Deferred는 또한 Job을 확장하므로 join과 같은 모든 메소드를 상속받는다.

코루틴 코드는 비동기 코드를 사용할 때 명시적이므로 자연스럽게 느껴지지만 리소스의 낮은 사용으로 인해 코드에서 원하는 만큼 많은 코루틴을 사용할 수 있다. 예를 들어 CoroutineUserService는 다른 구현에 비해 반 이하의 스레드와 메모리만 사용한다.

이제 모든 구현을 봤으니 코드 복잡성과 리소스 소비를 비교할 수 있다.

	코드 복잡성	리소스 소비
동기	매우 낮은 코드 복잡성을 가진다.	느린 퍼포먼스로 매우 낮은 자원을 소모한다.
콜백	매우 높은 어댑터가 필요하다. 복제가 예상된다. 중첩된 콜백은 읽기 어렵다. 좋지 않아 보이는 부분이 여럿 있다.	자원 소비는 높다. 공유 Executor를 사용하면 나아지지만 코드 복잡성은 더 커진다.
퓨처	코드 복잡성은 중간이다. Executors와 get()은 어지럽지만 여전히 읽을 수 있다.	리소스 소비는 높지만 다른 Executor 구현과 공유 executor로 세부 조정할 수 있다. 다만 이 경우 코드 복잡성이 늘어난다.
프로미스	코드 복잡성은 프로미스 스타일(then, success)을 사용하면 중간이다. 퓨처 스타일(get)을 사용하면 성능에 영향을 주지 않고 코루틴만큼 매끈하게 표현할 수 있다.	리소스 소비는 매우 높으며, 최고의 퍼포먼스를 갖지만 코드 변경 없이 미세 조정할 수 있다.
코루틴	코드 복잡도는 낮다. 비동기 작업을 위한 명시적 블록을 사용하는 비동기 스타일과 비슷한 크기다.	리소스 소비는 낮으며, 최상의 성능을 가진다.

전반적으로 코루틴은 분명한 승리자며, 그다음이 코버넌트 프로미스다.

코루틴 컨텍스트

코루틴은 항상 컨텍스트에서 실행된다. 모든 코루틴 빌더는 기본적으로 지정된 컨텍스트를 가지며, 해당 컨텍스트는 코루틴 본문 내의 coroutineContext 값을 통해 사용할 수 있다.

```
import kotlinx.coroutines.experimental.*

fun main(args: Array<String>) = runBlocking {
    println("coroutineContext 블록 실행 = $coroutineContext")
    println("coroutineContext[Job] = ${coroutineContext[Job]}")
    println(Thread.currentThread().name)
    println("-----")

    val jobs = listOf(
        launch {
            println("launch coroutineContext = $coroutineContext")
            println("coroutineContext[Job] = ${coroutineContext[Job]}")
            println(Thread.currentThread().name)
            println("-----")
        },
        async {
            println("async coroutineContext = $coroutineContext")
            println("coroutineContext[Job] = ${coroutineContext[Job]}")
            println(Thread.currentThread().name)
            println("-----")
        },
        launch(CommonPool) {
            println("common launch coroutineContext = $coroutineContext")
            println("coroutineContext[Job] = ${coroutineContext[Job]}")
            println(Thread.currentThread().name)
            println("-----")
        },
        launch(coroutineContext) {
            println("inherit launch coroutineContext = $coroutineContext")
```

```
            println("coroutineContext[Job] = ${coroutineContext[Job]}")
            println(Thread.currentThread().name)
            println("-----")
        }
    )

    jobs.forEach { job ->
        println("job = $job")
        job.join()
    }
}
```

각 코루틴 컨텍스트는 코루틴이 실행되는 스레드를 결정하는 CoroutineDispatcher도 포함된다. async나 launch 같은 코루틴 빌더는 기본적으로 DefaultDispatcher 디스패처를 사용한다(현재 코루틴 버전인 0.2.1에서는 DefaultDispatcher와 CommomPool은 동일하다. 그러나 이는 나중에 변경될 수도 있다).

코루틴 컨텍스트는 값을 보유할 수도 있다. 예를 들어 coroutineContext[Job]을 사용해 코루틴의 job을 복구할 수 있다.

코루틴 컨텍스트는 자식을 제어하는 데 사용할 수도 있다. 100만 개의 코루틴 예제는 모든 자식을 참여시켜 재작업할 수 있다.

```
fun main(args: Array<String>) = runBlocking {
    val job = launch {
        repeat(1_000_000) {
            launch(coroutineContext) {
                delay(1000)
                print('.')
            }
        }
    }
```

```
    job.join()
}
```

수백만 개의 코루틴 중 각각의 것이 자신만의 컨텍스트를 갖는 대신 외부 실행 코루틴 컨텍스트로부터 실제로 오는 공유 코루틴 컨텍스트를 설정할 수 있다. 외부 launch job에 참여할 때 모든 코루틴 자식 역시 참가한다.

채널

두 코루틴(혹은 async와 같이 외부 세계와 코루틴)이 통신할 수 있는 방법 중 하나는 Deferred<T>를 통하는 것이다.

```
import kotlinx.coroutines.experimental.delay
import kotlinx.coroutines.experimental.launch
import kotlinx.coroutines.experimental.runBlocking

fun main(args: Array<String>) = runBlocking {
    val result = CompletableDeferred<String>()

    val world = launch {
        delay(500) result.complete("World (또 다른 코루틴에서)")
    }

    val hello =launch {
        println("Hello ${result.await()}")
    }

    hello.join()
    world.join()
}
```

연기Deferreds는 값 하나는 괜찮지만, 시퀀스나 스크림을 보내려고 하는 경우가 있다. 이 경우 채널을 사용한다. 블록하는 대신 작업을 일시 중단하는 BlockingQueue와는 달리 채널은 닫을 수 있다.

```
import kotlinx.coroutines.experimental.channels.*

fun main(args: Array<String>) = runBlocking<Unit> {
   val channel = Channel<String>()

   val world = launch {
       delay(500)
       channel.send("World (채널을 사용한 또 다른 코루틴에서)")
   }

   val hello = launch {
       println("Hello ${channel.receive()}")
   }

   hello.join()
   world.join()
}
```

다음과 같이 100만 개의 코루틴 예제를 채널로 작성해보자.

```
fun main(args: Array<String>) = runBlocking<Unit> {

   val channel = Channel<Char>()

   val jobs = List(1_000_000) {
       launch {
          delay(1000)
          channel.send('.')
       }
   }
```

```
    repeat(1_000_000) { print(channel.receive()) }
    jobs.forEach { job -> job.join() }
}
```

당연히 이것은 채널의 의도된 용도가 아니다. 일반적으로 단일 코루틴(혹은 여러 코루틴)은 채널로 메시지를 보낸다.

```
fun main(args: Array<String>) = runBlocking<Unit> {

    val channel = Channel<Char>()

    val sender = launch {
        repeat(1000) {
            delay(10)
            channel.send('.')
            delay(10)
            channel.send(',')
        }
        channel.close()
    }

    for (msg in channel) {
        print(msg)
    }

    sender.join()
}
```

채널 자체는 반복자이므로 for 블록에서 사용할 수 있다.

이 코드를 작성하는 더 간단한 방법은 다음과 같이 produce 빌더를 사용하는 것이다.

```
fun dotsAndCommas(size: Int) = produce {
    repeat(size) {
```

```
        delay(10)
        send('.')
        delay(10)
        send(',')
    }
}

fun main(args: Array<String>) = runBlocking<Unit> {
    val channel = dotsAndCommas(1000)

    for (msg in channel) {
        print(msg)
    }
}
```

produce 빌더는 수신만을 위한 채널 타입 ReceiveChannel<T>를 반환한다. Channel<T>는 SendChannel<T>와 ReceiveChannel<T> 두 타입을 확장한다.

채널 파이프라인

채널이 있을 때 파이프라인과 같은 관련된 패턴을 가질 수 있다. 파이프라인은 유닉스 파이프나 엔터프라이즈 인티그레이션 패턴[EIP, Enterprise Integration Pattern] 같이 소비자와 생산자를 연결하는 일련의 채널이다.

EIP를 사용해 자체 판매 시스템을 작성해보자. 우선 모델을 살펴보자.

```
data class Quote(val value: Double, val client: String, val item: String, val
quantity: Int)

data class Bill(val value: Double, val client: String)

data class PickingOrder(val item: String, val quantity: Int)
```

이제 패턴을 살펴보자.

```
import kotlinx.coroutines.experimental.CoroutineContext

fun calculatePriceTransformer(coroutineContext: CoroutineContext,
quoteChannel: ReceiveChannel<Quote>) = produce(coroutineContext) {
    for (quote in quoteChannel) {
        send(Bill(quote.value * quote.quantity, quote.client) to
                PickingOrder(quote.item, quote.quantity))
    }
}
```

calculatePriceTransformer 함수는 채널에서 따옴표를 받아 Pair<Bill, PickingOrder>로 변환한다.

```
fun cheapBillFilter(coroutineContext: CoroutineContext, billChannel:
ReceiveChannel<Pair<Bill, PickingOrder>>) = produce(coroutineContext) {
    billChannel.consumeEach { (bill, order) ->
        if (bill.value >= 100) {
            send(bill to order)
        } else {
            println("청구된 bill $bill")
        }
    }
}
```

cheapBillFilter 함수는 100 미만의 bill 값을 필터링한다.

```
suspend fun splitter(filteredChannel: ReceiveChannel<Pair<Bill, PickingOrder>>,
accountingChannel: SendChannel<Bill>,
warehouseChannel: SendChannel<PickingOrder>) = launch {
    filteredChannel.consumeEach { (bill, order) ->
        accountingChannel.send(bill)
```

```
        warehouseChannel.send(order)
    }
}
```

splitter는 Pair<Bill, PickingOrder>를 자신의 채널로 나눈다.

```
suspend fun accountingEndpoint(accountingChannel: ReceiveChannel<Bill>) =
launch {
    accountingChannel.consumeEach { bill -> println("bill 처리 = $bill")
    }
}

suspend fun warehouseEndpoint(warehouseChannel:

ReceiveChannel<PickingOrder>) = launch {
    warehouseChannel.consumeEach { order -> println("작업 처리 = $order") }
}
```

accountingEndpoint와 warehouseEndpoint 출력으로 각각의 메시지를 처리하지만, 실제 시나리오에서는 데이터베이스에 메시지를 저장하거나 JMS, AMQP, Kafka를 사용하는 다른 시스템으로 이메일이나 메시지를 보낸다.

```
fun main(args: Array<String>) = runBlocking {
    val quoteChannel = Channel<Quote>()
    val accountingChannel = Channel<Bill>()
    val warehouseChannel = Channel<PickingOrder>()
    val transformerChannel = calculatePriceTransformer(coroutineContext,
            quoteChannel)
    val filteredChannel = cheapBillFilter(coroutineContext,
            transformerChannel)

    splitter(filteredChannel, accountingChannel, warehouseChannel)
```

```
    warehouseEndpoint(warehouseChannel)

    accountingEndpoint(accountingChannel)

    launch(coroutineContext) {
        quoteChannel.send(Quote(20.0, "Foo", "Shoes", 1))
        quoteChannel.send(Quote(20.0, "Bar", "Shoes", 200))
        quoteChannel.send(Quote(2000.0, "Foo", "Motorbike", 1))
    }
    delay(1000)
    coroutineContext.cancelChildren()
}
```

main 메소드는 세일즈 시스템을 조립하고 테스트한다.

많은 다른 채널 메시지 패턴은 팬인fan-in, 팬아웃fan-out, actors 같은 코루틴 채널로 구현할 수 있다. 다음 절에서 actors를 다룬다.

변경 가능한 상태 관리

비동기 코드를 다룰 때의 주요 관심사는 변경 가능한 상태를 처리하는 방법이다. 3장에서 함수형 스타일을 통해 변경 가능한 상태를 줄이는 방법을 다뤘다. 그러나 때때로 기능적으로 변경 불가능한functional immutable 스타일 사용이 불가능하다. 코루틴은 이 문제에 대한 대안을 제시한다.

다음 예제에서는 몇 가지 코루틴을 사용해 카운터를 업데이트한다.

```
import kotlin.system.measureTimeMillis

suspend fun repeatInParallel(times: Int, block: suspend () -> Unit) {
    val job = launch {
```

```
        repeat(times) {
            launch(coroutineContext) {
                block()
            }
        }
    }
    job.join()
}

fun main(args: Array<String>) = runBlocking {
    var counter = 0
    val time = measureTimeMillis {
        repeatInParallel(1_000_000) {
            counter++
        }
    }
    println("counter = $counter")
    println("time = $time")
}
```

작은 숫자에서는 카운터가 맞지만 크기를 늘리기 시작하면 이상한 숫자가 표시된다.

이제 코루틴이 제공하는 대안을 살펴보자.

컨텍스트 전환

첫 번째 옵션은 업데이트 작업을 다른 컨텍스트에서 하는 것이다.

```
import kotlinx.coroutines.experimental.*

fun main(args: Array<String>) = runBlocking {
    var counter = 0

    val counterContext = newSingleThreadContext("CounterContext")
```

```
    val time = measureTimeMillis {
        repeatInParallel(1_000_000) {
            withContext(counterContext) {
                counter++
            }
        }
    }
    println("counter = $counter")
    println("time = $time")
}
```

withContext 함수는 특정 코루틴 컨텍스트(이 경우는 단일 스레드 컨텍스트) 블록을 실행한다. 컨텍스트 전환은 코드를 실행하는 방법을 정교한 방식으로 조작할 수 있는 강력한 기술이다.

스레드 안전 구조체

자바 5 이상에는 코루틴에서 여전히 유용한 일부 아토믹 스레드 안전 구조체에 접근할 수 있다.

```
import java.util.concurrent.atomic.AtomicInteger

fun main(args: Array<String>) = runBlocking {
    val counter = AtomicInteger(0)
    val time = measureTimeMillis {
        repeatInParallel(1_000_000) {
            counter.incrementAndGet()
        }
    }
    println("counter = ${counter.get()}")
    println("time = $time")
}
```

AtomicInteger는 스레드로부터 안전한 많은 아토믹 연산을 제공한다. 다른 아토믹 프리미티브primitives와 동시 컬렉션 같은 더 많은 스레드 안전 구조체가 있다.

뮤텍스

뮤텍스Mutex, mutual exclusion 오브젝트는 여러 코루틴이 같은 리소스를 공유하지만 동시에는 접근하지 못하게 한다.

```
import kotilnx.coroutines.experimental.sync.Mutex
import kotlinx.coroutines.experimental.sync.withLock

fun main(args: Array<String>) = runBlocking {
  val mutex = Mutex()
  var counter = 0

  val time = measureTimeMillis {
      repeatInParallel(1_000_000) {
         mutex.withLock {
            counter++
         }
      }
  }
  println("counter = $counter")
  println("time = $time")
}
```

뮤텍스 오브젝트는 동기화된 컨트롤 구조체와 비슷하게 작동하지만 스레드를 차단하는 대신 코루틴만 블록한다.

액터

액터actor는 메시지를 통해 외부 월드 및 다른 액터와 상호작용하는 일종의 오브젝트다. 액터 오브젝트는 메시지를 통해 외부적으로 수정 및 접근할 수 있지만 직접 할 수는 없는 private 내부 변경 가능한 상태를 가진다. 액터는 일관된 프로그래밍 모델로 인해 최근 몇 년간 인기가 늘어나고 있으며, 액터를 각광받게 하는 언어인 Erlang으로 구축된 왓츠앱 같은 수백만 유저 애플리케이션에서 성공적으로 테스트됐다.

```
import kotlinx.coroutines.experimental.channels.actor

sealed class CounterMsg object IncCounter : CounterMsg()
class GetCounter(val response: CompletableDeferred<Int>) : CounterMsg()

fun counterActor(start:Int) = actor<CounterMsg> {
    var counter = start
    for (msg in channel) {
        when (msg) {
            is IncCounter -> counter++
            is GetCounter -> msg.response.complete(counter)
        }
    }
}
```

액터를 작성하려면 우선 보내려는 메시지를 작성해야 한다. 여기에서는 IncCounter와 GetCounter의 두 메시지를 만들었다. GetCounter는 액터 밖의 카운터 값을 알려주는 CompletableDeferred<Int> 값을 가진다.

액터를 만들기 위해 actor<CounterMsg> 빌더를 사용할 수 있다. 액터 코루틴 내부에서 메시지를 받고 반응하기 위해 channel 속성인 ReceiveChannel<CounterMsg>에 접근한다. counterActor(Int) 함수는 SendChannel<CounterMsg>를 반환할 것이다. 따라서 호출 가능한 유일한 함수는 send(CounterMsg)와 close()다.

```
fun main(args: Array<String>) = runBlocking {
   val counterActor = counterActor(0)

   val time = measureTimeMillis {
       repeatInParallel(1_000_000) {
          counterActor.send(IncCounter)
       }
   }
   val counter = CompletableDeferred<Int>()
   counterActor.send(GetCounter(counter))
   println("counter = ${counter.await()}")
   println("time = $time")
}
```

액터는 처음에는 이해하기 어려울 수 있지만, 한 번 이해하면 액터 모델은 복잡하고 강력한 시스템을 만들기에 간단하다.

이 책의 예제 코드에서는 액터를 사용해 UserService 예제를 구현했다. 다음 링크에서 온라인으로 볼 수 있다.

https://github.com/MarioAriasC/FunctionalKotlin/blob/master/Chapter07/src/main/kotlin/compacktpub/functionalkotlin/chapter07/facts.kt#L377

정리

코루틴은 비동기 코드와 실행에 대한 생각을 바꿀 가능성이 높다. 7장에서는 코루틴을 작성하는 방법과 코루틴 컨텍스트 및 채널을 사용하는 방법을 다뤘다. 또한 비동기 공유 가변 상태를 다루는 방법을 포괄적으로 살펴봤다.

8장에서는 함수적 컬렉션과 그 작업에 대해 다룬다.

08

코틀린의 컬렉션과 데이터 작업

지금까지 데이터 타입, 클래스, 코틀린의 오브젝트부터 시작해 넓은 범위를 다뤘으며, 불변성, 함수, 델리게이트, 코루틴까지 다뤘다. 8장에서는 코틀린의 컬렉션collection 프레임워크와 데이터 작업에 대해 알아본다. 코틀린은 자바의 컬렉션 프레임워크를 상속받지만 함수형 프로그래밍을 위해 상당한 변화를 줬다.

코틀린이 제공하는 컬렉션 프레임워크는 자바보다 훨씬 기능적이며, 코틀린의 서명처럼 사용하고 이해하기 쉽다.

컬렉션의 기본부터 시작해 코틀린에서 컬렉션이 지원하는 데이터 작업까지 알아본다.

8장에서 다루는 내용은 다음과 같다.

- 컬렉션 소개

- 반복자 및 반복 가능한 인터페이스
- 코틀린의 컬렉션 타입: Array, List, Map, Set
- 가변과 불변
- 리스트 작업
- 다양한 데이터 작업: map, sort, filter, flatMap, partition, fold, group by

무엇을 기다리는가? 컬렉션부터 시작해보자.

컬렉션 소개

컬렉션 프레임워크는 다음과 같은 공통의 데이터 관련 작업 그룹을 수행하기 위한 통합 아키텍처를 제공하는 클래스와 인터페이스 세트다.

- 검색
- 정렬
- 삽입
- 삭제
- 조작

프로그램에서 매일 사용하는 모든 리스트, 맵, 셋은 컬렉션 프레임워크의 일부다.

모든 컬렉션 프레임워크는 다음의 것을 포함한다.

- **인터페이스:** 컬렉션을 나타내는 데 사용하는 추상 데이터 타입이다. 인터페이스는 컬렉션이 표시하는 디테일과 관계없이 조작될 수 있게 한다. 객체지향 언어에서는 일반적으로 인터페이스가 계층을 형성한다.
- **구현:** 이것은 인터페이스 컬렉션의 구체적인 구현이다. 본질적으로 이것은 재사용 가능한 데이터 구조체다.

- **알고리즘:** 컬렉션 인터페이스를 구현하는 오브젝트에서 검색 및 정렬(이전에 나열한 것)과 같은 유용한 계산을 수행하는 메소드다. 이 알고리즘은 **다형성**polymorphic이라고 불린다. 적절한 컬렉션 인터페이스의 여러 다양한 구현에서 같은 메소드가 사용될 수 있다. 즉, 알고리즘은 재사용 가능한 기능이다.

자바와 코틀린의 컬렉션 프레임워크 외에도 가장 잘 알려진 컬렉션 프레임워크의 예는 C++ 표준 템플릿 라이브러리STL, Standard Template Library와 스몰토크Smalltalk의 컬렉션 계층이다.

컬렉션 프레임워크의 장점

컬렉션 프레임워크를 사용하면 생기는 이점은 무엇일까? 몇 가지 장점이 있지만 가장 중요한 것은 프로그래밍 시간과 노력을 줄여준다는 점이다. 컬렉션 프레임워크는 개발자에게 유용한 데이터 구조와 알고리즘의 고품질(성능 및 코드 최적화 측면에서) 구현을 제공하며, 관련 없는 API 간의 상호운용성을 제공한다. 이러한 구현을 프로그램에서 사용할 수 있으므로 프로그래밍 노력과 시간이 줄어든다.

컬렉션 프레임워크가 무엇인지 알아야 하므로 컬렉션 프레임워크의 클래스와 인터페이스 계층 구조를 살펴보자.

다음 그림을 살펴보자.

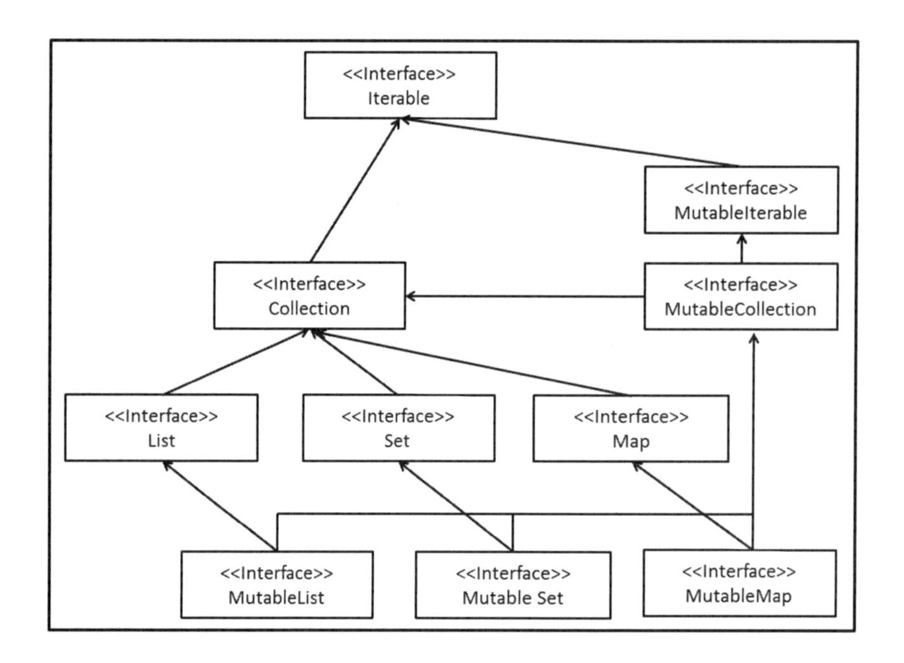

앞에서 언급했듯이 컬렉션 프레임워크는 데이터의 그룹으로 작업하는 데이터 타입과 클래스의 세트다. 이 그룹은 단순한 리스트/맵/세트 혹은 다른 데이터 구조체의 형태일 수 있다.

앞의 그림은 코틀린의 컬렉션 프레임워크를 나타낸다. 자바와 마찬가지로 코틀린의 모든 컬렉션 인터페이스는 반복 가능한 인터페이스에서 비롯된다. 그러나 코틀린 컬렉션 프레임워크는 자바의 것과는 약간 다르다. 코틀린은 가변과 불변 컬렉션을 구별한다.

코틀린은 `Iterable`과 `MutableIterable`이라는 두 가지 기본 컬렉션 인터페이스를 가진다. `Iterable` 인터페이스는 컬렉션 인터페이스에 의해 확장되며, 기본적인 읽기 전용 컬렉션 작업(`size`, `isEmpty()`, `contains()` 등)을 정의한다.

`MutableCollection` 인터페이스는 컬렉션 인터페이스와 `MutableIterable` 인터페이스를 확장하며, 읽고 쓰기 기능을 추가한다.

컬렉션 프레임워크가 자바로 도입되기 전에 개발자는 데이터 그룹을 작업하기 위해 배열, 벡터, 해시 테이블을 사용했다. 이 방법의 문제점은 어느 누구도 공통 메소드를 갖지 않는다는 점이다. 따라서 컬렉션 프레임워크는 다양한 컬렉션 타입에서 공통 메소드와 연산을 제공해 개발자의 삶을 좀 더 쉽게 만들어주기 위해 창조됐다.

컬렉션 프레임워크는 코틀린 언어가 형성되기 전에 자바에 도입됐으며, 처음부터 코틀린에 포함됐다.

왜 다양한 컬렉션 타입이 있는지 궁금하지 않은가? 다음 절에서 가장 일반적으로 사용하는 컬렉션 타입 일부의 목적을 알아보자.

List와 MutableList

리스트는 가장 일반적으로 사용되는 컬렉션 데이터 타입 중 하나다. 이것은 정렬된 데이터 그룹을 작업하는 데 사용되는 컬렉션 인터페이스의 구현이다.

리스트의 데이터는 추가 시점을 기준으로 정렬될 수 있다(Int 리스트에서 4 다음에 3을 추가하면 배열처럼 4는 리스트에서 3 이전에 나타난다). 혹은 다른 정렬 알고리즘을 기반으로 정렬될 수도 있다.

앞에서 언급했듯이 코틀린은 가변과 읽기 전용 컬렉션 타입을 구별한다. 따라서 불변인 리스트 인터페이스는 다음과 같이 읽기 전용 함수만 포함한다.

- **fun get(index: Int):E:** 이 메소드는 지정한 인덱스에서 리스트의 요소를 가져오는 데 사용된다.

- **fun indexOf(element: @UnsafeVariance E):Int**: 이 메소드는 리스트의 요소 인덱스를 식별하는 데 사용된다. 이 메소드는 전체 리스트 내의 특정 요소를 검색하고 리스트에 있다면 그 위치를 반환한다. 없다면 -1을 반환한다.
- **fun listIterator(): ListIterator<E>**: ListIterator의 인스턴스를 얻고 싶은 경우에 사용한다(나중에 Iterator와 Iterable에 대해 다룰 때 알아본다).
- **fun subList(fromIndex: Int, toIndex: Int): List<E>**: 지정된 fromIndex와 toIndex 값을 사용해 리스트의 일부를 반환한다.

그래서 이것을 고려하면 리스트는 오직 읽기 전용 함수만 갖고 있다. 어떻게 리스트가 데이터를 가질까? 생성한 후에는 불변 리스트에 데이터를 넣을 수 없지만 미리 채워진 데이터로 불변 리스트를 생성할 수 있다(그렇지 않으면 불변 리스트를 갖는 것이 아무런 목적도 없게 될 것이다). 다양한 방법으로 이를 구현할 수 있지만 가장 인기 있는 것은 listOf 함수를 사용하는 것이다.

listOf 함수 선언은 다음과 같다(kotlin.collections 패키지의 Collections.kt에서 발견할 수 있다).

```
public fun <T> listOf(vararg elements: T): List<T>
```

함수 선언에서 알 수 있듯이 함수는 요소로 제네릭 타입의 vararg 파라미터를 사용한다. 함수는 이 요소를 포함한 리스트 인스턴스를 반환할 것이다. 이미 알고 있듯이 vararg 인자의 중요성은 0부터 거의 64,000개의 인자를 포함할 수 있다는 점이다(각 인수가 1바이트라면 함수는 최대 64KB 할당을 가질 수 있으므로, 실제로는 좀 더 적을 것이다). 따라서 listOf 함수를 사용해 리스트를 만드는 동안 빈 리스트를 만들기 위해 파라미터 없이 호출하거나 읽기 전용 리스트를 만들기 위해 필요한 만큼(64KB 이상을 필요로 하지 않는다고 가정할 때) 많은 인자를 사용해 함수를 호출할 수 있다.

다음 프로그램은 listOf 함수의 예다.

```
fun main(args: Array<String>) {
    val list = listOf<Int>(1,2,3,4,5,6,7,8,9,10)
    for (i in list) {
        println("아이템 $i")
    }
}
```

이 프로그램에서는 1부터 10까지의 숫자가 포함된 리스트 값을 만들었다. 그런 다음 for 루프를 사용해 리스트의 각 요소를 반복하면서 출력한다.

다음 결과를 살펴보자.

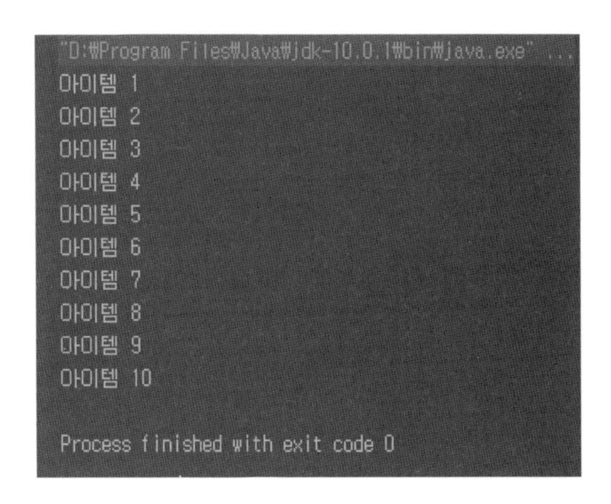

for 루프의 중괄호 내에 있는 리스트의 i는 for 루프로 리스트 내의 모든 요소를 반복하고 각 반복에 대해 임시 변수 i로 요소를 복사하게 한다.

8장의 뒷부분에서 컬렉션으로 작업하는 더 많은 방법을 살펴보지만, 먼저 다른 컬렉션 타입을 알아보자.

리스트에 대한 이야기를 이어가자면 미리 정의된 요소로 불변 리스트를 만드는 방법을 살펴봤다. 이제는 가변 리스트를 만들고 작업하는 방법을 살펴보자. 그러나 그 전에 빈 리스트를 만드는 방법을 살펴보자.

다음 프로그램을 살펴보자.

```
fun main(args: Array<String>) {
    val emptyList1 = listOf<Any>()
    val emptyList2 = emptyList<Any>()
    println("emptyList1.size = ${emptyList1.size}")
    println("emptyList2.size = ${emptyList2.size}")
}
```

이 프로그램에서는 하나는 인자가 없는 `listOf` 함수로, 다른 하나는 `emptyList` 함수로 빈 목록을 만들었다. `listOf` 함수는 인자 없이 호출된 경우 내부적으로 `emptyList` 함수를 호출한다.

다음은 출력의 스크린샷이다.

```
"C:\Program Files\Java\jdk1.8.0_131\bin\java" ...
emptyList1.size = 0
emptyList2.size = 0

Process finished with exit code 0
```

미리 정의된 요소 묶음으로 불변 리스트를 작업하는 방법을 살펴봤다. 그러나 리스트 값을 동적으로 추가해야 된다면 어떻게 해야 할까? 코틀린은 이러한 목적으로 가변 리스트를 제공한다.

다음 예제는 불변 리스트를 이해하는 데 도움이 될 것이다.

```
fun main(args: Array<String>) {
    val list = mutableListOf(1,2,4)//(1)

    for (i in list) {
        println("for1 아이템 $i")
    }
```

```
    println("-----아이템 추가-----")

    list.add(5)      //(2)
    list.add(2,3)    //(3)
    list.add(6)      //(4)

    for (i in list) {
        println("for2 아이템 $i")
    }
}
```

다음은 프로그램의 결과다.

```
"D:\Program Files\Java\jdk-10.0.1\bin\java.exe" ...
for1 아이템 1
for1 아이템 2
for1 아이템 4
-----아이템 추가-----
for2 아이템 1
for2 아이템 2
for2 아이템 3
for2 아이템 4
for2 아이템 5
for2 아이템 6

Process finished with exit code 0
```

프로그램을 살펴보자. 처음에는 1, 2, 4 아이템과 함께 주석 (1)에 `mutableListOf` 함수로 리스트를 만들었다. 여기서는 코틀린이 타입 인터퍼런스interference를 가지므로 요소를 함수에 전달하는 것은 중요하지 않아서 타입 파라미터를 건너뛰었다. 항목을 추가하기 전에 `list` 값을 출력했다.

`listOf`나 다른 컬렉션 함수의 경우 타입 인터퍼런스가 문제다. 따라서 요소를 전달하거나 컬렉션 자체의 타입을 제공한 경우 사용할 컬렉션의 일반 타입을 지정하지 않아도 된다.

주석 (2)에서 리스트 배열에 제공한 아이템을 추가하는 List$add() 함수를 사용해 리스트에 5를 추가했다.

그런 다음 주석 (3)에서 4를 두 번째 위치(보통은 0부터 센다)에 추가하기 위해 add 함수와 index 파라미터를 사용했다.

그런 다음 list 배열에 5를 다시 추가했다.

list 배열에 요소를 추가하고 for 루프를 통해 모든 아이템에 접근했지만, 하나의 요소에 접근하는 것은 어떨까? 코틀린에서 단일 요소에 접근하고 수정하는 예제를 살펴보자. 다음 예를 살펴보자.

```
fun main(args: Array<String>) {
    val list = listOf(
        "첫 번째 아이템",
        "두 번째 아이템",
        "세 번째 아이템",
        "네 번째 아이템",
        "다섯 번째 아이템"
    )

    println("리스트의 3번째 아이템 - ${list.get(2)}")
    println("리스트의 4번째 아이템 - ${list[3]}")
}
```

세 번째 요소는 인덱스 2로, 네 번째 요소는 인덱스 3으로 접근했다. 그 이유는 간단하고 직관적인데, 배열과 리스트는 0부터 시작하기 때문이다.

여기서 주목할 점은 코틀린이 리스트에 준비된 지원과 대괄호 연산자([])를 제공해 배열처럼 리스트 값의 요소에 접근할 수 있다는 것이다. 첫 번째 get문에서 요소의 인덱스와 get 함수를 사용해 그 인덱스의 요소를 얻었다. 두 번째 get문에서 get 함수를 호출하는 대괄호를 사용했다.

리스트는 순서/인덱스에 따라 아이템을 저장하므로 인덱스로 리스트에서 아이템을 가져오는 것은 쉽다. 리스트에서 특정 요소를 원하거나 원하는 요소의 인덱스를 안다면 쉽게 루프를 스킵할 수 있다.

단순히 get 함수에 요소를 전달하면 요소를 얻는다. 이 인덱스에 의한 요소는 요소의 정렬을 지원하지 않는 세트(OrderedSet은 지원한다) 같은 다른 컬렉션 인터페이스에서는 지원하지 않는다.

리스트에 대해 약간 이해를 하게 됐으니 앞으로 나아가 세트를 살펴보자.

Set과 MutableSet

List처럼 Set도 코틀린에서 다음의 두 가지 변형이 있다.

- Set
- MutableSet

Set은 읽기 전용이고, MutableSet는 읽고 쓰기 기능을 가진 Set의 변형 버전이다.

리스트와 마찬가지로 세트 값은 size, iterator() 같은 읽기 전용 함수와 속성을 가진다. 이 책에서 중복되는 내용을 피하기 위해 여기서 언급하지는 않겠다. 또한 세트는 (OrderedSet을 사용하지 않는다면) 리스트처럼 순서를 정렬하지 않는다. 따라서 indexOf(item), add(index, item)과 같은 순서를 포함하는 함수가 없다.

컬렉션의 세트는 수학적 집합(집합 이론 같은)을 나타낸다.

다음은 MutableSet의 예다.

```
fun main(args: Array<String>) {
```

```
    val set = mutableSetOf(1,2,3,3,2)
    println("set $set")
    set.add(4)
    set.add(5)
    set.add(5)
    set.add(6)
    println("set $set")
}
```

다음은 결과다.

```
"C:\Program Files\Java\jdk1.8.0_131\bin\java" ...
set [1, 2, 3]
set [1, 2, 3, 4, 5, 6]

Process finished with exit code 0
```

초기화할 때와 그 이후에 세트에 여러 개의 중복된 아이템을 추가했지만 고유 항목만 삽입되고 중복된 항목은 무시됐다는 것을 출력이 보여준다.

이제 커스텀 클래스와 데이터 클래스에서 같은 일이 발생할지 궁금할 것이다. 다음 예제를 확인해보자.

```
data class MyDataClass (val someNumericValue:Int, val someStringValue:String)
class MyCustomClass (val someNumericValue:Int, val someStringValue:String)
{
    override fun toString( ): String {
        return "MyCustomClass(someNumericValue=$someNumericValue,
            someStringValue=$someStringValue)"
    }
}
fun main(args: Array<String>) {
    val dataClassSet = setOf(
```

```
        MyDataClass(1,"1번째 오브젝트"),
        MyDataClass(2,"2번째 오브젝트"),
        MyDataClass(3,"3번째 오브젝트"),
        MyDataClass(2,"2번째 오브젝트"),
        MyDataClass(4,"4번째 오브젝트"),
        MyDataClass(5,"5번째 오브젝트"),
        MyDataClass(2,"추가될 것이다"),
        MyDataClass(3,"3번째 오브젝트")
    )
    println("dataClassSet의 아이템을 하나씩 출력한다")
    for(item in dataClassSet) {
        println(item)
    }
    val customClassSet = setOf(
        MyCustomClass(1,"1번째 오브젝트"),
        MyCustomClass(2,"2번째 오브젝트"),
        MyCustomClass(3,"3번째 오브젝트"),
        MyCustomClass(2,"2번째 오브젝트"),
        MyCustomClass(4,"4번째 오브젝트"),
        MyCustomClass(5,"5번째 오브젝트"),
        MyCustomClass(5,"5번째 오브젝트"),
        MyCustomClass(3,"3번째 오브젝트")
    )
    println("customClassSet의 아이템을 하나씩 출력한다")
    for(item in customClassSet) {
        println(item)
    }
}
```

이 프로그램에서는 먼저 데이터 클래스와 커스텀 클래스를 작성하고, 그런 다음 세트를 생성하고 중복 항목을 삽입했다.

세트에 중복 항목이 없는지 확인하기 위해 다음 출력을 살펴보자.

```
"D:\Program Files\Java\jdk-10.0.1\bin\java.exe" ...
dataClassSet의 아이템을 하나씩 출력한다
MyDataClass(someNumericValue=1, someStringValue=1번째 오브젝트)
MyDataClass(someNumericValue=2, someStringValue=2번째 오브젝트)
MyDataClass(someNumericValue=3, someStringValue=3번째 오브젝트)
MyDataClass(someNumericValue=4, someStringValue=4번째 오브젝트)
MyDataClass(someNumericValue=5, someStringValue=5번째 오브젝트)
MyDataClass(someNumericValue=2, someStringValue=추가될 것이다)
customClassSet의 아이템을 하나씩 출력한다
MyCustomClass(someNumericValue=1, someStringValue=1번째 오브젝트)
MyCustomClass(someNumericValue=2, someStringValue=2번째 오브젝트)
MyCustomClass(someNumericValue=3, someStringValue=3번째 오브젝트)
MyCustomClass(someNumericValue=2, someStringValue=2번째 오브젝트)
MyCustomClass(someNumericValue=4, someStringValue=4번째 오브젝트)
MyCustomClass(someNumericValue=5, someStringValue=5번째 오브젝트)
MyCustomClass(someNumericValue=5, someStringValue=5번째 오브젝트)
MyCustomClass(someNumericValue=3, someStringValue=3번째 오브젝트)

Process finished with exit code 0
```

출력을 주의 깊게 살펴보자. 데이터 클래스의 경우와 마찬가지로 세트는 중복 항목을 무시했다. 일반 클래스에 삽입할 경우에는 중복 삽입을 인식하지 못했다.

dataClassSet에 추가된 마지막 아이템 MyDataClass(2,"추가될 것이다")이 중복된 항목이라고 생각되면 이 오브젝트의 someNumericValue 값은 이전 것과 같지만 someStringValue 값이 이전 오브젝트의 someStringValue와 다른지 다시 확인한다.

왜 이렇게 되는가? 대답은 짧고 간단하다. 컬렉션 프레임워크는 내부적으로 hashCode()와 equals() 함수를 사용해 세트에 아이템을 추가하는 동안 동일성 체크를 수행하며, 이는 커스텀 클래스에서 누락됐다.

코틀린에서 컴파일러는 hashCode()와 equals() 함수를 자동으로 추출한다. 따라서 세트는 해당 함수의 커스텀 구현 없이 중복된 항목을 구별할 수 있다. 데이터 클래스에 대한 더 자세한 정보는 다음 링크를 확인하자.

https://kotlinlang.org/docs/reference/data-classes.html

따라서 이러한 함수를 구현하면 customClassSet 값의 중복 항목을 구별할 수 있다. 분명히 이것은 데이터 클래스에서 작동하는 방법과 마찬가지다. MyCustomClass 정의에 다음 코드를 추가하고 프로그램을 실행해 차이점을 직접 확인하자.

```
override fun hashCode( ) =
        someStringValue.hashCode( )+someNumericValue.hashCode( )

override fun equals(other: Any?): Boolean {
    return other is MyCustomClass && other.someNumericValue == someNumericValue
            && other.someStringValue==someStringValue
}
```

멋지지 않은가? 리스트와 셋을 끝냈다. 이제 맵 인터페이스를 살펴보자. 그런 다음 컬렉션 프레임워크에서 제공하는 데이터 조작 함수를 살펴본다.

Map과 MutableMap

컬렉션 프레임워크의 맵 인터페이스는 앞에서 다룬 다른 모든 인터페이스와 약간 다르다. 다른 것과 달리 키-값 쌍으로 작동한다. Pair와 유사하지 않다. Pair는 서로 결합된 두 값의 쌍인 반면 맵은 키-값 쌍의 모음이다.

맵에서 키는 고유하며 복제될 수 없다. 같은 키에 두 값을 추가하면 나중 것이 이전 것을 대체할 것이다. 값은 중복/복제할 수 있다. 그 이유는 맵에서 값은 키와 관련돼 저장되고 검색되므로 중복 키는 서로를 구별하거나 값을 가져오는 게 불가능하게 만들기 때문이다.

코틀린의 맵 선언은 인터페이스 Map<K, out V>처럼 읽는다. K 값은 키의 제네릭 타입이고, V는 값의 제네릭 타입이다.

컬렉션에 대해 좀 더 배우려면 몇 가지 함수 및 속성을 살펴보자. 다음 목록을 살펴보자.

- **val size: Int:** 이 함수는 맵 인터페이스의 크기를 나타낸다. 맵 내부에 있는 키-값 쌍의 개수이다.
- **fun isEmpty(): Boolean:** 이 함수는 맵 인터페이스가 비었는지 확인한다.
- **fun containsKey(key: K): Boolean:** 이 함수는 키-값 쌍 컬렉션 내부에 키가 있는지 확인하고 있다면 참을 반환한다.
- **operator fun get(key: K): V?:** 연산자(배열과 같은 대괄호 []를 사용하는 경우) 혹은 이 함수는 키에 해당되는 값을 반환하거나 키가 없으면 null을 반환한다.
- **val keys: Set<K>:** 이 함수는 해당 시점에 맵에서 사용 가능한 키 모음을 나타낸다. 키는 복제할 수 없고 정렬되지 않았으므로 Set는 키를 담기 가장 좋은 데이터 구조다.
- **val values: Collection<V>:** 맵의 모든 값을 컬렉션으로 포함한 것이다.
- **interface Entry<out K, out V>:** 이 함수는 맵 인터페이스 내부에서 정의된다. Entry는 맵 인터페이스의 단일 키-값 쌍을 나타낸다. 키-값 쌍은 맵 내에 항목으로 저장된다.
- **val entries: Set<Map.Entry<K, V>>:** 이 함수는 맵의 모든 항목을 가져온다.

이전 것은 읽기 전용 작업만 지원하므로 맵의 읽기 전용 인터페이스였다. 읽고 쓰기 액세스의 경우 mutableMap 함수를 사용해야 한다. 이제 mutableMap에서 제공하는 읽고 쓰기 인터페이스를 다음 목록에서 살펴보자.

- **fun put(key: K, value: V): V?:** 이 인터페이스는 키-값 쌍을 맵에 추가하고 키와 관련된 이전 값을 반환한다(이전의 키 값이 없다면 null을 반환).
- **fun remove(key: K): V?:** 이 인터페이스는 키를 사용해 맵에서 키-값 쌍을 삭제하고 값을 반환한다. 맵에 키가 없으면 null을 반환한다.
- **fun putAll(from: Map<out K, V>): Unit:** 이 인터페이스는 제공되는 맵 값에서 키-값 쌍을 추가한다.
- **fun clear(): Unit:** 이름에서 알 수 있듯이 이 인스턴스는 맵을 비운다. 맵에 포함된 모든 키와 값을 제거한다.

이제 맵 인터페이스가 제공하는 인터페이스와 함수를 알게 됐으니 맵 예제를 살펴보자.

다음 예제를 보자.

```
fun main(args: Array<String>) {
    val map = mapOf(
        "One".to(1),
        "Two".to(2),
        "Three".to(3),
        "Four".to(4),
        "Five".to(0),//(1) 5 대신 0을 여기에 넣는다. 나중에 교체한다.
        "Six".to(6),
        "Five".to(5)//(2) 이것은 이전 맵의 "Five".to(0)을 대체한다.
    )

    println("키`Four`의 값은 ${map["Four"]} 이다")

    println("map의 내용")
    for(entry in map) {
        println("키 ${entry.key}, 값 ${entry.value}")
    }

    val mutableMap = mutableMapOf<Int,String>()
```

```
    mutableMap.put(1,"아이템 1")
    mutableMap.put(2,"아이템 2")
    mutableMap.put(3,"아이템 3")
    mutableMap.put(4,"아이템 4")

    println("키 1의 값 변경 - ${mutableMap.put(1,"아이템 5")}")  //(3)

    println("mutableMap의 내용")
    for(entry in mutableMap) {
        println("키 ${entry.key}, 값 ${entry.value}")
    }
}
```

다음 두 가지 타입의 맵을 사용하는 방법을 보여준다.

- 읽기 전용 Map
- 읽고 쓰기 MutableMap

코틀린은 Pair 타입의 vararg 파라미터를 허용하는 mapOf() 함수 버전을 제공한다. 이렇게 하면 읽기 전용 맵을 쉽게 만들 수 있다. 단순히 키-값 쌍을 Pair 인스턴스로 mapOf() 함수에 전달한다.

프로그램을 더 자세히 살펴보고 이야기하기 전에 결과를 실펴보자. 다음 스크린샷을 참고하자.

```
"D:\Program Files\Java\jdk-10.0.1\bin\java.exe" ...
키`Four`의 값은 4 이다
map의 내용
키 One, 값 1
키 Two, 값 2
키 Three, 값 3
키 Four, 값 4
키 Five, 값 5
키 Six, 값 6
키 1의 값 변경 - 아이템 1
mutableMap의 내용
키 1, 값 아이템 5
키 2, 값 아이템 2
키 3, 값 아이템 3
키 4, 값 아이템 4

Process finished with exit code 0
```

주석 (1)에서는 맵을 생성하는 동안 맵에 저장된 "Five" 키에 대응되는 값이 무엇인지 확인하기 위해 mapOf 함수에 "Five".to(0) 쌍을 전달했고, 주석 (2)에서는 "Five".to(5)를 전달했다. 맵은 같은 키에 대해 언제나 마지막 값을 가진다고 앞에서 말한 것처럼, 결과는 맵이 두 번째 값 5를 갖고 있다는 것을 나타낸다.

또한 코틀린은 맵에서도 배열과 같은 대괄호를 지원한다. 인덱스 대신 키를 전달할 수 있다.

코틀린의 컬렉션 프레임워크에서 가장 중요한 세 개의 인터페이스인 List, Set, Map을 다뤘다. 이제 컬렉션의 데이터 작업에 대해 알아보자.

컬렉션의 데이터 작업

코틀린은 컬렉션 프레임워크에 대해 즉각적인 지원을 제공한다. 그 결과 코틀린의 컬렉션 프레임워크는 자바와 같은 다른 언어의 컬렉션 프레임워크와 차별화되는 흥미로운 기능으로 가득하다. 읽기 전용 및 가변 컬렉션을 위한 별도의 인터페이스, 배열 같은 대괄호 연산자 등과 같은 기능 중 일부를 이미 소개했다. 지금 소개할 내용은 코틀린의 컬렉션 프레임워크의 가장 중요한 기능이지만 주목받지 못하는 데이터 작업 기능일 것이다.

코틀린은 모든 컬렉션 프레임워크 인터페이스, 오브젝트, 클래스에 대해 데이터 조작 함수를 지원한다. 데이터 조작 함수는 컬렉션에서 데이터에 접근, 처리, 조작할 수 있는 연산자와 함수를 의미한다. ReactiveX 프레임워크/RxJava/RxKotlin에 익숙하다면 코틀린이 거기서 대부분을 가져왔으므로 익숙한 점을 발견할 것이다.

다음은 여기서 다뤄야 할 컬렉션 데이터 조작 함수의 목록 중 일부다.

- `map` 함수
- `filter` 함수
- `flatMap` 함수
- `drop` 함수
- `take` 함수
- `zip` 함수

무엇을 기다리는가? 시작하자.

컬렉션의 데이터 조작 함수는 스트림/Rx로 작업하는 것처럼 느끼겠지만, 스트림/Rx와는 전혀 다른 방식이다. 단순히 스트림 같은 인터페이스를 제공하고 내부적으로 같은 루프를 처리하기 위해 고차 함수와 확장 함수를 사용하는 것이다(그렇다. 제대로 읽었다. 루프를 사용해 결과를 생성한 다음 함수에서 반환한다).

프로그램에서 이러한 함수의 큰 체인은 피하는 것이 좋다. 다중 루프로 끝날 것이기 때문이다. 이러한 시나리오에서의 `forEach` 혹은 자체 루프를 사용하는 것이 더 나은 선택이다. `forEach` 혹은 자체 루프를 사용하는 단일 루프를 통해 여러 작업을 수행할 수 있기 때문이다. 그러나 단일 작업이나 작은 체인의 경우 이런 함수를 사용해 코드를 체계적으로 구성할 수 있다.

map 함수

map 함수는 컬렉션에 전부 알고리즘을 적용시키고 결과 세트를 얻는다. 코드를 체계적으로 작성하고 루프를 작성하는 데 유용하다(내부적으로 루프를 사용하지만 이런 상용구 코드 작성에서 자유로워진다).

map 함수는 컬렉션의 모든 요소를 반복해서 받고 전달된 아이템이 제자리에 있는 결과 리스트에 있는 계산된 결과 아이템을 반환해야 한다.

다음 예제를 살펴보자.

```
fun main(args: Array<String>) {
    val list = listOf<Int>(1,2,3,4,5,6,7,8,9,10)
    val modifiedList = list.map { it*2 }

    println("modifiedList -> $modifiedList")
}
```

int의 리스트가 있고 각 아이템에 2를 곱해야 한다. 이것을 list.map { it*2 } 한 줄의 코드로 수행했다. 이 코드는 보통 2 ~ 3줄 이상의 상용구를 가진다.

다음은 프로그램의 결과다.

```
"C:\Program Files\Java\jdk1.8.0_131\bin\java" ...
modifiedList -> [2, 4, 6, 8, 10, 12, 14, 16, 18, 20]

Process finished with exit code 0
```

예상대로 map 함수는 제공된 람다를 리스트의 각 요소에 적용하고 결과 리스트를 반환했다.

filter 함수

컬렉션의 아이템을 필터링하는 경우를 생각해보자. 예를 들어 정수 리스트에서 짝수만을 얻고 싶을 때다. filter 함수는 이런 경우 도움이 된다.

filter 함수는 컬렉션의 모든 요소를 반복해서 얻고 전달된 아이템이 결과 리스트에 있어야 하는지의 여부를 기반으로 참이나 거짓을 반환해야 한다.

다음 프로그램을 살펴보자.

```
fun main(args: Array<String>) {
    val list = 1.until(50).toList()       //(1)
    val filteredListEven = list.filter { it%2==0 }      //(2)

    println("filteredListEven -> $filteredListEven")

    val filteredListPSquare = list.filter {
        val sqroot = sqrt(it.toDouble()).roundToInt()
        sqroot*sqroot==it
    }  //(3)

    println("filteredListPSquare -> $filteredListPSquare")
}
```

이 프로그램에서는 IntRange를 통해 1부터 50 사이의 숫자를 포함하는 Int 리스트를 얻었다. 그런 다음 주석 (2)에서 짝수만 얻도록 리스트를 필터링하고 출력했다. 주석 (3)에서 완벽한 사각형을 얻기 위해 리스트를 필터링(1에서 50까지의 Int 값을 포함한 원래 리스트)하고 출력했다.

다음은 프로그램의 결과다.

```
"C:\Program Files\Java\jdk1.8.0_131\bin\java" ...
filteredListEven -> [2, 4, 6, 8, 10, 12, 14, 16,
 18, 20, 22, 24, 26, 28, 30, 32, 34, 36, 38, 40,
 42, 44, 46, 48]
filteredListPSquare -> [1, 4, 9, 16, 25, 36, 49]

Process finished with exit code 0
```

앞의 코드와 출력은 이러한 데이터 조작을 통해 얼마나 다양한 상용구 코드가 제거될 수 있는지를 보여준다.

flatMap 함수

컬렉션 프레임워크에서 사용 가능한 또 다른 멋진 함수는 flatMap 함수다.

map 함수처럼 이것은 컬렉션의 아이템을 반복으로 받지만 map 함수와는 달리 각각의 전달된 아이템에 대한 또 다른 컬렉션을 반환해야 한다. 이 반환된 컬렉션은 결과 컬렉션을 만들기 위해 결합된다.

다음 예제를 살펴보자.

```
fun main(args: Array<String>) {
   val list = listOf(10,20,30)
   val flatMappedList = list.flatMap {
       it.rangeTo(it+2).toList()
   }
   println("flatMappedList -> $flatMappedList")
}
```

결과는 다음과 같다.

```
"C:\Program Files\Java\jdk1.8.0_131\bin\java" ...
flatMappedList -> [10, 11, 12, 20, 21, 22, 30, 31, 32]

Process finished with exit code 0
```

원래 리스트에는 10, 20, 30의 세 숫자만 포함돼 있지만, 결과 리스트에는 원래 리스트의 멤버에 세 숫자가 더 포함돼 있다. 모두 flatMap 함수의 덕이다.

drop 함수

컬렉션의 일부(가령 처음 5나 마지막 10)를 삭제하고 나머지에 대해 작업하려는 경우가 있을 수 있다. 코틀린의 컬렉션 프레임워크는 이러한 경우에 도움이 되는 drop 함수를 제공한다. 다음 프로그램을 살펴보자.

```
fun main(args: Array<String>) {
  val list = 1.until(50).toList()
  println("list.drop(25) -> ${list.drop(25)}")          //(1)
  println("list.dropLast(25) -> ${list.dropLast(25)}") //(2)
}
```

이 프로그램에서는 주석 (1)의 리스트에서 처음의 25개 아이템을 삭제했고, 주석 (2)에서 마지막 25개 아이템을 삭제했다.

다음 스크린샷은 프로그램의 출력을 보여준다.

```
"C:\Program Files\Java\jdk1.8.0_131\bin\java" ...
list.drop(25) -> [26, 27, 28, 29, 30, 31, 32, 33, 34,
 35, 36, 37, 38, 39, 40, 41, 42, 43, 44, 45, 46, 47,
 48, 49]
list.dropLast(25) -> [1, 2, 3, 4, 5, 6, 7, 8, 9, 10,
 11, 12, 13, 14, 15, 16, 17, 18, 19, 20, 21, 22, 23, 24]

Process finished with exit code 0
```

제대로 동작했다.

take 함수

take 함수는 drop 함수와 정반대로 작동한다. 컬렉션에서 선택을 할 수 있으며, 나머지는 무시한다.

다음 프로그램을 살펴보자.

```
fun main(args: Array<String>) {
   val list = 1.until(50).toList()
   println("list.take(25) -> ${list.take(25)}")          //(1)
   println("list.takeLast(25) -> ${list.takeLast(25)}")  //(2)
   println("list.takeWhile { it<=10 } -> ${list.takeWhile { it<=10}}")//(3)
   println("list.takeLastWhile { it>=40 } -> ${list.takeLastWhile {
       it>=40}}")//(4)
   }
```

주석 (1)과 주석 (2)의 상태문은 앞의 drop 함수와 반대되는데, 단순히 25개의 아이템을 리스트에서 가져와 출력한다.

주석 (3)의 상태문은 약간 다르다. 여기서는 takeWhile 함수를 사용했다. takeWhile 함수는 술어를 취하며, 술어가 참을 반환할 때까지 결과 컬렉션의 아이템을 계속 가져온다. 술어가 거짓을 반환하면 takeWhile은 더 이상의 아이템에 대한 체크를 중단하고 결과 컬렉션을 반환한다.

takeLastWhile 값은 비슷한 방식이지만, 반대로 작동한다.

다음은 출력의 스크린샷이다.

```
"C:\Program Files\Java\jdk1.8.0_131\bin\java" ...
list.take(25) -> [1, 2, 3, 4, 5, 6, 7, 8, 9, 10, 11,
 12, 13, 14, 15, 16, 17, 18, 19, 20, 21, 22, 23, 24, 25]
list.takeLast(25) -> [25, 26, 27, 28, 29, 30, 31, 32,
 33, 34, 35, 36, 37, 38, 39, 40, 41, 42, 43, 44, 45,
 46, 47, 48, 49]
list.takeWhile { it<=10 } -> [1, 2, 3, 4, 5, 6, 7, 8,
 9, 10]
list.takeLastWhile { it>=40 } -> [40, 41, 42, 43, 44,
 45, 46, 47, 48, 49]

Process finished with exit code 0
```

이제 zip 함수를 살펴보자.

zip 함수

zip 함수는 그 단어가 말하는 것처럼 컬렉션을 압축한다. 헷갈리는가? 다음 예제를 살펴보자.

```
fun main(args: Array<String>) {
   val list1 = listOf(1,2,3,4,5)
   val list2 = listOf(
       "아이템 1",
       "아이템 2",
       "아이템 3",
```

```
        "아이템 4",
        "아이템 5"
    )
    val resultantList = list1.zip(list2)

    println(resultantList)
}
```

두 개의 리스트를 만들었다. 하나는 Int로 구성되고, 다른 하나는 String으로 구성됐다. 그런 다음 Int 리스트를 String 리스트로 압축해 결과 리스트를 만들고 출력했다.

그렇다면 resultantList 값은 무엇을 포함할까? zip 함수는 무엇을 수행했을까?

다음 결과를 보면서 확인해보자.

```
"D:₩Program Files₩Java₩jdk-10.0.1₩bin₩java.exe" ...
[(1, 아이템 1), (2, 아이템 2), (3, 아이템 3), (4, 아이템 4), (5, 아이템 5)]

Process finished with exit code 0
```

놀랍지 않은가? zip 함수는 다른 컬렉션을 가져와 소스 컬렉션을 제공받은 컬렉션과 결합하고 각 아이템에 대한 Pair 값을 생성한다. 그러나 컬렉션의 아이템 개수가 다르면 어떻게 될까? 리스트의 각 아이템을 같은 리스트의 다음 아이템과 결합하려면 어떻게 해야 할까?

다른 예제를 살펴보자. 다음 코드를 살펴보자.

```
fun main(args: Array<String>) {
    val list1 = listOf(1,2,3,4,5,6,7,8)
    val list2 = listOf(
        "아이템 1",
        "아이템 2",
        "아이템 3",
```

```
        "아이템 4",
        "아이템 5"
    )

    println("list1.zip(list2)-> ${list1.zip(list2)}")

    println("list1.zipWithNext() -> ${list1.zipWithNext()}")
}
```

따라서 첫 번째 println문은 첫 번째 질문에 응답한다. 두 리스트를 비대칭 아이템 수로 결합하려고 한다.

두 번째 println문에서 zipWithNext 함수를 사용해 컬렉션의 한 아이템을 같은 컬렉션의 다음 아이템과 연결한다. 무엇이 일어났는지 알기 위해 결과를 살펴보자.

다음은 결과다.

```
"D:\Program Files\Java\jdk-10.0.1\bin\java.exe" ...
list1.zip(list2)-> [(1, 아이템 1), (2, 아이템 2), (3, 아이템 3), (4, 아이템 4), (5, 아이템 5)]
list1.zipWithNext() -> [(1, 2), (2, 3), (3, 4), (4, 5), (5, 6), (6, 7), (7, 8)]

Process finished with exit code 0
```

zip 연산자는 list1의 아이템 중 list2의 쌍에서 찾을 수 있는 아이템만 압축하고 나머지는 건너뛰었다. zipWithNext 연산자는 예상대로 작동했다.

코틀린 컬렉션 프레임워크의 데이터 처리 함수를 완료했다. 그러나 코틀린은 컬렉션에 대한 더 많은 기능을 제공한다. 앞으로 나아가 무엇을 더 제공하는지 살펴보자.

컬렉션 그룹화

코틀린의 컬렉션 프레임워크는 요구 사항을 기반으로 컬렉션을 그룹 지을 수 있다. 예를 들어 문자열 리스트가 있고 크기에 맞춰 그룹화하려는 경우 제공되는 논리에 맞춰 컬렉션을 그룹화하고 컬렉션의 그룹인 Map을 반환하는 groupBy 함수의 도움으로 쉽게 할 수 있다.

다음은 간단한 예다.

```
fun main(args: Array<String>) {
    val list = 1.rangeTo(50).toList()
    println(list.groupBy { it%5 })
}
```

여기서 한 것은 다음과 같다. 1에서 50까지의 숫자를 포함하는 Int 리스트를 만들고 5로 나눴을 때의 나머지를 기준으로 그룹화하려고 했다.

따라서 0부터 5까지의 다섯 개 그룹이 있어야 하며, 각각은 10개의 숫자를 갖고 있어야 한다. 다음 출력을 통해 제대로 됐는지 확인하자.

```
"C:\Program Files\Java\jdk1.8.0_131\bin\java" ...
{1=[1, 6, 11, 16, 21, 26, 31, 36, 41, 46],
 2=[2, 7, 12, 17, 22, 27, 32, 37, 42, 47],
 3=[3, 8, 13, 18, 23, 28, 33, 38, 43, 48],
 4=[4, 9, 14, 19, 24, 29, 34, 39, 44, 49],
 0=[5, 10, 15, 20, 25, 30, 35, 40, 45, 50]}

Process finished with exit code 0
```

groupBy 함수는 예상대로 작업됐고, 그룹화된 리스트가 포함된 Map<Int,List<Int>>를 반환했다.

정리

8장에서는 코틀린의 컬렉션과 데이터 작업에 대해 다뤘다. 코틀린의 컬렉션 프레임워크와 컬렉션의 데이터 구조를 둘러보는 것부터 시작해 코틀린이 컬렉션 프레임워크에 제공하는 데이터 작업과 함수에 대해 알아봤다.

9장에서는 함수형 프로그래밍, 리액티브 프로그래밍, OOP를 함께 사용하는 방법을 알아본다. 코틀린은 함수형 프로그래밍과 OOP 양쪽의 이점을 누릴 수 있게 해주므로 이와 관련해서는 최고의 언어라고 믿는다. 9장에서는 이것의 이점을 활용하는 방법을 살펴본다.

9장에서는 ReactiveX 프레임워크에 대해 소개한다. 이는 함수형 리액티브 프로그래밍의 가장 유명한 프레임워크 중 하나다.

9장으로 넘어가자. 한 페이지만 넘기면 된다.

09

함수형 프로그래밍과 리액티브 프로그래밍

여기까지 잘 왔다. 이미 함수형 프로그래밍FP, Functional Programming의 컨셉과 코루틴, 델리게이트 같은 멋진 코틀린 기능을 배었다. 이것은 FP 이론으로부터 온 것은 아니지만(사실 델리게이트는 OOP 패러다임으로부터 왔다) 이 모든 것은 FP에서 더 많은 이득을 얻게 해준다.

9장은 다른 프로그래밍 원칙/패러다임을 FP와 결합해 최상의 결과를 얻는 데 전념하고 있다.

9장에서 다루는 내용은 다음과 같다.

- FP와 OOP 결합
- 함수형 리액티브 프로그래밍

- RxKotlin 소개

시작해보자.

FP와 OOP 결합

FP와 OOP는 오래된 프로그래밍 패러다임이며, 각자만의 이점과 단점을 가진다. 예를 들어 부수 효과가 전혀 없고 모두 순수 함수가 되도록 FP를 엄격히 따르는 것은 어렵다. 특히 함수형 프로그래밍의 초보자이거나 복잡한 프로젝트가 필요한 경우에 말이다. 그러나 OOP 시스템에서는 부수 효과를 피하기 어렵다. 또한 OOP 시스템은 종종 동시 프로그램의 악몽으로 불린다.

FP는 상태를 인식하지 않지만, 실생활에서 상태를 인식하지 않을 수는 없다.

이런 모든 번거로움은 OOP를 FP와 결합/사용함으로써 피할 수 있다. OOP와 FP를 결합하는 가장 일반적인 스타일은 작은 곳에서는 함수적이고, 큰 곳에서는 객체지향적이라고 할 수 있다. 이것은 OOP와 FP를 결합하는 간단하고 가장 효율적인 아이디어다. 이 컨셉은 코드의 상위 레벨인 모듈러 아키텍처에서 OOP를 사용하는 것에 대해 이야기한다. OOP는 클래스와 인터페이스로 사용할 수 있고, FP는 메소드/함수 작성과 같은 낮은 레벨에서 사용할 수 있다.

이 컨셉을 깨려면 OOP로 평소처럼 클래스와 인터페이스를 작성한 다음, 함수/메소드를 작성하는 동안 순수 함수, 모나드, 불변성과 함께 FP 스타일의 작업을 따르는 구조를 고려해보자.

이 책의 앞부분에서 언급했듯이 OOP와 FP가 혼합된다면 코틀린이 최고의 언어라고 믿는다.

함수형 리액티브 프로그래밍

함수형 리액티브 프로그래밍의 개념은 FP 패러다임과 리액티브 프로그래밍을 결합해 나타났다.

함수형 리액티브 프로그래밍의 정의는 FP의 빌딩 블록(`map`, `reduce`, `filter` 같은)을 사용하는 리액티브 프로그래밍(비동기 데이터플로우 프로그래밍)을 위한 프로그래밍 패러다임을 이야기한다.

먼저 리액티브 프로그래밍의 정의부터 알아본 다음에 FP와의 결합에 대해 알아본다.

리액티브 프로그래밍은 현재의 프로그래밍 패러다임으로 변화의 전파에 대해 말한다. 즉, 일련의 상태로 월드를 표현하는 대신 리액티브 프로그래밍 모델 행동으로 표현한다.

리액티브 프로그래밍은 데이터 스크림과 변화의 전파를 중심으로 하는 비동기 프로그래밍 패러다임이다. 간단히 말하자면 데이터/데이터 스트림에 영향을 주는 모든 변경점을 관련된 당사자(엔드 유저, 컴포넌트와 서브파트, 관련된 다른 프로그램과 같은)에게 전파하는 프로그램을 **리액티브 프로그램**으로 부른다.

리액티브 프로그래밍은 다음 절에서 설명하는 리액티브 매니페스토로 정의하는 것이 가장 좋다.

리액티브 매니페스토

리액티브 매니페스토Reactive Manifesto(http://www.reactivemanifesto.org)는 다음과 같은 네 가지 리액티브 원리를 정의하는 문서다.

- **반응**Responsive: 시스템은 적시에 응답한다. 반응 시스템은 신속하고 일관된 응답 시간을 제공하는 데 주력하므로 일관된 서비스 품질을 제공한다.

- **복원**Resilient: 시스템이 장애와 마주쳐도 응답을 유지한다. 복원은 복구, 격리, 위임을 통해 얻을 수 있다. 실패는 각 컴포넌트 내에 포함돼 각자로부터 컴포넌트를 분리하므로 컴포넌트에서 실패가 발생할 때 다른 컴포넌트나 전체 시스템에 영향을 미치지 않는다.
- **탄력**Elastic: 리액티브 시스템은 변화에 반응하고 다양한 작업 부하에서 반응성을 유지한다. 리액티브 시스템은 상용 하드웨어와 소프트웨어 플랫폼에서 비용 효율적인 방식으로 탄력성을 발휘한다.
- **메시지 중심**Message-driven: 탄력성 원칙을 수립하기 위해서는 리액티브 시스템이 비동기 메시지 전달에 의존해 컴포넌트 간의 경계를 설정해야 한다.

앞의 네 가지 원칙을 모두 구현하는 것으로 시스템은 좀 더 신뢰성 있고 응답성이 높아지므로 리액티브가 된다.

코틀린의 함수형 리액티브 프레임워크

리액티브 프로그램을 작성하려면 라이브러리가 필요하다. 코틀린을 위한 여러 리액티브 프로그래밍 라이브러리가 있다. 다음은 사용 가능한 라이브러리 목록이다.

- RxKotlin
- Reactor-Kotlin
- Redux-Kotlin
- RxKotlin/RxJava 및 다른 Reactive Java(ReactiveX) 프레임워크 역시 코틀린에서 사용할 수 있다(코틀린은 자바와 100% 상호운용 가능함).

이 책에서는 RxKotlin을 사용한다.

RxKotlin 시작

RxKotlin은 FP의 영향을 받는 코틀린을 위한 리액티브 프로그래밍의 특정 구현이다. 함수 합성, 전역 상태 회피 및 부수 효과를 선호한다. 이것은 제작자/소비자의 옵저버 패턴에 의존하며, 컴포징, 스케쥴링, 쓰로틀링, 트랜스포밍, 에러 핸들링, 수명 사이클 관리를 허용하는 많은 오퍼레이터가 있다. ReactiveX 프레임워크는 대규모 커뮤니티와 넷플릭스의 지원을 받는다.

Reactor-Kotlin도 FP를 기반으로 한다. 널리 수용되며 스프링 프레임워크의 지원을 받는다. RxKotlin와 Reactor-Kotlin은 많은 유사점을 공유한다(리액티스 스트림 사양 때문일 수 있다).

RxKotlin 다운로드 및 설정

깃허브에서 RxKotlin을 다운로드하고 빌드할 수 있다(https://github.com/ReactiveX/RxKotlin). 다른 의존성은 필요하지 않다. 깃허브 위키피디아 페이지의 문서는 잘 구성돼 있다. 다음은 깃허브에서 프로젝트를 체크아웃하고 빌드를 실행하는 방법이다.

```
$ git clone https://github.com/ReactiveX/RxKotlin.git
$ cd RxKotlin/
$ ./gradlew build
```

페이지에서 지시하는 것처럼 Maven과 Gradle을 사용할 수도 있다.

이 책에서는 RxKotlin 버전 2.2.0을 사용한다.

이제 RxKotlin이 무엇인지에 대해 살펴보자. 잘 알려진 것부터 시작해 서서히 숨겨진 비밀로 나아갈 것이다.

RxJava 푸시 메커니즘과 풀 메커니즘 비교

RxKotlin은 푸시 메커니즘을 위한 실제 이벤트 시스템을 표현하는 Observable 타입을 중심으로 하므로, 지연적이며 동기 및 비동기 모두에 사용할 수 있다.

데이터 리스트와 함께 작동하는 다음과 같은 간단한 예제로 시작한다면 이해하기 훨씬 쉬울 것이다.

```
fun main(args: Array<String>) {
    var list:List<Any> = listOf(1, "둘", 3, "넷", "다섯", 5.5f) //(1)
    var iterator = list.iterator()     //(2)
    while (iterator.hasNext()) {       //(3)
        println(iterator.next())       //각 요소를 출력(4)
    }
}
```

결과는 다음과 같다.

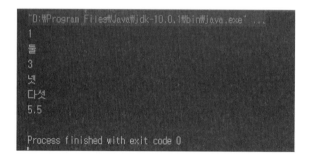

어떻게 작동하는지 이해하기 위해 프로그램을 한 줄씩 살펴보자.

주석 (1)에서는 7개의 아이템을 가진 리스트를 만들었다(리스트는 모든 클래스의 도움으로 혼합된 데이터 타입의 데이터가 포함돼 있다). 주석 (2)에서는 리스트로부터 반복자를 만들었으므로 데이터를 반복할 수 있다. 주석 (3)에서는 반복자를 통해 리스트에서 데이터를 가져오는 while 루프를 후 다음 주석 (4)에서 그것을 출력했다.

여기서 주의해야 할 점은 데이터가 수신되고 준비될 때까지 현재 스레드가 차단되는 동안 리스트에서 데이터를 가져온다는 것이다. 예를 들어 단순히 목록 대신 네트워크 콜/데이터베이스 쿼리로부터 데이터를 가져온다고 생각해보자. 이 경우 스레드는 얼마나 블록될까? 이런 작업을 위한 별도의 스레드를 만들 수 있지만 복잡성이 증가한다.

데이터를 기다리는 프로그램을 만드는 것과 가능하다면 프로그램에 데이터를 푸시하는 것 중에서 어떤 것이 더 좋은 접근인지 생각해보자.

ReactiveX 프레임워크의 빌딩 블록(RxKotlin 혹은 RxJava)은 observable이다. Observable 클래스는 Iterator와 반대다. 이것은 소비자가 소비할 수 있는 값을 생성하는 컬렉션 혹은 계산이 있다. 그러나 차이점은 Iterator 패턴과 같이 소비자가 생산자로부터 값을 가져오지 않는다는 것이다. 대신 생산자가 소비자에게 값을 알림으로 푸시한다.

같은 예제를 다시 살펴보자. 이번에는 observable이다.

```
fun main(args: Array<String>) {
    var list = listOf(1, "둘", 3, "넷", "다섯", 5.5f) //(1)
    var observable = list.toObservable();

    observable.subscribeBy( //람다 구독자에 대한 명명된 인자
        onNext = { println(it) },
        onError = { it.printStackTrace() },
        onComplete = { println("완료!") }
    )
}
```

이 프로그램의 출력은 이전과 같다. 리스트의 모든 아이템을 출력한다. 차이점은 접근 방식이다. 실제로 어떻게 작동하는지 살펴보자.

1. 리스트를 만든다(이전 것과 같음).

2. Observable 인스턴스가 리스트에 의해 생성된다.
3. 옵저버를 구독한다(람다에 대해 명명된 인수를 사용한다. 나중에 자세히 다룰 것이다).

observable 변수를 구독할 경우 각 데이터는 준비가 되면 onNext로 푸시된다. 모든 데이터가 푸시되면 onComplete를 호출하고, 에러가 발생하면 onError를 호출한다.

Observable 인스턴스를 사용하는 방법을 배웠고 Iterator 인스턴스와 매우 유사하다는 것을 배웠다. 이 Observable 인스턴스를 사용해 비동기 스트림을 구축하고 구독자에게 데이터 업데이트를 푸시한다(여러 구독자에게도 전달한다). 이는 리액티브 프로그래밍 패러다임의 간단한 구현이다. 데이터는 모든 관심 있는 곳(구독자)에 전파된다.

Observables

앞에서 언급했듯이 리액티브 프로그래밍에서 Observable은 소비자(Observer)가 소비할 수 있는 값을 생산하는 계산을 가진다. 여기서 가장 중요한 것은 소비자(Observer)가 여기서 값을 가져오지 않는다는 점이다. Observable은 값을 소비자에게 푸시한다. 따라서 Observable 인터페이스는 푸시 기반의 구성 가능한 반복자로 일련의 연산을 통해 아이템을 최종 Observer로 보내 최종적으로 아이템을 소비한다고 할 수 있다. 더 잘 이해하기 위해 순차적으로 끊어보자.

- Observer가 Observable을 구독한다.
- Observable이 그 안에 있는 아이템을 방출하기 시작한다.
- Observer가 Observable이 방출하는 모든 아이템에 반응한다.

Observable이 이벤트/메소드(onNext, onComplete, onError)를 통해 어떻게 작용하는지 살펴보자.

Observable의 작동 방식

앞서 언급했듯이 Observable 값은 다음과 같이 가장 중요한 이벤트/메소드 세 가지를 가진다.

- **onNext:** Observable 인터페이스는 모든 아이템을 이 메소드로 전달한다.
- **onComplete:** 모든 아이템이 onNext 메소드를 통과하면 Observable은 onComplete을 호출한다.
- **onError:** Observable이 에러를 만나면 (정의된 경우) 에러를 다루기 위해 onError 메소드를 호출한다.

여기서 주목해야 할 점은 Observable의 아이템은 무엇이든지 될 수 있다는 점이다. Observable<T>로 정의되는데, T는 모든 클래스가 될 수 있다. 배열/리스트도 Observable로 지정할 수 있다.

다음 다이어그램을 살펴보자.

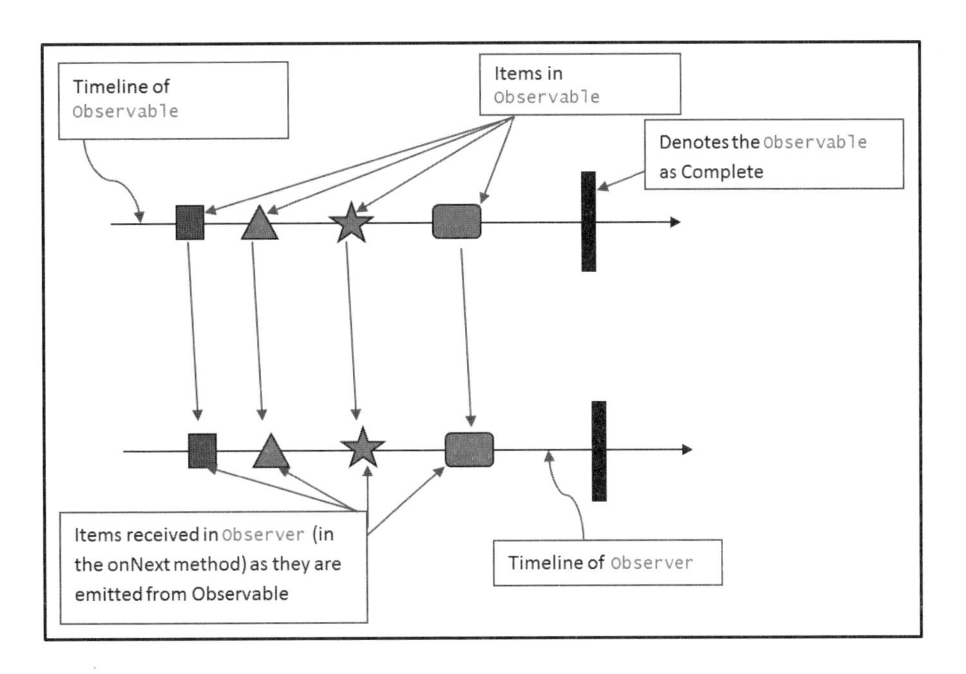

다음은 더 잘 이해할 수 있는 코드의 예다.

```
fun main(args: Array<String>) {
    val observer = object :Observer<Any>{    //(1)
        override fun onComplete() {    //(2)
            println("모두 완료됨")
        }

        override fun onNext(item: Any) {  //(3)
            println("다음 $item")
        }

        override fun onError(e: Throwable) { //(4)
            println("에러 발생 $e")
        }

        override fun onSubscribe(d: Disposable) {   //(5)
            println("$d 구독됨")
        }
    }

    val observable = listOf(1, "둘", 3, "넷", "다섯", 5.5f).toObservable() //(6)

    observable.subscribe(observer)    //(7)

    val observableOnList = Observable.just(listOf(1, "둘", 3, "넷", "다섯", 6.0f),
        listOf("아이템 1개인 리스트"),
        listOf(1,2,3))  //(8)

    observableOnList.subscribe(observer)    //(9)
}
```

이 코드에서 주석 (1)에서는 Any 데이터 타입의 옵저버 인스턴스를 선언했다.

여기서는 Any 데이터 타입의 이점을 취한다. 코틀린에서 모든 클래스는 Any 클래스의 자식이다. 또한 코틀린에서 모든 것은 클래스와 오브젝트다. 별도의 기본 데이터 타입은 없다.

Observer 인터페이스는 내부에 4개의 메소드가 선언돼 있다. 주석 (2)의 onComplete() 메소드는 Observable이 에러 없이 모든 아이템을 완료하면 호출된다. 주석 (3)에서 onNext(item: Any) 함수를 정의했으며, 방출해야 하는 각 아이템의 observable 값에 의해 호출된다. 이 메소드에서 데이터를 콘솔로 출력했다. 주석 (4)에서는 Observable 인터페이스가 에러를 만났을 경우 호출할 onError(e: Throwable) 메소드를 정의했다. 주석 (5)에서는 Observer가 Observable을 구독할 때마다 onSubscribe(d: Disposable) 메소드가 호출된다. 주석 (6)에서는 리스트에서 Observable을 생성하고(val observable) 주식 (7)의 observer 값으로 observable 값을 구독했다. 주석 (8)에서 리스트를 아이템으로 들고 있는 observable을 다시 생성했다(var observableOnList).

프로그램의 출력은 다음과 같다.

```
"D:\Program Files\Java\jdk-10.0.1\bin\java.exe" ...
io.reactivex.internal.operators.observable.ObservableFromIterable$FromIterableDisposable@490ab905 구독됨
다음 1
다음 둘
다음 3
다음 넷
다음 다섯
다음 5.5
모두 완료됨
io.reactivex.internal.operators.observable.ObservableFromArray$FromArrayDisposable@25bbe1b6 구독됨
다음 [1, 둘, 3, 넷, 다섯, 6.0]
다음 [아이템 1개인 리스트]
다음 [1, 2, 3]
모두 완료됨

Process finished with exit code 0
```

출력에서 볼 수 있듯이 첫 번째 구독(주석 (7))에서 observable 값을 구독할 때 onSubscribe 메소드를 호출하고, 그런 다음 Observable 속성은 아이템 방출을 시작한다. observer는 onNext 메소드에서 그것을 받고 출력하기 시작한다. 모든 아이템이 Observable 속성에서 방출됐을 때 모든 아이템이 성공적으로 방출됐다는 것을 알리기 위해 onComplete을 호출한다. 두 번째 것과 동일하지만 여기서는 각 아이템이 리스트다.

Observable에 대한 약간의 이해를 하게 됐으니 이제 Observable에 대한 Observable 팩토리 메소드를 만드는 몇 가지 방법을 배울 수 있다.

Observable.create 메소드

언제든지 Observable.create 메소드를 사용해 Observable의 커스텀 구현을 만들 수 있다. 이 메소드는 관찰할 소스로 ObservableEmitter<T> 인터페이스의 인스턴스를 가진다. 다음 코드 예제를 살펴보자.

```
fun main(args: Array<String>) {

   val observer: Observer<String> = object : Observer<String> {
       override fun onComplete() {
          println("모두 완료됨")
       }

       override fun onNext(item: String) {
          println("다음 $item")
       }

       override fun onError(e: Throwable) {
          println("에러 발생 => ${e.message}")
       }
```

```
        override fun onSubscribe(d: Disposable) {
            println("새로운 구독")
        }
    }   //Observer 생성

    val observable:Observable<String> = Observable.create<String> { //(1)
        it.onNext("방출됨 1")
        it.onNext("방출됨 2")
        it.onNext("방출됨 3")
        it.onNext("방출됨 4")
        it.onComplete()
    }

    observable.subscribe(observer)

    val observable2:Observable<String> = Observable.create<String> { //(2)
        it.onNext("방출됨 1")
        it.onNext("방출됨 2")
        it.onError(Exception("My Exception"))
    }

    observable2.subscribe(observer)
}
```

먼저 이 코드와 같이 Observer 인터페이스의 인스턴스를 생성했다. 이전 예제에서 이미 봤기 때문에 observer 값을 자세히 설명하지는 않겠다. 자세한 것은 나중에 살펴본다. 주석 (1)에서 Observable.create 메소드로 Observable 값을 생성했다. onNext 메소드를 사용해 Observable 값에서 4개의 문자열을 내보낸 뒤에 onComplete 메소드를 사용해 완료됐음을 알린다. 주석 (2)에서는 onComplete 호출 대신 커스텀 Exception 함수로 onError를 호출했다.

다음은 프로그램의 출력이다.

```
"D:₩Program Files₩Java₩jdk-10.0.1₩bin₩java.exe" ...
새로운 구독
다음 방출됨 1
다음 방출됨 2
다음 방출됨 3
다음 방출됨 4
모두 완료됨
새로운 구독
다음 방출됨 1
다음 방출됨 2
에러 발생 => My Exception

Process finished with exit code 0
```

`Observable.create` 메소드는 특히 커스텀 데이터 구조로 작업하고 어떤 값이 방출되는지 제어하려는 경우에 유용하다. 다른 스레드에서 `observer`로 값을 방출할 수도 있다.

Observable contract(http://reactivex.io/documentation/contract.html)는 Observable이 옵저버에게 연속적으로(병렬이 아닌) 통지를 보내야 함을 명시한다. 다른 스레드에서 이런 통지를 보낼 수는 있지만 통지 간의 공식적인 happens-before 관계가 있어야 한다.

Observable.from 메소드

`Observable.from` 메소드는 `Observable.create` 메소드보다 비교적 간단하다. 메소드의 도움으로 거의 모든 코틀린 구조에서 `Observable` 인스턴스를 만들 수 있다.

RxKotlin 1에서는 메소드로 `Observale.from`을 가진다. 그러나 RxKotlin 2.0 (RxJava 2.0과 같이)에서 연산자 오버로드는 `fromArray`, `fromIterable`, `fromFuture` 같은 접미사로 재명명됐다.

다음 코드를 살펴보자.

```
fun main(args: Array<String>) {

    val observer: Observer<String> = object : Observer<String> {
        override fun onComplete( ) {
            println("완료됨")
        }

        override fun onNext(item: String) {
            println("받음-> $item")
        }

        override fun onError(e: Throwable) {
            println("에러 발생 => ${e.message}")
        }

        override fun onSubscribe(d: Disposable) {
            println("구독")
        }
    } //Observer 생성

    val list = listOf("Str 1","Str 2","Str 3","Str 4")
    val observableFromIterable: Observable<String> =
            Observable.fromIterable(list) //(1)
    observableFromIterable.subscribe(observer)

    val callable = object : Callable<String> {
        override fun call(): String {
            return "Callable에서 왔다"
        }
    }

    val observableFromCallable:Observable<String> =
            Observable.fromCallable(callable) //(2)
    observableFromCallable.subscribe(observer)
```

```
    val future:Future<String> = object : Future<String> {
        val retStr = "Future에서 왔다"

        override fun get( ) = retStr

        override fun get(timeout: Long, unit: TimeUnit?) = retStr

        override fun isDone( ): Boolean = true

        override fun isCancelled( ): Boolean = false

        override fun cancel(mayInterruptIfRunning: Boolean): Boolean = false
    }

    val observableFromFuture:Observable<String> =
            Observable.fromFuture(future) //(3)
    observableFromFuture.subscribe(observer)
}
```

주석 (1)에서 Observable.fromIterable 메소드로 Iterable 인스턴스(여기서는 list)에서 Observable을 생성했다. 주석 (2)에서 Callable 인스턴스로부터 Observable을 만들기 위해 Observable.fromCallable 메소드를 호출했고, Future 인스턴스로부터 Observable을 파생시키기 위해 Observable.fromFuture를 호출한 주석 (3)에서 같은 일을 했다.

다음은 결과다.

```
"D:₩Program Files₩Java₩jdk-10.0.1₩bin₩java.exe" ...
구독
받음-> Str 1
받음-> Str 2
받음-> Str 3
받음-> Str 4
완료됨
구독
받음-> Callable에서 왔다
완료됨
구독
받음-> Future에서 왔다
완료됨

Process finished with exit code 0
```

Iterator<T>.toObservable

코틀린의 확장 함수 덕분에 `list`와 같은 반복 가능한 인스턴스를 많은 노력 없이 `Observable`로 전환할 수 있다. 이미 1장에서 이 메소드를 사용했지만, 다시 한 번 더 살펴보자.

```
fun main(args: Array<String>) {
    val observer: Observer<String> = object : Observer<String> {
        override fun onComplete() {
            println("완료됨")
        }

        override fun onNext(item: String) {
            println("받음-> $item")
        }

        override fun onError(e: Throwable) {
            println("에러 발생 => ${e.message}")
        }
```

```
        override fun onSubscribe(d: Disposable) {
            println("구독")
        }
    }//Observer 생성

    val list:List<String> = listOf("Str 1","Str 2","Str 3","Str 4")

    val observable: Observable<String> = list.toObservable()

    observable.subscribe(observer)
}
```

결과는 다음과 같다.

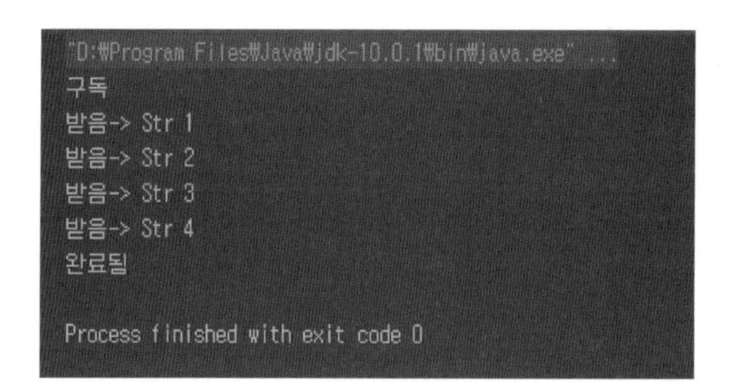

toObservable 메소드를 살펴보고 싶지 않은가? 한번 해보자. RxKotlin 패키지와 함께 제공되는 observable.kt 파일 내에서 이 메소드를 찾을 수 있다.

```
fun <T : Any> Iterator<T>.toObservable(): Observable<T> =
        toIterable().toObservable()
fun <T : Any> Iterable<T>.toObservable(): Observable<T> =
        Observable.fromIterable(this)
fun <T : Any> Sequence<T>.toObservable(): Observable<T> =
        asIterable().toObservable()
fun <T : Any> Iterable<Observable<out T>>.merge(): Observable<T> =
        Observable.merge(this.toObservable())
```

```
fun <T : Any> Iterable<Observable<out T>>.mergeDelayError(): Observable<T> =
        Observable.mergeDelayError(this.toObservable())
```

내부적으로 Observable.from 메소드를 사용한다. 코틀린의 확장 함수 덕분이다.

Subscriber: Observer 인터페이스

RxKotlin 1.x,에서 Subscriber 연산자는 RxKotlin 2.x의 Observer 타입이 됐다. RxKotlin 1.x에는 Observer 타입이 있지만 Subscriber 값은 subscribe() 메소드로 전달하는 것이며, Observer를 구현한다. RxJava 2.x에서 Subscriber 연산자는 Flowable에 대해서만 존재한다.

9장의 이전 예제에서 볼 수 있듯이 Observer 타입은 onNext(item:T), onError(error:Throwable), onComplete() 및 onSubscribe(d:Disposable)의 네 가지 메소드가 있는 인터페이스다. 앞서 언급했듯이 Observable을 Observer로 연결할 때 Observer 타입의 네 메소드를 찾아 호출한다. 다음은 네 메소드에 대한 간단한 설명이다.

- **onNext:** Observable은 아이템을 하나씩 전달하기 위해 Observer의 이 메소드를 호출한다.
- **onComplete:** onNext 메소드로 아이템을 넘기는 것이 끝났다고 Observable이 알리고 싶을 때 Observer의 onComplete 메소드를 호출한다.
- **onError:** Observer가 에러를 만나면 Observer 타입에 정의된 에러를 다루기 위해 onError를 호출한다. 정의되지 않은 에러는 예외를 발생시킨다.
- **onSubscribe:** 이 메소드는 새로운 Observable이 Observer를 구독할 때마다 호출된다.

구독 및 폐기

Observable과 Observer 타입이 있다. 이제는 뭘 해야 할까? 어떻게 연결해야 할까? Observable과 Observer는 입력 장치(키보드나 마우스) 및 컴퓨터와 같다. 둘을 연결할 무언가가 필요하다(무선 입력 장치도 블루투스나 와이파이 같은 몇 가지 연결 채널을 가진다).

subscribe 연산자는 Observable 인터페이스를 Observer에 연결해 미디어 용도로 사용된다. Observable 인터페이스를 Observer와 연결하기 위해 세 메소드(onNext, onComplete, onError)를 subscribe 연산자와 연결하거나 Observer 인터페이스의 인스턴스를 subscribe 연산자와 연결할 수 있다.

이제 예제를 살펴보자.

```
fun main(args: Array<String>) {
    val observable = Observable.range(1,5)//(1)

    observable.subscribe({//(2)
        //onNext 메소드
        println("다음-> $it")
    },{
        //onError 메소드
        println("에러=> ${it.message}")
    },{
        //onComplete 메소드
        println("완료")
    })

    val observer: Observer<Int> = object : Observer<Int> {//(3)
        override fun onComplete() {
            println("모두 완료됨")
        }

        override fun onNext(item: Int) {
```

```
            println("다음-> $item")
        }

        override fun onError(e: Throwable) {
            println("에러 발생=> ${e.message}")
        }

        override fun onSubscribe(d: Disposable) {
            println("새로운 구독")
        }
    }

    observable.subscribe(observer)
}
```

이 예제에서는 Observable 인스턴스(주석 (1))를 생성하고 다른 오버로드 subscribe 연산자와 함께 두 번 사용했다. 주석 (2)에서는 subscribe 메소드에 인자로 세 메소드를 전달했다. 첫 번째 파라미터는 onNext, 두 번째는 onError, 세 번째는 onComplete이다. 주석 (2)에서는 Observer 인터페이스의 인스턴스를 전달했다.

출력은 쉽게 예측할 수 있으니 건너뛰겠다.

구독의 개념을 알게 됐고 이제 구독할 수 있다. 구독 기간 후에 방출을 멈추고 싶다면 어떻게 해야 할까? 방법이 있어야 하지 않겠는가? 조사해보자.

Observer의 onSubscribe 메소드를 기억하는가? 아직 이야기하지 않은 메소드의 파라미터가 있다. 구독하는 동안 Observer 인스턴스 대신 메소드를 전달하면 subscribe 연산자가 Disposable의 인스턴스를 반환할 것이고, 혹은 Observer의 인스턴스를 사용하면 onSubscribe 메소드의 파라미터에 있는 Disposable의 인스턴스를 얻을 것이다.

주어진 시간에 방출을 멈추기 위해 Disposable 인터페이스의 인스턴스를 사용할 수 있다. 예제를 살펴보자.

```
fun main(args: Array<String>) {

    val observale = Observable.interval(100, TimeUnit.MILLISECONDS)//(1)
    val observer = object : Observer<Long> {

        lateinit var disposable: Disposable//(2)

        override fun onSubscribe(d: Disposable) {
            disposable = d//(3)
        }

        override fun onNext(item: Long) {
            println("받음 $item")
            if (item >= 10 && !disposable.isDisposed) {//(4)
                disposable.dispose()//(5)
                println("정리됨")
            }
        }

        override fun onError(e: Throwable) {
            println("에러 ${e.message}")
        }

        override fun onComplete() {
            println("완료")
        }
    }

    runBlocking {
        observale.subscribe(observer)
        delay(1500)//(6)
    }
}
```

여기서는 `Observable.interval` 팩토리 메소드를 사용했다. 이 메소드는 인터벌interval 간격과 타임 유닛을 설명하는 두 파라미터를 가진다. 그런 다음 0부터 순차적으로 정수를 내보낸다. interval로 생성된 Observable은 절대 완료되지 않고 처분하거나 프로그램이 실행을 멈출 때까지 전까지 멈추지 않는다. Observable 미드웨이midway를 여기서 멈추고 싶기 때문에 이 시나리오에 완벽하게 맞을 것이라고 생각했다.

그래서 이 예제의 주석 (1)에서 정수를 100초 간격으로 방출하는 Observable.interval 팩토리 메소드로 Observable을 생성했다.

주석 (2)에서 Disposable 타입의 lateinit var disposable을 선언했다(lateinit은 나중에 변수가 초기화될 것이라는 의미다). 주석 (3)에서 onSubscribe 메소드 내에서 받은 파라미터 값을 disposable 변수에 할당한다.

시퀀스가 10에 도달한 후 실행을 멈추려고 한다. 즉, 10이 방출된 후 방출은 즉시 멈춰야 한다. 이를 위해 onNext 메소드 내부에 체크를 두었고, 여기서 방출된 아이템의 값을 체크했다. 값이 10 이상인지를 확인하고 방출이 아직 멈추지 않았다면(처분되지 않았다면) emission을 처분한다(주석 (5)).

다음은 결과다.

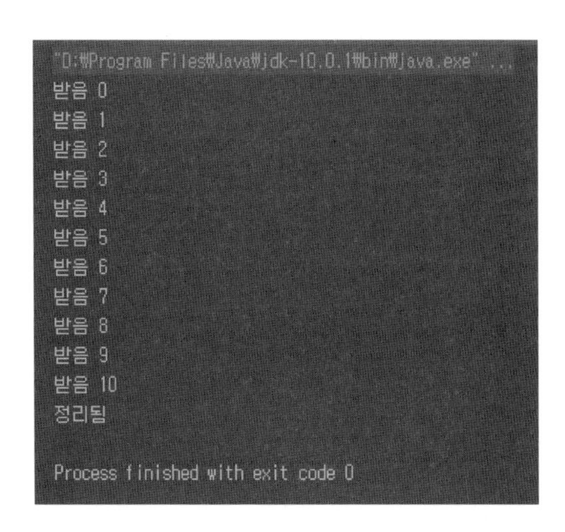

출력에서 disposable.dispose( ) 메소드가 호출된 이후에도 실행에서 500밀리초 동안 더 기다렸지만 아무런 정수도 나오지 않았음을 알 수 있다(시퀀스가 10을 출력할

때까지 100 * 10 = 1000밀리초, delay 메소드 호출에 1500, 즉 10 출력 이후에 500밀리초).

Disposable 인터페이스에 대해 알고 싶다면 다음의 정의를 참고하자.

```
interface Disposable {
    /**
     * 리소스를 처분한다. 작업은 멱등적이어야 한다.
     */
    fun dispose()
    /**
     * 이 리소스가 삭제된 경우 참을 반환한다.
     * @이 리소스가 삭제된 경우 참을 반환한다.
     */
    val isDisposed:Boolean
}
```

방출이 이미 정지(처분)됐음을 알리는 하나의 속성과 방출을 중지(처분)하기를 알리는 메소드가 있다.

정리

9장에서는 FP 개념을 OOP와 리액티브 프로그래밍과 결합하는 방법을 알아봤다. RxKotlin에 대해 알아보고 RxKotlin의 설정 및 기본 사용법에 대해 다뤘다.

10장에서는 좀 더 진보된 FP 컨셉-모나드, 펑터[functor], 어플리커티브에 대해 알아보고, 코틀린에서 구현하는 방법을 알아본다. 모나드, 펑터, 어플리커티브는 반드시 알아야 하는 컨셉 중 일부며, 종종 FP의 빌딩 블록이라고도 한다. 그러니 FP에 대해 진심으로 배우고 싶다면 10장을 건너뛰지 말자. 당장 페이지를 넘겨라.

10

펑터, 어플리커티브, 모나드

펑터 functor, 어플리커티브 applicative, 모나드 monad는 함수형 프로그래밍과 관련해 가장 많이 검색되는 단어다. 아무도 이것이 무엇을 뜻하는지 모른다고 생각하면 된다(실제로는 그들이 말하는 것에 대해 아는 현명한 사람들이 있다). 특히 모나드에 대한 혼란은 프로그래밍 커뮤니티에서 조크/밈 joke/meme이 됐다.

"모나드는 엔도펑터의 범주에서의 모노이드인데 뭐가 문제지?"

이 말은 제임스 아이리가 필립 와들러에게 블로그 포스트로 프로그래밍 언어에 대한 불완전하고 대체적으로 잘못된 역사를 작성한 것(http://james-iry.blogspot.co.uk/2009/05/brief-incomplete-and-mostly-wrong.html)에 기반을 둔다.

10장에서 다루는 내용은 다음과 같다.

- 펑터
- 펑터를 통한 옵션, 리스트, 함수
- 모나드
- 어플리커티브

펑터

코틀린에서 이미 펑터를 사용하고 있다고 말하면 어떨까? 놀라운가? 다음 코드를 살펴보자.

```
fun main(args: Array<String>) {
    listOf(1, 2, 3)
        .map { i -> i * 2 }
        .map(Int::toString)
        .forEach(::println)
}
```

`List<T>` 클래스는 `map(transform: (T) -> R): List<R>` 함수를 가진다. map이라는 이름은 어디에서 왔을까? 범주론에서부터 왔다. Int에서 String으로 변환할 때 Int 카테고리에서 String 카테고리로 매핑한다. 같은 의미로 이 예에서는 `List<Int>`를 `List<Int>`로 변환했다. 그런 다음 `List<Int>`에서 `List<String>`으로 변환했다. 외부 타입은 바꾸지 않고 내부 값만 바꿨다.

그리고 이것이 펑터다. 펑터는 변환하는 방식이나 내용을 매핑하는 것을 정의하는 타입이다. 학문적으로 다소 다른 펑터에 대한 정의를 찾을 수 있다. 그러나 원칙적으로 모든 점은 같은 방향을 가리킨다.

펑터 타입에 대한 제네릭 인터페이스를 정의해보자.

```
interface Functor<C<_>> { //유효하지 않은 코틀린 코드
   fun <A,B> map(ca: C<A>, transform: (A) -> B): C<B>
}
```

그리고 코틀린은 상류higher-kinded 타입을 지원하지 않으므로 컴파일되지 않는다.

13장에서 대안과 코틀린의 미래를 포함해 코틀린의 상류 타입에 대한 더 많은 정보를 찾을 수 있다.

상류 타입을 지원하는 스칼라Scala나 하스켈Haskell 같은 언어에서는 펑터 타입을 정의하는 것이 가능하다. 다음 코드 예제는 스칼라의 cats 펑터다.

```
trait Functor[F[_]] extends Invariant[F] { self =>
   def map[A, B](fa: F[A])(f: A => B): F[B]

   //여기에 추가적인 코드
```

코틀린에서는 이런 기능이 없지만 규칙에 따라 시뮬레이션할 수 있다. 타입이 함수이거나 확장 함수일 때 맵은 펑터다(구조적 타이핑이라고 하며, 계층 구조가 아닌 구조에 의한 타입으로 정의한다).

간단한 Option 타입을 가져볼 수 있다.

```
sealed class Option<out T> {
   object None : Option<Nothing>() {
      override fun toString() = "None"
   }
   data class Some<out T>(val value: T) : Option<T>()
```

```
    companion object
}
```

그런 다음 이를 위한 map 함수를 정의할 수 있다.

```
fun <T, R> Option<T>.map(transform: (T) -> R): Option<R> = when (this) {
    Option.None -> Option.None
    is Option.Some -> Option.Some(transform(value))
}
```

그리고 다음과 같은 방식으로 사용한다.

```
fun main(args: Array<String>) {
    println(Option.Some("Kotlin")
        .map(String::toUpperCase)) //Some(value=KOTLIN)
}
```

이제 Option 값은 Some과 None에 대해 다르게 동작한다.

```
fun main(args: Array<String>) {
    println(Option.Some("Kotlin").map(String::toUpperCase))
    //Some(value=KOTLIN)
    println(Option.None.map(String::toUpperCase)) //None
}
```

확장 함수는 아주 유연해 함수 type, (A) -> B에 대한 map 함수를 작성할 수 있다. 그러므로 함수를 펑터로 변환한다.

```
fun <A, B, C> ((A) -> B).map(transform: (B) -> C): (A) -> C = { t ->
transform(this(t)) }
```

여기서 바꾸려는 것은 파라미터 함수 transform: (B) -> C를 함수 (A) -> B 자신의 결과에 적용해 반환 타입을 B에서 C로 바꾸는 것이다.

```
fun main(args: Array<String>) {
    val add3AndMultiplyBy2: (Int) -> Int = { i: Int -> i + 3 }.map { j -> j * 2 }
    println(add3AndMultiplyBy2(0)) //6
    println(add3AndMultiplyBy2(1)) //8
    println(add3AndMultiplyBy2(2)) //10
}
```

다른 함수형 프로그래밍 언어에 익숙하다면 이 행동을 순방향 함수 작성으로 인식하자(12장에 함수 작성에 대한 자세한 내용이 있다).

모나드

모나드[monad]는 flatMap(혹은 다른 언어의 bind)을 정의하는 펑터 타입이다. 람다를 받고 같은 타입을 반환한다. 예제로 설명하겠다. List<T>가 flatMap 함수를 정의한다.

```
fun main(args: Array<String>) {
    val result = listOf(1, 2, 3)
        .flatMap { i -> listOf(i * 2, i + 3) }
        .joinToString()
    println(result) //2, 4, 4, 5, 6, 6
}
```

map 함수에서 리스트 값의 내용을 변경하려고 하지만 flatMap에서는 적거나 많은 아이템을 가진 새 list 타입을 반환할 수 있으므로 map보다 훨씬 강력하다.

제네릭 모나드는 다음과 같이 보일 것이다(상류 타입이 없다는 것을 기억하자).

```
interface Monad<C<_>>: Functor<C> { //유효하지 않은 코틀린 코드
   fun <A, B> flatMap(ca:C<A>, fm:(A) -> C<B>): C<B>
}
```

이제 Option 타입에 대해 flatMap 함수를 작성할 수 있다.

```
fun <T, R> Option<T>.flatMap(fm: (T) -> Option<R>): Option<R> = when (this)
{
   Option.None -> Option.None
   is Option.Some -> fm(value)
}
```

주의를 기울이면 flatMap과 map이 매우 비슷하게 보인다는 것을 알 수 있다. 비슷하기 때문에 flatMap을 사용해 map을 재작성할 수 있다.

```
fun <T, R> Option<T>.map(transform: (T) -> R): Option<R> = flatMap { t ->
Option.Some(transform(t)) }
```

이제 일반 map으로는 불가능한 멋진 방법으로 flatMap 함수의 힘을 사용할 수 있다.

```
fun calculateDiscount(price: Option<Double>): Option<Double> {
   return price.flatMap { p ->
       if (p > 50.0) {
          Option.Some(5.0)
       } else {
          Option.None
       }
   }
}

fun main(args: Array<String>) {
   println(calculateDiscount(Option.Some(80.0))) //Some(value=5.0)
```

```
    println(calculateDiscount(Option.Some(30.0))) //None
    println(calculateDiscount(Option.None))       //None
}
```

calculateDiscount 함수는 Option<Double>을 받고 반환한다. 가격이 50.0 이상이라면 Some에 5.0이 들어간 값으로 반환하고, 아니라면 None을 반환한다.

flatMap의 한 가지 멋진 점은 중첩될 수 있다는 것이다.

```
fun main(args: Array<String>) {
    val maybeFive = Option.Some(5)
    val maybeTwo = Option.Some(2)
    println(maybeFive.flatMap { f ->
        maybeTwo.flatMap { t ->
            Option.Some(f + t)
        }
    }) //Some(value=7)
}
```

내부 flatMap 함수에서는 두 값에 모두 접근하고 계산할 수 있다.

flatMap과 map을 결합해 이 예제를 좀 더 짧게 작성할 수 있다.

```
fun main(args: Array<String>) {
    val maybeFive = Option.Some(5)
    val maybeTwo = Option.Some(2)
    println(maybeFive.flatMap { f ->
        maybeTwo.map { t ->
            f + t
        }
    }) //Some(value=7)
}
```

따라서 첫 번째 flatMap 예제를 두 리스트(숫자 리스트와 함수 리스트)의 구성으로 다시 작성할 수 있다.

```
fun main(args: Array<String>) {
   val numbers = listOf(1, 2, 3)
   val functions = listOf<(Int) -> Int>({ i -> i * 2 }, { i -> i + 3 })
   val result = numbers.flatMap { number ->
       functions.map { f -> f(number) }
   }.joinToString()
   println(result) //2, 4, 4, 5, 6, 6
}
```

여러 flatMap의 중첩 혹은 flatMap과 map을 조합하는 테크닉은 아주 강력하고 모나드 연산을 결합할 수 있는 모나딕 컴프리헨션monadic comprehensions이라고 불리는 또 다른 컨셉 이면의 주요 아이디어다(13장에서 컴프리헨션에 대해 자세히 다룬다).

어플리커티브

앞 예제에서 래퍼 내의 람다를 같은 종류의 래퍼 내 파라미터로 실행하는 것은 어플리커티브applicative를 소개하는 가장 완벽한 방식이다.

어플리커티브는 어플리커티브 타입으로 래핑된 T 값을 반환하는 순수(t: T) 함수와 어플리커티브 타입으로 래핑된 람다를 반환하는 ap 함수(다른 언어에서는 apply) 둘을 정의하는 타입이다.

앞 절에서 모나드를 설명할 때 펑터로부터 직접 확장했지만 실제로 모나드는 어플리커티브를 확장하고, 어플리커티브는 펑터를 확장한다. 따라서 제네릭 어플리커티브의 의사 코드와 전체 계층 구조는 다음과 같다.

```
interface Functor<C<_>> { //유효하지 않은 코틀린 코드
    fun <A,B> map(ca:C<A>, transform:(A) -> B): C<B>
}

interface Applicative<C<_>>: Functor<C> { //유효하지 않은 코틀린 코드
    fun <A> pure(a:A): C<A>
    fun <A, B> ap(ca:C<A>, fab: C<(A) -> B>): C<B>
}

interface Monad<C<_>>: Applicative<C> { //유효하지 않은 코틀린 코드
    fun <A, B> flatMap(ca:C<A>, fm:(A) -> C<B>): C<B>
}
```

즉, 어플리커티브는 좀 더 강력한 펑터이고, 모나드는 좀 더 강력한 어플리커티브다.

이제 List<T>에 대한 ap 확장 함수를 작성해보자.

```
fun <T, R> List<T>.ap(fab: List<(T) -> R>): List<R> = fab.flatMap { f ->
this.map(f) }
```

그리고 '모나드' 절의 마지막 예제를 다시 살펴보자.

```
fun main(args: Array<String>) {
    val numbers = listOf(1, 2, 3)
    val functions = listOf<(Int) -> Int>({ i -> i * 2 }, { i -> i + 3 })
    val result = numbers.flatMap { number ->
        functions.map { f -> f(number) }
    }.joinToString()
    println(result) //2, 4, 4, 5, 6, 6
}
```

이것을 ap 함수로 재작성해보자.

```
fun main(args: Array<String>) {
    val numbers = listOf(1, 2, 3)
    val functions = listOf<(Int) -> Int>({ i -> i * 2 }, { i -> i + 3 })
    val result = numbers
        .ap(functions)
        .joinToString()
    println(result) //2, 4, 6, 4, 5, 6
}
```

읽기 쉽지만 주의할 부분이 있다. 결과가 다른 순서다. 어떤 옵션이 특정한 경우에 적절한지 알고 있어야 한다.

Option 클래스에 pure와 ap을 추가할 수 있다.

```
fun <T> Option.Companion.pure(t: T): Option<T> = Option.Some(t)
```

Option.pure는 Option.Some 생성자에 대한 단순한 별칭이다.

Option.ap 함수는 매력적이다.

```
//Option
fun <T, R> Option<T>.ap(fab: Option<(T) -> R>): Option<R> = fab.flatMap { f ->
map(f) }

//List
fun <T, R> List<T>.ap(fab: List<(T) -> R>): List<R> = fab.flatMap { f ->
this.map(f) }
```

Option.ap과 List.ap 모두 flatMap과 map의 조합을 사용해 같은 본문을 가지며, 이는 정확히 모나드 연산을 결합하는 방법이다.

모나드를 통해 flatMap과 map을 사용해 두 Option<Int>를 합산했다.

```
fun main(args: Array<String>) {
    val maybeFive = Option.Some(5)
    val maybeTwo = Option.Some(2)

    println(maybeFive.flatMap { f ->
        maybeTwo.map { t ->
            f + t
        }
    }) //Some(value=7)
}
```

이제 어플리커티브를 사용하자.

```
fun main(args: Array<String>) {
    val maybeFive = Option.pure(5)
    val maybeTwo = Option.pure(2)

    println(maybeTwo.ap(maybeFive.map { f -> { t: Int -> f + t } })) //Some(value=7)
}
```

이것은 읽기 힘들다. 먼저 maybeFive를 lambda (Int) -> (Int) -> Int(기술적으로 커리드 함수며, 이에 대한 자세한 정보는 12장에 있다)와 매핑하고 maybeTwo.ap에 파라미터로 전달할 수 있는 Option<(Int) -> Int>를 반환한다.

약간의 트릭(하스켈에서 빌린 것)으로 읽기 더 쉽게 만들 수 있다.

```
infix fun <T, R> Option<(T) -> R>.`(*)`(o: Option<T>): Option<R> = flatMap { f:
(T) -> R -> o.map(f) }
```

중위 확장 함수 Option<(T) -> R>.`(*)`는 합산 연산을 왼쪽부터 오른쪽으로 읽을 수 있게 해준다. 멋지지 않은가? 이제 어플리커티브를 사용해 두 Option<Int>를 더하는 다음 코드를 살펴보자.

```
fun main(args: Array<String>) {
    val maybeFive = Option.pure(5)
    val maybeTwo = Option.pure(2)
    println(Option.pure { f: Int -> { t: Int -> f + t } } `(*)` maybeFive `(*)`
            maybeTwo) //Some(value=7)
}
```

(Int) -> (Int) -> Int 람다를 pure 함수로 래핑하고 하나씩 Option<Int>를 적용했다. 하스켈의 <*>에 대한 경의로 `(*)` 이름을 사용한다.

지금까지 어플리커티브를 통해 멋진 트릭을 할 수 있음을 알게 됐지만, 모나드는 훨씬 더 강력하고 유연하다. 언제 둘 중 하나를 사용해야 할까? 특정 문제에 따라 달라지는 것은 분명하지만, 평범한 조언을 하자면 가능하면 최소한의 힘으로 추상화를 사용하라는 것이다. 펑터의 map부터 시작해 어플리커티브의 ap, 마지막으로 모나드의 flatMap을 다뤄봤다. 모든 것은 flatMap으로 할 수 있다(flatMap을 사용해 Option, map, ap이 구현된 것을 볼 수 있다). 그러나 대부분의 경우 map과 ap이 좀 더 접근하기 쉽다.

함수로 되돌아가면 함수 행동을 어플리커티브처럼 만들 수 있다. 우선 pure 함수를 추가해야 한다.

```
object Function1 {
    fun <A, B> pure(b: B) = { _: A -> b }
}
```

함수 타입 (A) -> B는 Option에서 했던 것처럼 새 확장 함수를 추가할 컴패니언 오브젝트가 없으므로 먼저 Function1 오브젝트를 만들었다.

```
fun main(args: Array<String>) {
    val f: (String) -> Int = Function1.pure(0)
    println(f("Hello,"))
```

```
    //0
    println(f("World"))
    //0
    println(f("!"))
    //0
}
```

Function1.pure(t: T)는 함수의 T를 래핑하고 사용하는 파라미터와 관계없이 그것을 반환한다. 다른 함수형 언어에 대한 경험이 있다면 함수의 pure를 항등 함수로 인식하게 될 것이다(항등 함수에 대한 자세한 내용은 12장에 있다).

flatMap, ap을 함수 (A) -> B에 추가하자.

```
fun <A, B, C> ((A) -> B).map(transform: (B) -> C): (A) -> C = { t ->
transform(this(t)) }

fun <A, B, C> ((A) -> B).flatMap(fm: (B) -> (A) -> C): (A) -> C = { t ->
fm(this(t))(t) }

fun <A, B, C> ((A) -> B).ap(fab: (A) -> (B) -> C): (A) -> C = fab.flatMap { f ->
map(f) }
```

이미 map(transform: (B) -> C): (A) -> C를 다뤘고 이것이 전방 함수 합성처럼 행동한다는 것을 안다. flatMap과 ap에 주의를 기울인다면 파라미터는 일종의 백워드인 것을 알게 될 것이다(그리고 그 ap은 다른 타입을 위한 다른 ap 함수처럼 구현됐다).

그러나 함수의 ap으로 무엇을 할 수 있을까? 다음 코드를 살펴보자.

```
fun main(args: Array<String>) {
    val add3AndMultiplyBy2: (Int) -> Int = { i: Int -> i + 3 }.ap { { j:Int -> j
* 2 } }
    println(add3AndMultiplyBy2(0)) //6
```

```
    println(add3AndMultiplyBy2(1)) //8
    println(add3AndMultiplyBy2(2)) //10
}
```

함수를 작성할 수는 있었지만 이미 map으로 해봤기 때문에 전혀 흥미롭지 않다. 그러나 함수의 ap에는 약간의 트릭이 있다. 원래의 파라미터에 접근할 수 있다.

```
fun main(args: Array<String>) {
    val add3AndMultiplyBy2: (Int) -> Pair<Int, Int> = { i:Int -> i + 3 }.ap {
original -> { j:Int -> original to (j * 2) } }
    println(add3AndMultiplyBy2(0)) //(0, 6)
    println(add3AndMultiplyBy2(1)) //(1, 8)
    println(add3AndMultiplyBy2(2)) //(2, 10)
}
```

함수 합성에서 원래 파라미터로 접근하는 것은 일부 시나리오에서, 특히 디버깅과 감사 같은 경우에 유용하다.

정리

무서운 이름으로 많은 멋진 개념을 다뤘지만 그 뒤에는 간단한 아이디어가 있다. 펑터, 어플리커티브, 모나드 타입은 일부 추상화와 11장에서 다룰 좀 더 강력한 함수 컨셉으로의 문을 열어준다. 코틀린의 한계점 일부와 다른 타입의 펑터, 어플리커티브, 모나드를 모방하는 함수를 만드는 것으로 극복하는 방법을 알아봤다. 또한 펑터, 어플리커티브, 모나드 간의 계층 관계를 살펴봤다.

11장에서는 데이터 스트림을 효과적으로 사용하는 방법을 다룬다.

11

코틀린에서 스트림 작업

이 책을 조금씩 완료해 가고 있다. 11장에서는 코틀린의 스트림과 스트림 작업 방법을 다룬다.

스트림은 자바 8에서 처음 자바에 소개됐다. 코틀린의 Streams API는 자바 API와 거의 비슷하지만 약간의 추가와 확장 함수를 포함한다.

11장에서 다루는 내용은 다음과 같다.

- 스트림 소개
- 컬렉션과 스트림
- 스트림과 Observable(ReactiveX-RxKotlin/RxJava)
- 스트림 작업

- 스트림을 만드는 다른 방법
- 스트림 모으기

시작해보자.

스트림 소개

앞에서 언급했듯이 스트림은 자바 8에서 처음 소개됐다. 자바 8부터 자바는 함수형 프로그래밍에 좀 더 관심을 기울이기 시작했고, 점차적으로 함수형 기능을 추가하기 시작했다.

반면에 코틀린은 처음부터 함수형 기능을 추가했다. 코틀린은 함수형 기능과 인터페이스를 추가했다. 자바에서 작업하는 중에는 자바 8 이후 버전에서만 스트림을 사용할 수 있지만 코틀린에서는 JDK 6에서 작업해도 스트림을 사용할 수 있다.

그래서 스트림이란 무엇인가? 스트림을 여러 집합적인 작업을 수행하기 위한 요소의 시퀀스에 대한 추상 레이어로 생각할 수 있다. 헷갈리는가? 코드 예제를 보고 다시 이해해보자.

```
fun main(args: Array<String>) {
   val stream = 1.rangeTo(10).asSequence().asStream()
   val resultantList = stream.skip(5).collect(Collectors.toList())
   println(resultantList)
}
```

결과는 다음과 같다.

```
"C:\Program Files\Java\jdk1.8.0_131\bin\java" ...
[6, 7, 8, 9, 10]
```

앞의 프로그램에서 한 것은 IntRange 값을 생성하고 이로부터 시퀀스 값을 생성했다. 그런 다음 스트림 값을 얻었다. 그리고 앞의 다섯 아이템을 건너뛰고 List 인스턴스로 다시 수집했다. 11장의 뒷부분에서 앞의 코드에서 사용한 모든 것을 자세히 살펴본다.

앞의 프로그램은 Stream API의 함수형 인터페이스를 활용했다.

Stream API는 컬렉션에서 본 다양한 함수형 인터페이스의 세트가 있다.

컬렉션과 스트림

여기까지 읽었다면 앞 프로그램에서 수행한 모든 작업이 코틀린의 컬렉션으로도 가능하다고 생각할 것이다. 그러면 왜 스트림을 써야 할까? 이에 답하기 위해 우선 스트림과 컬렉션의 차이에 대해 알아야 한다. 이제 컬렉션과 스트림 간의 차이로 구성된 다음 목록을 살펴보자.

- 컬렉션의 정의가 말하는 것처럼 **컬렉션**Collection은 데이터 그룹을 저장하고 작업할 수 있게 하는 데이터 구조다. 반면에 **스트림**Stream은 데이터 구조가 아니며, 아무것도 저장하지 않는다. 스트림은 파이프라인이나 IO 채널처럼 작동하며, 필요에 따라 소스에서 데이터를 가져온다.
- 모든 데이터 구조는 유한의 크기 제한이 있어야 하며, 컬렉션도 마찬가지다. 그러나 스트림은 데이터 구조가 아니므로 특정한 크기 제한이 필요하지 않다.
- 컬렉션의 요소에 직접 접근하는 동안 컬렉션을 재생성할 필요 없이 동일한 위치를 포함해 언제든지 작업할 수 있다. 그러나 스트림으로 작업할 때 스트림의 요소는 스트림의 수명 동안 한 번만 만날 수 있다. 반복자와 마찬가지로 소스의 요소를 다시 방문하려면 새로운 스트림이 생성돼야 한다.

- Collection API는 항상 사용될 준비가 된 채로 오브젝트를 구성한다. Stream API는 필요에 따라 느긋한 방식으로 오브젝트를 생성한다.
- Collection API는 다른 종류의 데이터 구조에서 데이터를 저장하는 데 사용된다. Stream API는 큰 오브젝트 세트의 데이터 계산에 사용된다.

그래서 이것이 Collection API와 Stream API의 기본적인 차이점이다. 스트림은 데이터를 소비하는 방법을 제공하는 `RxKotlin`, `Observable`처럼 보이지만 스트림과 `Observable` 사이에는 많은 차이점이 있다. 스트림과 `Observable`의 차이는 다음과 같다.

- 주목할 만한 첫 번째 차이점은 스트림은 풀 기반이며 `Observable`은 푸시 기반이라는 것이다. 이것은 매우 추상적으로 들릴 수도 있겠지만, 매우 구체적인 결과를 가져온다.
- `Observable`을 사용하면 스케줄러 덕분에 스레드를 변경하거나 체인을 위한 특정 스레드 풀을 지정하기 쉽다. 그러나 스트림에서는 조금 까다롭다.
- `Observable`은 완전히 동기화된다. 이것은 기본 작업이 스레드 안전인지의 여부를 항상 확인하는 시간을 절약할 수 있다.
- 또 다른 중요한 차이점 중 하나는 `Observable`은 Stream API보다 더 많은 함수형 인터페이스를 가진다. 이는 `Observable`이 특정 작업을 수행하는 많은 옵션을 사용하기 쉽게 만든다.

따라서 스트림은 데이터 구조체는 아니지만 데이터 소스 최상단의 추상 레이어(Collection 혹은 다른 것일 수 있다)와 같으며, 스트림이 오브젝트를 지연 방식, 주문식으로 만든다고 해도 내부적으로는 여전히 풀 기반이며, 내부에 루프를 사용한다.

푸시 기반 아키텍처와 `Observable`에 대해 더 알고 싶다면 리부 차크라보티의 『Reactive Programming in Kotlin』을 읽어보자.

스트림 작업

스트림에 관련된 많은 이론을 배웠으며, 스트림은 함께 작업하는 함수형 인터페이스의 세트를 갖고 있다는 것을 배웠다(실제로 함수형 인터페이스는 스트림을 사용하는 유일한 방법이다). 그러나 이전에 언급했듯이 Collection API와는 약간 다른 방식으로 작동한다.

좀 더 명확하게 하기 위해 다음 예제를 살펴보자.

```
fun main(args: Array<String>) {
   val stream = 1.rangeTo(10).asSequence().asStream()
   val resultantList = stream.filter{
       it%2==0
   }.collect(Collectors.toList())
   println(resultantList)
}
```

이 프로그램은 간단하다. 1부터 10까지의 숫자 스트림을 잡아 그 스트림에서 홀수를 필터링한 후 결과를 새로운 리스트에 수집했다.

이것이 어떻게 작동하는지에 대한 메커니즘을 이해하기 위해 노력해보자. 이미 함수형 인터페이스와 `filter` 함수에 익숙하지만 여기서 다른 점은 새로운 리스트에 결과 데이터를 모으게 돕는 `collect` 함수와 `Collectors` 값이다. 나중에 `collect` 메소드와 `Collectors` 값에 대해 더 자세히 살펴볼 것이지만 지금은 스트림이 제공하는 함수형 인터페이스와 스트림의 타입에 대해 살펴보자.

다음은 Stream API의 작업/함수형 인터페이스 목록과 설명이다.

- **`filter()`:** 코틀린의 `Collection.filter`와 같은 방식으로 작동한다. 지정된 술어와 일치하는 스트림의 요소로 구성된 스트림 값을 반환한다.

- **map()**: 코틀린의 Collection.map과 같은 방식으로 작동한다. 스트림의 각 요소에 지정된 함수를 적용한 결과로 구성된 스트림 값을 반환한다.
- **mapToInt()/mapToLong()/mapToDouble()**: 맵과 같은 방식으로 작동하지만 스트림 값을 반환하는 대신 각각 IntStream, LongStream, IntStream 값을 반환한다. 나중에 IntStream, LongStream, IntStream에 대해 자세히 다룬다.
- **flatMap()**: 코틀린의 Collection.flatMap과 같은 방식으로 작동한다.
- **flatMapToInt()/flatMapToLong()/flatMapToDouble()**: flatMap과 같은 방식으로 작동하지만 스트림 값을 반환하는 대신에 각각 IntStream, LongStream, IntStream 값을 반환한다.
- **distinct()**: Collection.distinct와 같은 방식으로 작동한다. distinct 요소의 스트림 값을 반환한다.
- **peek()**: 이 함수는 코틀린 컬렉션 짝을 갖지 않지만 RxKotlin/RxJava 내에 짝을 가진다. RxJava의 doOnNext 연산자와 같이 결과 스트림으로부터 요소가 소비되므로 이 함수는 이 스트림의 요소로 구성된 스트림 값을 반환하고 추가적으로 제공되는 액션을 각 요소에 추가적으로 수행한다.
- **anyMatch()**: Collection.any()와 비슷하게 이 스트림의 요소가 제공된 조건과 일치하는지의 여부를 반환한다. 결과 판별에 필요하지 않은 경우 모든 요소에 대한 술어를 평가하지 않을 수도 있다. 스트림 값이 비었다면 거짓이 반환되고 술어는 평가되지 않는다.
- **allMatch()**: Collection.all과 비슷하게 이 스트림의 모든 요소가 제공된 술어와 일치하는지의 여부를 반환한다. 결과 판별에 필요하지 않은 경우 모든 요소에 대한 술어를 평가하지 않을 수도 있다. 스트림 값이 비어 있으면 참이 반환되고 술어는 평가되지 않는다.
- **noneMatch()**: Collection.none과 비슷하게 이 스트림의 모든 요소가 제공된 술어와 일치하는지의 여부를 반환한다. 결과 판별에 필요하지 않은 경우 모든 요소에 대한 술어를 평가하지 않을 수도 있다. 스트림이 비었다면 거짓

이 반환되고 술어는 평가되지 않는다.

Collection 함수와 RxJava/RxKotlin 연산자가 비슷하므로 위 함수의 예제는 건너뛰겠다.

프로젝트가 (자바나 다른 언어 없이) 순수하게 코틀린뿐이라면 컬렉션과 코루틴을 전부 지원하는 스트림을 안전하게 버릴 수 있다.

이제 앞서 언급한 IntStream, DoubleStream, LongStream 값을 살펴보고 이것이 제공하는 용도를 살펴보자.

프리미티브 스트림

프리미티브 스트림Primitive streams은 자바 8에서 도입됐으며, 스트림을 사용하는 동안 자바에서 기본 데이터 타입의 이점을 얻기 위한 것이다(스트림은 기본적으로 자바에서 제공되며, 코틀린은 Stream API에 몇 가지 확장 함수를 추가했을 뿐이다). IntStream, LongStream, DoubleStream은 프리미티브 스트림의 일부다.

이 프리미티브 스트림은 기본 데이터 타입에 일부 추가된 기능이 있으며, 일반 스트림과 비슷하게 작동한다.

이제 예제를 살펴보자.

```
fun main(args: Array<String>) {
  val intStream = IntStream.range(1,10)
  val result = intStream.sum()
  println("요소의 합계는 $result 이다")
}
```

IntStream.range() 함수로 IntStream 값을 만들었다. range 함수는 두 개의 정수를 시작과 끝으로 사용하고 둘 다 포함한 지정된 정수에서 시작하는 스트림을 만든다. 그런 다음 합계를 계산하고 출력했다. 프로그램은 매우 쉬워 보이며, 크레딧[credit]은 IntStream으로 이동한다. 왜 그럴까? 이런 쉬운 방식으로 요소의 합을 계산하는 것을 생각해보자. IntStream이 없으면 합을 계산하기 위해 모든 요소를 거치면서 루프를 해야 한다.

다음은 프리미티브 스트림의 또 다른 예다.

```
fun main(args: Array<String>) {
    val doubleStream = DoubleStream.iterate(1.5,{item -> item*1.3})//(1)
    val avg = doubleStream
        .limit(10)//(2)
        .peek {
            println("아이템 $it")
        }.average()//(3)
    println("10개 아이템의 평균 $avg")
}
```

프로그램을 설명하기 전에 다음 내용을 살펴보자.

```
"D:₩Program Files₩Java₩jdk-10.0.1₩bin₩java.exe" ...
아이템 1.5
아이템 1.9500000000000002
아이템 2.535
아이템 3.2955
아이템 4.28415
아이템 5.569395000000001
아이템 7.240213500000001
아이템 9.412277550000002
아이템 12.235960815000004
아이템 15.906749059500006
10개 아이템의 평균 OptionalDouble[6.392924592450002]

Process finished with exit code 0
```

이제 프로그램을 살펴보자.

- 주석 (1)에서는 팩토리 메소드 iterate()를 사용해 DoubleStream 값을 생성했다. iterate 메소드는 스트림의 씨드로 double을 사용하며, 피연산자는 스트림의 요소를 생성하기 위해 반복적으로 적용된다. 예를 들어 x를 씨드로, f를 연산자로 전달하면 스트림은 첫 번째 요소로 x를 반환하고 f(x)를 두 번째 요소로, f(f(x))를 세 번째 요소로 반환한다. 이 함수는 무한 크기의 스트림을 생성한다.
- 주석 (2)에서 limit 연산자를 사용했다. 무한대까지의 요소가 아니라 오직 10개의 요소만 스트림에서 원했기 때문이다. 주석 (3)에서 평균을 계산했다.

이제 스트림을 만드는 다른 방법을 살펴보자.

스트림 팩토리 메소드

Stream API는 Stream 인스턴스를 얻는 여러 방법을 제공한다. 다음은 여기서 다룰 스트림을 만드는 방법들이다.

- 스트림 빌더
- Stream.empty()
- Stream.of()
- Stream.generate()
- Stream.iterate()
- 코틀린 확장: asStream()

이 목록에서 코틀린 확장(asStream())과 Stream.iterate 함수가 작동하는 방법은 이미 살펴봤다(앞의 예제에서 다룬 DoubleStream.iterate 값과 같은 방식으로 작동한다).

이제 나머지를 살펴볼 것이다.

스트림 빌더

스트림 빌더 인터페이스를 통해 쉽게 스트림 인스턴스를 만들 수 있다. 다음 예제를 살펴보자.

```
fun main(args: Array<String>) {
    val stream = Stream.builder<String>()
        .add("아이템 1")
        .add("아이템 2")
        .add("아이템 3")
        .add("아이템 4")
        .add("아이템 5")
        .add("아이템 6")
        .add("아이템 7")
        .add("아이템 8")
        .add("아이템 9")
        .add("아이템 10")
        .build()
    println("스트림 ${stream.collect(Collectors.toList())}")
}
```

결과는 다음과 같다.

```
"D:\Program Files\Java\jdk-10.0.1\bin\java.exe" ...
스트림 [아이템 1, 아이템 2, 아이템 3, 아이템 4, 아이템 5, 아이템 6, 아이템 7, 아이템 8, 아이템 9, 아이템 10]

Process finished with exit code 0
```

Stream.builder() 메소드는 Streams.Builder의 인스턴스를 반환한다. 그런 다음 Builder.add 함수를 사용했다. add 함수는 생성될 스트림 값에 대한 아이템을 받고 동일한 Stream.Builder의 인스턴스를 반환한다. build 함수는 그다음 빌더에 제공된 아이템이 있는 스트림 인스턴스를 생성했다.

빈 스트림 생성: Stream.empty()

빈 스트림 생성은 Streams.empty() 팩토리 메소드로 쉽게 할 수 있다. 다음 예제를 보자.

```
fun main(args: Array<String>) {
    val emptyStream = Stream.empty<String>()
    val item = emptyStream.findAny()
    println("아이템 $item")
}
```

이 예제에서는 Stream.empty()를 통해 emptyStream을 생성했다. 그런 다음 그 스트림에서 랜덤하게 선택된 모든 요소를 담기 위해 **findAny()** 함수를 사용했다. **findAny()** 메소드는 스트림에서 무작위로 선택된 아이템이 있는 **Optional** 값을 반환한다. 스트림이 비었다면 빈 **Optional**을 반환한다.

다음은 이 프로그램의 결과다.

```
"D:\Program Files\Java\jdk-10.0.1\bin\java.exe" ...
아이템 Optional.empty

Process finished with exit code 0
```

요소를 전달해 스트림 만들기: Stream.of()

of 함수에 요소를 전달해 스트림 인스턴스를 얻을 수도 있다. **of** 함수는 RxJava/RxKotlin의 **Observable.just** 메소드와 비슷하게 작동한다.

다음 예제를 살펴보자.

```
fun main(args: Array<String>) {
   val stream = Stream.of("아이템 1",2,"아이템 3",4,5.0,"아이템 6")
   println("Items in Stream = ${stream.collect(Collectors.toList())}")
}
```

결과는 다음과 같다.

```
"D:\Program Files\Java\jdk-10.0.1\bin\java.exe" ...
Items in Stream = [아이템 1, 2, 아이템 3, 4, 5.0, 아이템 6]

Process finished with exit code 0
```

명확하고 쉽지 않은가?

스트림 생성: Stream.generate()

Stream.generate() 팩토리 메소드를 사용해 스트림을 만들 수도 있다. 파라미터로 람다/supplier 인스턴스를 받고 아이템이 요청될 때마다 아이템을 생성하기 위해 사용한다. 이 메소드는 무한 스트림도 만들 수 있다.

다음 예제를 보자.

```
fun main(args: Array<String>) {
   val stream = Stream.generate {
       //난수를 반환한다.
       (1..20).random()
   }
   val resultantList = stream
       .limit(10)
       .collect(Collectors.toList())
   println("resultantList = $resultantList")
}
```

결과는 다음과 같다.

```
"C:\Program Files\Java\jdk1.8.0_131\bin\java" ...
resultantList = [10, 2, 10, 9, 8, 17, 14, 2, 7, 13]

Process finished with exit code 0
```

Stream API는 스트림의 각각의 요소를 얻기 위해 람다를 호출했다.

이제 스트림 사용법에 꽤 익숙해졌고 프리미티브 스트림에 대해 알게 됐으니 Collectors로 작업하는 방법을 살펴보자.

컬렉터와 Stream.collect: 스트림 수집

수많은 작업을 스트림으로 할 수 있지만, 스트림에서 데이터 구조로 요소를 리패키징해야 하는 경우가 올 수도 있다. Stream.collect() 메소드는 이런 경우에 대한 답이다. 이것은 Stream API의 터미널 메소드 중 하나다. 스트림 인스턴스에 보관된 데이터 요소에 대해 가변 fold 연산(일부 데이터 구조로 요소를 리패키징하고 추가 로직을 적용하고 연결하는 등)을 수행할 수 있게 한다.

collect() 메소드는 컬렉터 인터페이스 구현을 파라미터로 사용하며, 수집 전략(데이터 구조로 리패키징할지 연결할지 등)을 위한 것이다.

스트림을 List/Set 값으로 리패키징하기 위해 컬렉터 인터페이스 구현을 직접 작성해야 할까? 물론 아니다. Stream API는 가장 일반적인 사용 사례에 대한 사전 정의된 컬렉터 구현 일부를 제공한다.

Collectors 클래스는 미리 정의된 컬렉터 구현을 보유한다. 이 모두는 다음 코드를 사용해 임포트할 수 있다.

```
import java.util.stream.Collectors
```

다른 목록에는 사전 정의된 컬렉터 구현이 포함돼 있다.

- Collectors.toList()
- Collectors.toSet()
- Collectors.toMap()
- Collectors.toCollection()
- Collectors.joining()
- Collectors.groupingBy()

각각에 대해 간략하게 살펴보자.

Collectors.toList(), Collectors.toSet(), Collectors.toCollection()

이미 Collectors.toList()의 구현을 살펴봤다. Collectors.toList() 메소드는 스트림의 요소를 리스트로 수집하는 데 도움을 준다. 여기서 주목해야 할 중요한 것은 사용할 리스트 구현을 지정할 수 없다는 것이다. 대신 언제나 기본 값을 사용한다.

Collectors.toSet()은 Collectors.toList()와 비슷하며, 리스트 대신 세트로 요소를 리패키징한다. Collectors.toSet()을 사용하면 사용할 세트 구현을 지정할 수 없다.

Collectors.toCollection() 메소드는 toList()와 toSet()의 보완 버전이다. 리스트를 누적하는 커스텀 컬렉션을 제공할 수 있다.

설명을 위해 다음 예제를 참조하자.

```
fun main(args: Array<String>) {
   val resultantSet = (0..10).asSequence().asStream()
       .collect(Collectors.toCollection{LinkedHashSet<Int>()})
   println("resultantSet $resultantSet")
}
```

결과는 다음과 같다.

```
"C:\Program Files\Java\jdk1.8.0_131\bin\java" ...
resultantSet [0, 1, 2, 3, 4, 5, 6, 7, 8, 9, 10]

Process finished with exit code 0
```

맵에 수집: Collectors.toMap()

Collectors.toMap() 함수는 스트림을 맵 구현으로 리패키징하는 데 도움을 준다. 이 함수는 많은 커스터마이징을 제공한다. 가장 간단한 버전은 두 개의 람다를 허용한다. 첫 번째는 맵 엔트리의 키를 결정하는 것이고, 두 번째는 맵 엔트리의 값을 결정하는 것이다. 스트림의 각 요소는 맵의 엔트리에 표시될 것이다.

이 두 람다는 스트림의 각 요소를 개별적인 반복으로 가져오고 이를 기반으로 키/값을 생성한다.

다음 예제를 살펴보자.

```
fun main(args: Array<String>) {
   val resultantMap = (0..10).asSequence().asStream()
       .collect(Collectors.toMap<Int,Int,Int>({
          it
       },{
          it*it
```

```
    }))
    println("resultantMap = $resultantMap")
}
```

이 프로그램에서는 Collectors.toMap() 함수의 가장 간단한 버전을 사용했다. 람다 두 개를 전달했다. 첫 번째는 전달된 것과 동일한 값을 반환할 엔트리를 위한 키를 결정하는 것이고, 두 번째는 전달된 값의 제곱을 계산하고 반환한다. 여기서 주목해야 할 중요한 점은 두 람다 모두 동일한 파라미터를 가진다는 점이다.

출력은 다음과 같다.

```
"C:\Program Files\Java\jdk1.8.0_131\bin\java" ...
resultantMap = {0=0, 1=1, 2=4, 3=9, 4=16, 5=25, 6=36, 7=49, 8=64, 9=81, 10=100}

Process finished with exit code 0
```

문자열 스트림의 결합: Collectors.joining()

Collectors.joining() 함수는 문자열이 포함된 스트림의 요소를 결합한다. delimiter, prefix, postfix의 세 가지 선택적인 파라미터가 있다.

다음 프로그램 예제를 살펴보자.

```
fun main(args: Array<String>) {
    val resultantString = Stream.builder<String>()
        .add("아이템 1")
        .add("아이템 2")
        .add("아이템 3")
        .add("아이템 4")
        .add("아이템 5")
        .add("아이템 6")
        .build()
```

```
        .collect(Collectors.joining(" - ","여기서 시작함=>","<=여기서 끝남"))
    println("resultantString $resultantString")
}
```

결과는 다음과 같다.

```
"D:₩Program Files₩Java₩jdk-10.0.1₩bin₩java.exe" ...
resultantString 여기서 시작함=>아이템 1 - 아이템 2 - 아이템 3 - 아이템 4 - 아이템 5 - 아이템 6<=여기서 끝남

Process finished with exit code 0
```

스트림 요소 그룹화: Collectors.groupingBy()

이 함수는 스트림의 요소를 그룹화하는 동안 Map 함수로 수집할 수 있게 한다. 이 함수와 Collectors.toMap의 기본적인 차이는 이 함수가 Map<K,List<T>> 함수를 만들게 한다는 점이다. 즉, 각 그룹의 값을 List 값으로 보유하는 Map 함수를 생성할 수 있게 한다는 것이다.

다음 예제를 살펴보자.

```
fun main(args: Array<String>) {
    val resultantSet = (1..20).asSequence().asStream()
        .collect(Collectors.groupingBy<Int,Int> { it%5 })
    println("resultantSet $resultantSet")
}
```

결과는 다음과 같다.

```
"C:\Program Files\Java\jdk1.8.0_131\bi
resultantSet {0=[5, 10, 15, 20],
 1=[1, 6, 11, 16], 2=[2, 7, 12, 17],
 3=[3, 8, 13, 18], 4=[4, 9, 14, 19]}

Process finished with exit code 0
```

정리

11장에서는 스트림에 대해 알아봤다. 스트림을 생성하는 방법, 스트림을 사용하는 방법, 스트림을 컬렉션으로 리패키징하는 방법을 알아봤다.

12장에서는 코틀린에서 함수형 프로그래밍을 구현하기 쉽게 도와주는 애로우 라이브러리에 대해 알아본다. 기다리지 말고 페이지를 넘겨 애로우를 시작해보자.

12

애로우 시작

애로우Arrow(http://arrow-kt.io/)는 함수형 구성, 데이터 타입, 기타 추상화를 제공하는 코틀린 라이브러리다. 코틀린 구문은 강력하고 유연하며, 애로우는 표준으로 제공되지 않는 기능을 제공하는 이점을 가진다.

애로우는 funKTionale와 Kategoty라는 두 개의 가장 성공적이고 유명한 함수형 라이브러리를 하나로 합친 결과다. 2017년 말에 두 개발자 그룹은 코틀린 커뮤니티 전체에 데미지를 줄 수 있는 것을 두려워해 힘을 합쳐 하나의 통합된 함수형 라이브러리를 만들기로 결정했다.

12장에서는 기존 함수를 사용해 새롭고 풍부한 함수를 작성하는 방법을 알아본다.

12장에서 다루는 내용은 다음과 같다.

- 함수 합성
- 부분 애플리케이션Partial application
- 커링Currying
- 메모이제이션Memoization
- 파이프
- 옵틱스Optics

함수 합성

개념적인 면에서 함수형 프로그래밍의 중요한 부분 중 하나는 값, 파라미터, 반환 등의 다른 타입을 사용하는 함수를 같은 방식으로 사용하는 것이다. 다른 타입으로 할 수 있는 한 가지는 다른 타입으로 빌드하기 위한 생성 블록으로 가져오는 것이다. 같은 컨셉은 함수에도 적용될 수 있다.

함수 합성은 기본 함수를 사용해 함수를 작성하는 테크닉이다. 유닉스 파이프라인이나 채널 파이프라인과 비슷하게 함수의 결과 값은 다음 함수를 위한 파라미터로 사용된다.

애로우에서 함수 합성은 다음과 같은 중위infix 확장 함수의 세트로 제공된다.

함수	설명
compose	오른쪽 함수의 실행 결과를 왼쪽 함수의 파라미터로 전달한다.
forwardCompose	왼쪽 함수의 실행 결과를 오른쪽 함수의 파라미터로 전달한다.
andThen	forwardCompose의 별명이다.

몇 가지 함수를 작성해보자.

```
import arrow.syntax.function.andThen
import arrow.syntax.function.compose
import arrow.syntax.function.forwardCompose
import java.util.*

val p: (String) -> String = { body -> "<p>$body</p>" }

val span: (String) -> String = { body -> "<span>$body</span>" }

val div: (String) -> String = { body -> "<div>$body</div>" }

val randomNames: () -> String = {
   if (Random().nextInt() % 2 == 0) {
       "foo"
   } else {
       "bar"
   }
}

fun main(args: Array<String>) {
   val divStrong: (String) -> String = div compose strong

   val spanP: (String) -> String = p forwardCompose span

   val randomStrong: () -> String = randomNames andThen strong

   println(divStrong("헬로 컴포지션 월드!"))
   println(spanP("헬로 컴포지션 월드!"))
   println(randomStrong())
}
```

divStrong: (String) -> String 함수를 만들려면 div:(String) -> String과 strong:(String) -> String을 작성한다. 즉, divStrong은 다음 코드와 같다.

```
val divStrong: (String) -> String = { body ->
"<div><strong>$body</div></strong>"}
```

spanP:(String) -> String의 경우 span:(String) -> (String)과 p:(String) -> String을 다음과 같이 작성한다.

```
val spanP: (String) -> String = { body -> "<span><p>$body</p></span>"}
```

같은 타입 (String) -> String을 사용하고 있지만 다른 함수가 필요로 하는 올바른 반환 타입을 갖는 함수는 얼마든지 만들 수 있다.

채널 파이프라인 예제를 함수 합성으로 재작성해보자.

```
data class Quote(val value: Double, val client: String, val item: String, val
quantity: Int)

data class Bill(val value: Double, val client: String)

data class PickingOrder(val item: String, val quantity: Int)

fun calculatePrice(quote: Quote) = Bill(quote.value * quote.quantity,
quote.client) to PickingOrder(quote.item, quote.quantity)

fun filterBills(billAndOrder: Pair<Bill, PickingOrder>): Pair<Bill,
PickingOrder>? {
   val (bill, _) = billAndOrder   return if (bill.value >= 100) {
      billAndOrder
   } else {
      null
   }
}

fun warehouse(order: PickingOrder) {
   println("오더 처리중 = $order")
}

fun accounting(bill: Bill) {
   println("처리중 = $bill")
```

```
}

fun splitter(billAndOrder: Pair<Bill, PickingOrder>?) {
   if (billAndOrder != null) {
       warehouse(billAndOrder.second)
       accounting(billAndOrder.first)
   }
}

fun main(args: Array<String>) {
   val salesSystem:(Quote) -> Unit = ::calculatePrice andThen
::filterBillsforwardCompose ::splitter
   salesSystem(Quote(20.0, "Foo", "Shoes", 1))
   salesSystem(Quote(20.0, "Bar", "Shoes", 200))
   salesSystem(Quote(2000.0, "Foo", "Motorbike", 1))
}
```

salesSystem: (Quote) -> Unit 함수는 동작 면에서는 매우 복잡하지만 빌딩 블록으로 다른 함수를 사용해 구성됐다.

부분 애플리케이션

함수 합성을 통해 세 번째 함수를 만들기 위해 두 함수를 합쳤다. 부분 애플리케이션을 사용해 기존 함수에 파라미터를 전달해 새 함수를 생성한다.

애로우는 부분 애플리케이션의 두 가지 종류인 명시적과 암시적 스타일을 제공한다.

명시적 스타일은 partially1, partially2에서 partially22까지 일련의 확장 함수를 사용한다. 암시적 스타일은 일련의 확장을 사용하며, invoke 연산자를 오버로딩한다.

```
package com.packtpub.functionalkotlin.chapter11
```

```
import arrow.syntax.function.invoke
import arrow.syntax.function.partially3

fun main(args: Array<String>) {
   val strong: (String, String, String) -> String = { body, id, style -> "<strong
id=\"$id\" style=\"$style\">$body</strong>" }
   val redStrong: (String, String) -> String = strong.partially3("font: red")
//명시적
   val blueStrong: (String, String) -> String = strong(p3 = "font: blue")
//함축적
   println(redStrong("Red Sonja", "movie1"))
   println(blueStrong("Deep Blue Sea", "movie2"))
}
```

두 스타일 모두 다음과 같이 연결될 수 있다.

```
fun partialSplitter(billAndOrder: Pair<Bill, PickingOrder>?,
warehouse:(PickingOrder) -> Unit, accounting: (Bill) -> Unit) {
   if (billAndOrder != null) {
      warehouse(billAndOrder.second)
      accounting(billAndOrder.first)
   }
}

fun main(args: Array<String>) {
   val splitter: (billAndOrder: Pair<Bill, PickingOrder>?) -> Unit =
::partialSplitter.partially2 { order -> println("테스트 $order") }(p2 =
::accounting)

   val salesSystem: (quote: Quote) -> Unit = ::calculatePrice andThen
::filterBills forwardCompose splitter
   salesSystem(Quote(20.0, "Foo", "Shoes", 1))
   salesSystem(Quote(20.0, "Bar", "Shoes", 200))
   salesSystem(Quote(2000.0, "Foo", "Motorbike", 1))
}
```

원래의 스플리터 기능은 직접적으로 warehouse와 accounting 함수를 호출했으므로 유연하지 않았다. partialSplitter 함수는 두 함수를 파라미터로 받아들이는 것으로 이 문제를 해결했다. 그러나 (Pair<Bill, PickingOrder>?, (PickingOrder) -> Unit, (Bill) -> Unit) 함수는 합성에 사용할 수 없다. 그런 다음 람다와 참조 두 함수를 부분적으로 적용한다.

바인딩

부분 애플리케이션의 특별한 경우는 바인딩이다. 바인딩[binding]을 통해 T 파라미터를 (T) -> R 함수로 전달하지만 실행 없이 () -> R 함수를 효과적으로 반환한다.

```
fun main(args: Array<String>) {

    val footer:(String) -> String = {content -> "<footer&gt;$content</footer>"}
    val fixFooter: () -> String = footer.bind("Functional Kotlin - 2018")
    //partially1을 위한 앨리어스
    println(fixFooter())
}
```

bind 함수는 partially1에 대한 별명일 뿐이지만, 별도의 이름을 사용하는 것보다 말이 되며 좀 더 올바른 의미가 되게 한다.

리버스

리버스[Reverse]는 모든 함수를 받고 역순으로 파라미터와 함께 반환한다(다른 언어에서는 플립[flip]으로 알려져 있다). 다음 코드를 살펴보자.

```
import arrow.syntax.function.partially3
import arrow.syntax.function.reverse

fun main(args: Array<String>) {
    val strong: (String, String, String) -> String = { body, id, style -> "<strong
id=\"$id\" style=\"$style\">$body</strong>" }

    val redStrong: (String, String) -> String = strong.partially3("font: red")
//명시적

    println(redStrong("Red Sonja", "movie1"))

    println(redStrong.reverse()("movie2", "The Hunt for Red October"))
}
```

redStrong 함수는 id가 먼저 오고 body가 그다음일 것으로 기대됐으므로 사용하기 어렵지만, reverse 확장 함수로 쉽게 고칠 수 있다. reverse 함수는 파라미터 1 ~ 22의 함수에 적용할 수 있다.

파이프

pipe 함수는 T 값을 받고 (T) -> R 함수를 호출한다.

```
import arrow.syntax.function.pipe

fun main(args: Array<String>) {
    val strong: (String) -> String = { body -> "<strong>$body</strong>" }

    "From a pipe".pipe(strong).pipe(::println)
}
```

파이프는 함수 합성과 비슷하지만 새 함수를 생성하는 대신 새로운 값을 생성하고 중첩 호출을 줄이기 위해 함수 호출을 체인화할 수 있다. 파이프는 Elm이나 Ocaml 같은 다른 언어에서 |> 연산자로 알려져 있다.

```
fun main(args: Array<String>) {
   splitter(filterBills(calculatePrice(Quote(20.0, "Foo", "Shoes", 1)))) //중첩

   Quote(20.0, "Foo", "Shoes", 1) pipe::calculatePrice pipe::filterBills
pipe::splitter //파이프
}
```

두 줄은 동일하지만 첫 번째는 뒤부터 읽어야 하며, 두 번째는 오른쪽에서 왼쪽으로 읽어야 한다.

```
import arrow.syntax.function.pipe
import arrow.syntax.function.pipe3
import arrow.syntax.function.reverse

fun main(args: Array<String>) {
   val strong: (String, String, String) -> String = { body, id, style -> "<strong
id=\"$id\" style=\"$style\">$body</strong>" }

   val redStrong: (String, String) -> String = "color: red" pipe3
strong.reverse()

   redStrong("movie3", "Three colors: Red") pipe ::println
}
```

pipe가 다중 파라미터 함수에 적용될 때 pipe2부터 pipe22까지 변형을 사용해 partially1처럼 작동한다.

커링

n 파라미터의 함수에 커링curried을 적용해 *n* 함수 호출의 체인으로 변환한다. 예를 들자면 (A, B) -> R을 (A) -> (B) -> R으로 변환한다.

```
import arrow.syntax.function.curried
import arrow.syntax.function.pipe
import arrow.syntax.function.reverse
import arrow.syntax.function.uncurried

fun main(args: Array<String>) {
   val strong: (String, String, String) -> String = { body, id, style -> "<strong
id=\"$id\" style=\"$style\">$body</strong>" }

   val curriedStrong: (style: String) -> (id: String) -> (body: String) ->
String = strong.reverse().curried()

   val greenStrong: (id: String) -> (body: String) -> String =
curriedStrong("color:green")

   val uncurriedGreenStrong: (id: String, body: String) -> String =
greenStrong.uncurried()

   println(greenStrong("movie5")("Green Inferno"))

   println(uncurriedGreenStrong("movie6", "Green Hornet"))

   "Fried Green Tomatoes" pipe ("movie7" pipe greenStrong) pipe ::println
}
```

커리드 폼curried forms의 함수는 uncurried()를 사용해 일반적인 다중 파라미터 폼으로 변환할 수 있다.

커링과 부분 애플리케이션의 차이점

커링과 부분 애플리케이션 사이에는 약간의 혼동스러운 부분이 있다. 일부 저자는 동의어로 취급하지만 둘은 다르다.

```
import arrow.syntax.function.curried
import arrow.syntax.function.invoke

fun main(args: Array<String>) {
   val strong: (String, String, String) -> String = { body, id, style -> "<strong 
id=\"$id\" style=\"$style\">$body</strong>" }

   println(strong.curried()("Batman Begins")("trilogy1")("color:black")) 
//커리드

   println(strong("The Dark Knight")("trilogy2")("color:black")) //가짜
                                                   //curried, 부분 애플리케이션이다.

   println(strong(p2 = "trilogy3")(p2 = "color:black")("The Dark Knight 
rises")) //부분 애플리케이션
}
```

차이점은 중요하며, 둘 중 어느 것을 사용할지 결정하는 데 도움이 될 수 있다.

	커링	부분 애플리케이션
반환 값	arity N의 함수가 curried될 때 N 크기의 함수 체인을 반환한다(커리드 폼).	함수나 arity N이 부분 적용받을 때 arity N - 1의 함수를 반환한다.
파라미터 애플리케이션	커링 후에 오직 체인의 첫 번째 파라미터만이 적용된다.	모든 파라미터는 임의의 순서대로 적용될 수 있다.
되돌리기	커리드 폼에서 함수를 가져와 다중 파라미터 함수로 되돌릴 수 있다.	부분 애플리케이션은 함수 폼을 변경하지 않으므로 되돌리기는 불가능하다.

부분 애플리케이션은 좀 더 유연할 수 있지만 일부 함수형 스타일은 커링 스타일을 선호하는 경향이 있다. 이해해야 할 중요한 점은 두 스타일은 다르며, 둘 다 애로우가 지원한다는 점이다.

논리 부정

논리 부정Logical complement은 모든 술어(Boolean 타입을 반환하는 함수)를 받아 이를 부정한다. 다음 코드를 살펴보자.

```
import arrow.core.Predicate
import arrow.syntax.function.complement

fun main(args: Array<String>) {
    val evenPredicate: Predicate<Int> = { i: Int -> i % 2 == 0 }
    val oddPredicate: (Int) -> Boolean = evenPredicate.complement()

    val numbers: IntRange = 1..10
    val evenNumbers: List<Int> = numbers.filter(evenPredicate)
    val oddNumbers: List<Int> = numbers.filter(oddPredicate)

    println(evenNumbers)
    println(oddNumbers)
}
```

`Predicate<T>` 타입을 사용하지만 이것은 단지 `(T) -> Boolean`의 별칭일 뿐이다. `0`에서 22 파라미터까지의 술어에 대한 보수complement 확장 함수가 있다.

메모이제이션

메모이제이션memoization은 순수 함수의 결과를 캐싱하는 테크닉이다. 메모이제이션 함수는 일반 함수처럼 작동하지만 그 결과를 생성하기 위해 제공된 파라미터와 함께 관련된 이전 계산 결과를 저장한다.

메모이제이션의 고전적인 예는 피보나치Fibonacci다.

```
import arrow.syntax.function.memoize
import kotlin.system.measureNanoTime

fun recursiveFib(n: Long): Long = if (n < 2) {
    n
} else {
    recursiveFib(n - 1) + recursiveFib(n - 2)
}

fun imperativeFib(n: Long): Long {
    return when (n) {
        0L -> 0
        1L -> 1
        else -> {
            var a = 0L
            var b = 1L
            var c = 0L
            for (i in 2..n) {
                c = a + b
                a = b
                b = c
            }
            c
        }
    }
}
```

```
fun main(args: Array<String>) {

    var lambdaFib: (Long) -> Long = { it } //재귀적으로 사용하기 위해 미리 선언함

    lambdaFib = { n: Long ->
        if (n < 2) n else lambdaFib(n - 1) + lambdaFib(n - 2)
    }

    var memoizedFib: (Long) -> Long = { it }

    memoizedFib = { n: Long ->
        if (n < 2) n else memoizedFib(n - 1) + memoizedFib(n - 2)
    }.memoize()

    println(milliseconds("명령형 피보나치") { imperativeFib(40) }) //0.006
    println(milliseconds("재귀 피보나치") { recursiveFib(40) }) //1143.167
    println(milliseconds("람다 피보나치") { lambdaFib(40) }) //4324.890
    println(milliseconds("메모이제이션 피보나치") { memoizedFib(40) }) //1.588
}

inline fun milliseconds(description: String, body: () -> Unit): String {
    return "$description:${measureNanoTime(body) / 1_000_000.00} ms"
}
```

메모이제이션 버전은 재귀 함수 버전보다 700배 이상 빠르다(람다 버전보다도 거의 4배 빠르다). 명령형 버전은 컴파일러에 의해 많이 최적화됐으므로 탁월하다.

```
fun main(args: Array<String>) = runBlocking {

    var lambdaFib: (Long) -> Long = { it } //재귀적으로 사용하기 위해 미리 선언함

    lambdaFib = { n: Long ->
        if (n < 2) n else lambdaFib(n - 1) + lambdaFib(n - 2)
    }

    var memoizedFib: (Long) -> Long = { it }
```

```
    memoizedFib = { n: Long ->
        println("메모이제이션 피보나치에서 n = $n")
        if (n < 2) n else memoizedFib(n - 1) + memoizedFib(n - 2)
    }.memoize()
    val job = launch {
        repeat(10) { i ->
            launch(coroutineContext) { println(milliseconds("코루틴 $i - 명령형
피보나치") { imperativeFib(40) }) }
            launch(coroutineContext) { println(milliseconds("코루틴 $i - 재귀
피보나치") { recursiveFib(40) }) }
            launch(coroutineContext) { println(milliseconds("코루틴 $i - 람다
피보나치") { lambdaFib(40) }) }
            launch(coroutineContext) { println(milliseconds("코루틴 $i -
메모이제이션 피보나치") { memoizedFib(40) }) }
        }
    }

    job.join()
}
```

메모이제이션 함수는 내부적으로 결과 저장을 위해 스레드 안전 구조를 사용한다. 그리고 코루틴이나 다른 동시 코드에서 안전하게 사용할 수 있다.

메모이제이션 함수를 사용하는 것에는 잠재적인 단점이 있다. 첫 번째로 내부 캐시를 읽는 과정은 실제 계산이나 메모리 소모보다 더 높다. 현재 메모이제이션 함수는 내부 저장소를 제어하는 어떠한 동작도 노출하지 않기 때문이다.

부분 함수

부분 함수(부분 적용 함수와 혼동하지 말자)는 파라미터 타입의 가능한 모든 값에 대해 정의되지 않은 함수다. 반대로 전체 함수는 가능한 모든 값에 대해 정의된 함수다.

다음 예제를 살펴보자.

```
fun main(args: Array<String>) {
   val upper: (String?) -> String = { s:String? -> s!!.toUpperCase()}
   //부분 함수, null을 변환할 수 없다.
   listOf("one", "two", null, "four").map(upper).forEach(::println) //NPE
}
```

upper 함수는 partial 함수다. null이 유효한 String? 값임에도 불구하고 null 값을 처리할 수 없다. 이 코드를 실행하려고 하면 NullPointerException(NPE)이 발생한다.

애로우는 type (T) -> R의 partial 함수로, 명시적 타입의 PartialFunction<T, R>을 제공한다.

```
import arrow.core.PartialFunction

fun main(args: Array<String>) {
   val upper: (String?) -> String = { s: String? -> s!!.toUpperCase() }
   //부분 함수, null을 변환할 수 없다.

   val partialUpper: PartialFunction<String?, String> =
PartialFunction(definetAt = { s -> s != null }, f = upper)

   listOf("one", "two", null, "four").map(partialUpper).forEach(::println)
   //IAE: Value: (null)은 이 함수에서 지원하지 않는다.
}
```

PartialFunction<T, R>은 특정 값에 대해 함수가 정의된 경우 참을 반환해야 하는 predicate (T) -> Boolean을 첫 번째 파라미터로 받았다. PartialFunction<T, R> 함수는 (T) -> R에서 확장했으므로 일반 함수처럼 사용할 수 있다.

이 예제에서 코드는 여전히 예외를 던지지만 이제는 정보와 함께 IllegalArgument Exception(IAE) 타입을 던진다.

예외 발생을 피하려면 부분 함수를 전체 함수로 변환해야 한다.

```
fun main(args: Array<String>) {

    val upper: (String?) -> String = { s: String? -> s!!.toUpperCase() } //부분
함수, null을 변환할 수 없다.

    val partialUpper: PartialFunction<String?, String> =
PartialFunction(definetAt = { s -> s != null }, f = upper)

    listOf("one", "two", null, "four").map{ s -> partialUpper.invokeOrElse(s,
"NULL")}.forEach(::println)
}
```

한 가지 옵션은 값이 이 함수에 정의되지 않은 경우 기본 값을 반환하는 invokeOrElse 함수를 사용하는 것이다.

```
fun main(args: Array<String>) {

    val upper: (String?) -> String = { s: String? -> s!!.toUpperCase() } //부분
함수, null을 변환할 수 없다.

    val partialUpper: PartialFunction<String?, String> =
PartialFunction(definetAt = { s -> s != null }, f = upper)

    val upperForNull: PartialFunction<String?, String> = PartialFunction({ s ->
s == null }) { "NULL" }

    val totalUpper: PartialFunction<String?, String> = partialUpper orElse
upperForNull

    listOf("one", "two", null, "four").map(totalUpper).forEach(::println)
}
```

두 번째 옵션은 orElse 함수를 사용해 여러 부분 함수를 사용하는 전체 함수를 만드는 것이다.

```
fun main(args: Array<String>) {
   val fizz = PartialFunction({ n: Int -> n % 3 == 0 }) { "FIZZ" }
   val buzz = PartialFunction({ n: Int -> n % 5 == 0 }) { "BUZZ" }
   val fizzBuzz = PartialFunction({ n: Int -> fizz.isDefinedAt(n) &&
buzz.isDefinedAt(n) }) { "FIZZBUZZ" }
   val pass = PartialFunction({ true }) { n: Int -> n.toString() }

   (1..50).map(fizzBuzz orElse buzz orElse fizz orElse
pass).forEach(::println)
}
```

isDefinedAt(T) 함수를 통해 내부 술어를 재사용할 수 있다. 이 경우에는 fizzBuzz에 대한 조건을 작성했다. orElse 체인에서 사용될 때 선언 순서가 우선시되며, 값에 대해 정의된 첫 번째 부분 함수가 실행되고 체인 아래의 다른 함수는 무시될 것이다.

항등과 상수

항등Identity과 상수constant는 직접적인 함수다. 항등 함수는 파라미터로 전달한 것과 같은 값을 반환한다. 더하기와 곱하기 항등 속성과 비슷하게 어떤 숫자에 0을 더하면 여전히 같은 숫자다.

constant<T, R>(t: T) 함수는 언제나 t를 반환하는 새 함수를 반환한다.

```
fun main(args: Array<String>) {

   val oneToFour = 1..4
```

```
    println("항등 : ${oneToFour.map(::identity).joinToString()}") //1, 2, 3, 4

    println("상수 : ${oneToFour.map(constant(1)).joinToString()}")
//1, 1, 1, 1
}
```

상수를 사용해 fizzBuzz 값을 재작성할 수 있다.

```
fun main(args: Array<String>) {
    val fizz = PartialFunction({ n: Int -> n % 3 == 0 }, constant("FIZZ"))
    val buzz = PartialFunction({ n: Int -> n % 5 == 0 }, constant("BUZZ"))
    val fizzBuzz = PartialFunction({ n: Int -> fizz.isDefinedAt(n) &&
buzz.isDefinedAt(n) }, constant("FIZZBUZZ"))
    val pass = PartialFunction<Int, String>(constant(true)) { n -> n.toString() }

    (1..50).map(fizzBuzz orElse buzz orElse fizz orElse pass).forEach(::println)
}
```

항등과 상수 함수는 함수형 프로그래밍이나 수학 알고리즘의 구현에 유용하다. 예를 들어 상수는 SKI combinator calculus의 K다.

옵틱스

옵틱스[Optics]는 불변 데이터 구조를 우아하게 업데이트하기 위한 추상화다. 옵틱스의 한 가지 형태는 렌즈[Lens]다(혹은 라이브러리 구현에 따라 lenses). 렌즈는 구조에 초점을 맞출 수 있는 함수적 참조이며, 타켓의 읽기, 쓰기, 수정이 가능하다.

```
typealias GB = Int

data class Memory(val size: GB)
```

```
data class MotherBoard(val brand: String, val memory: Memory)
data class Laptop(val price: Double, val motherBoard: MotherBoard)

fun main(args: Array<String>) {
    val laptopX8 = Laptop(500.0, MotherBoard("X", Memory(8)))

    val laptopX16 = laptopX8.copy(
        price = 780.0,
        motherBoard = laptopX8.motherBoard.copy(
            memory = laptopX8.motherBoard.memory.copy(
                size = laptopX8.motherBoard.memory.size * 2
            )
        )
    )

    println("laptopX16 = $laptopX16")
}
```

기존 값에서 새 Laptop 값을 만들려면 몇 가지 중첩된 복사 메소드와 참조를 사용해야 한다. 이 예제는 그리 나쁘지는 않지만 좀 더 복잡한 데이터 구조에서 일이 엄청 망쳐질 수도 있다는 것을 상상해볼 수 있다.

첫 번째 Lens 값을 작성해보자.

```
val laptopPrice: Lens<Laptop, Double> = Lens(
    get = { laptop -> laptop.price },
    set = { price -> { laptop -> laptop.copy(price = price) } }
)
```

laptopPrice 값은 Lens<S, T, A, B>(실제로는 Lens.invoke) 함수를 사용해 초기화하는 Lens<Laptop, Double>이다. Lens는 get: (S) -> A와 set: (B) -> (S) -> T 두 함수를 파라미터로 받는다.

보다시피 set은 curried 함수이므로 다음과 같이 set을 작성할 수 있다.

```kotlin
import arrow.optics.Lens

val laptopPrice: Lens<Laptop, Double> = Lens(
   get = { laptop -> laptop.price },
   set = { price: Double, laptop: Laptop -> laptop.copy(price = price)}.curried()
)
```

선호도에 따라 읽고 쓰기가 더 쉬워질 수 있다.

이제 첫 번째 렌즈가 있으므로 laptop의 가격을 설정, 읽기, 수정할 수 있다. 너무 인상적이지는 않지만 렌즈의 마법은 그들을 결합한다.

```kotlin
import arrow.optics.modify

val laptopMotherBoard: Lens<Laptop, MotherBoard> = Lens(
   get = { laptop -> laptop.motherBoard },
   set = { mb -> { laptop -> laptop.copy(motherBoard = mb) } } )

val motherBoardMemory: Lens<MotherBoard, Memory> = Lens(
   get = { mb -> mb.memory },
   set = { memory -> { mb -> mb.copy(memory = memory) } } )

val memorySize: Lens<Memory, GB> = Lens(
   get = { memory -> memory.size },
   set = { size -> { memory -> memory.copy(size = size) } }
)

fun main(args: Array<String>) {
   val laptopX8 = Laptop(500.0, MotherBoard("X", Memory(8)))

   val laptopMemorySize: Lens<Laptop, GB> = laptopMotherBoard compose
motherBoardMemory compose memorySize

   val laptopX16 = laptopMemorySize.modify(laptopPrice.set(laptopX8, 780.0))
{ size -> size * 2 }
```

```
    println("laptopX16 = $laptopX16")
}
```

Laptop의 lenses부터 memorySize까지 결합한 laptopMemorySize를 만들었다. 그런 다음 laptop의 가격을 설정하고 메모리를 수정했다.

멋진 렌즈가 있지만 많은 보편적인 코드처럼 보인다. 두려워하지 말자. 애로우는 렌즈를 만들어줄 수 있다.

애로우 코드 생성 설정

그래들 프로젝트에서 generated-kotlin-sources.gradle 파일을 추가한다.

```
apply plugin: 'idea'

idea {
    module {
        sourceDirs += files(
            'build/generated/source/kapt/main',
            'build/generated/source/kaptKotlin/main',
            'build/tmp/kapt/main/kotlinGenerated')
        generatedSourceDirs += files(
            'build/generated/source/kapt/main',
            'build/generated/source/kaptKotlin/main',
            'build/tmp/kapt/main/kotlinGenerated')
    }
}
```

그런 다음 build.gradle 파일에 다음 내용을 추가한다.

```
apply plugin: 'kotlin-kapt'
```

```
apply from: rootProject.file('gradle/generated-kotlin-sources.gradle')
```

build.gradle 파일에 새 의존성을 추가한다.

```
dependencies {
   ...
   kapt      'io.arrow-kt:arrow-annotations-processor:0.5.2'
   ...
}
```

일단 설정했다면 ./gradlew build라는 일반 빌드 명령으로 애로우 코드를 생성할 수 있다.

렌즈 생성

애로우 코드 생성 설정이 됐다면 렌즈가 생성되길 원하는 데이터 클래스에 @lenses 어노테이션을 추가할 수 있다.

```
import arrow.lenses
import arrow.optics.Lens
import arrow.optics.modify

typealias GB = Int

@lenses data class Memory(val size: GB)
@lenses data class MotherBoard(val brand: String, val memory: Memory)
@lenses data class Laptop(val price: Double, val motherBoard: MotherBoard)

fun main(args: Array<String>) {
   val laptopX8 = Laptop(500.0, MotherBoard("X", Memory(8)))
   val laptopMemorySize: Lens<Laptop, GB> = laptopMotherBoard() compose
motherBoardMemory() compose memorySize()
```

```
    val laptopX16 = laptopMemorySize.modify(laptopPrice().set(laptopX8,
780.0)) { size -> size * 2 }

    println("laptopX16 = $laptopX16")
}
```

애로우는 명명 규약[name convention]에 따른 classProperty로 데이터 클래스가 갖는 생성자 파라미터만큼 많은 렌즈를 같은 패키지에 생성하므로 추가적인 임포트가 필요하지는 않다.

정리

12장에서는 기존 함수를 생성, 강화하는 도구를 제공하는 애로우의 많은 기능을 다뤘다. 기존 함수를 사용해 새 함수를 구성했다. 부분 애플리케이션과 커링도 추가했다. 또한 메모이제이션으로 순수 함수의 결과를 캐싱했고, 렌즈를 사용해 데이터 구조를 수정했다.

애로우의 기능은 기본 기능 원리를 사용해 풍부하고 유지 보수가 가능한 애플리케이션을 만드는 가능성을 열어준다.

13장에서는 Option, Either, Try 같은 데이터 타입을 비롯한 더 많은 애로우 기능을 다룬다.

13

애로우 타입

애로우는 Option, Either, Try 같은 기존 함수형 타입의 많은 구현과 펑터, 모나드 같은 다른 타입 클래스를 포함한다.

13장에서 다루는 내용은 다음과 같다.

- null 관리를 위한 Option 사용
- Either와 Try로 에러 관리
- 콤비네이션과 트랜스포머
- 애플리케이션 상태 관리를 위한 State

Option

Option<T> 데이터 타입은 T 값의 유무를 표현한다. 애로우에서 Option<T>는 T 값의 존재를 나타내는 데이터 클래스 Some<T>와 값이 없음을 나타내는 오브젝트 None의 두 하위 타입으로 구성된 sealed 클래스다. sealed 클래스로 정의된 Option<T>는 다른 하위 타입을 가질 수 없다. 따라서 컴파일러는 철저하게 구문을 확인할 수 있다. 두 경우 모두라면 Some<t>와 None이 다뤄진다.

코틀린에서 이미 T를 존재, T?를 부재로 갖고 있다면 왜 T의 존재 유무를 표현하기 위해 Option<T>를 필요로 하는 걸까?

Option은 null이 가능한 타입보다 훨씬 많은 값을 제공한다. 예제로 알아보자.

```
fun divide(num: Int, den: Int): Int? {
    return if (num % den != 0) {
        null
    } else {
        num / den
    }
}

fun division(a: Int, b: Int, den: Int): Pair<Int, Int>? {
    val aDiv = divide(a, den)
    return when (aDiv) {
        is Int -> {
            val bDiv = divide(b, den)
            when (bDiv) {
                is Int -> aDiv to bDiv
                else -> null
            }
        }
        else -> null
    }
}
```

division 함수는 정수 두 개(a, b)와 분모(den)라는 세 파라미터를 받고 두 숫자 모두 den으로 나눌 수 있다면 Pair<Int, Int>를 반환하고 그 외에는 null을 반환한다.

같은 알고리즘을 Option으로 표현할 수 있다.

```
import arrow.core.*
import arrow.syntax.option.toOption

fun optionDivide(num: Int, den: Int): Option<Int> = divide(num,
den).toOption()

fun optionDivision(a: Int, b: Int, den: Int): Option<Pair<Int, Int>> {
   val aDiv = optionDivide(a, den)
   return when (aDiv) {
       is Some -> {
          val bDiv = optionDivide(b, den)
          when (bDiv) {
             is Some -> Some(aDiv.t to bDiv.t)
             else -> None
          }
       }
       else -> None
   }
}
```

optionDivide 함수는 나눗셈에서 null이 가능한 결과를 얻고 그것을 toOption() 확장 함수를 사용해 Option으로 반환한다.

optionDivision과 division을 비교하면 큰 차이가 없으며, 다른 타입으로 표현된 같은 알고리즘이다. 여기서 멈추면 Option<T>는 null이 가능한 값의 위에 추가적인 값을 제공하지 않는다. 하지만 다행히도 Option을 사용하는 더 많은 방법이 있다.

```
fun flatMapDivision(a: Int, b: Int, den: Int): Option<Pair<Int, Int>> {
    return optionDivide(a, den).flatMap { aDiv: Int ->
        optionDivide(b, den).flatMap { bDiv: Int ->
            Some(aDiv to bDiv)
        }
    }
}
```

Option은 내부 값을 처리하는 몇 가지 함수를 제공한다. 이 경우 (모나드로서) flatMap이며, 이제 코드가 더 짧아 보인다.

Option<T> 함수의 일부를 다음과 같은 간단한 목록에서 살펴보자.

함수	설명
exists(p :Predicate<T>): Boolean	값 T가 존재하면 predicate p 결과를, 그 외에는 null을 반환한다.
filter(p: Predicate<T>): Option<T>	T 값이 존재하고 predicate p를 충족하면 Some<T>를, 그 외에는 None을 반환한다.
flatMap(f: (T) -> Option<T>): Option<T>	(모나드 같은) flatMap 변형 함수
<R> fold(ifEmpty: () -> R, some: (T)-> R): R<R>	R로 변환된 값을 반환하고 None에 대해 ifEmpty를, Some<T>에 대해 some을 호출한다.
getOrElse(default:() -> T): T	T가 존재한다면 T를 반환하고 그 외에는 기본 결과를 반환한다.
<R> map(f: (T) -> R):Option<T>	(펑터 같은) 트랜스폼(transform) 함수
orNull(): T?	값 T를 null이 가능한 T?로 반환한다.

division의 마지막 구현은 컴프리헨션을 사용한다.

```
import arrow.typeclasses.binding

fun comprehensionDivision(a: Int, b: Int, den: Int): Option<Pair<Int, Int>>
{
   return Option.monad().binding {
       val aDiv: Int = optionDivide(a, den).bind()
       val bDiv: Int = optionDivide(b, den).bind()
       aDiv to bDiv
   }.ev()
}
```

컴프리헨션은 **flatMap** 함수가 포함된 모든 타입(Option, List 등)에 대해 순차적으로 계산하는 기술이며, 모나드의 인스턴스를 제공할 수 있다.

애로우에서 컴프리헨션은 코루틴을 사용한다. 코루틴은 비동기 실행 도메인 밖에서 유용하다.

이 예제에서 계속되는 내용을 간략히 요약하면 다음과 같다(이것은 코루틴을 이해하는 데 도움이 되는 멘탈 모델이다).

```
fun comprehensionDivision(a: Int, b: Int, den: Int): Option<Pair<Int, Int>>
{
   return Option.monad().binding {
       val aDiv: Int = optionDivide(a, den).bind()
       //컨티뉴에이션 1 시작
          val bDiv: Int = optionDivide(b, den).bind()
          //컨티뉴에이션 2 시작
             aDiv to bDiv
          //컨티뉴에이션 2 끝
       //컨티뉴에이션 1 끝
   }.ev()
}
```

Option.monad().binding은 코루틴 빌더이고, bind() 함수는 suspended 함수다. '코루틴' 장에서 올바르게 재현했다면 컨티뉴에이션[continuation]은 일시 중지 지점 이후의 모든 코드(일시 중지 함수가 호출된 경우)를 나타내는 것이다. 예제에서 두 개의 suspension 포인트와 두 컨티뉴에이션이 있다. 반환할 때 (마지막 블록 라인에서) 두 번째 컨티뉴에이션에 있으며, aDiv와 bDiv에 접근할 수 있다.

이 알고리즘을 컨티뉴에이션으로 읽는 것은 flatMapDivision 함수와 매우 비슷하다. 씬 뒤에서 Option.monad().binding은 컴프리헨션을 만들기 위해 컨티뉴에이션과 함께 Option.flatMap을 사용한다. 컴파일되면 comprehensionDivision과 flatMapDivision은 대략적으로 동일하다.

ev() 메소드는 다음 절에서 설명한다.

애로우의 타입 계층

코틀린의 타입 시스템에는 제한이 있다. 상류 타입[HKT]를 지원하지 않는다. 타입 이론에 지나치게 의존하지 않는다면 HKT는 다른 제네릭 타입을 타입 파라미터로 선언하는 타입이다.

```
class MyClass<T>() //유효한 코틀린 코드

class MyHigherKindedClass<K<T>>() //유효하지 않은 코틀린 코드
```

많은 고급 기능 구조와 패턴에서 사용하기 때문에 코틀린 관련 함수 프로그래밍에서 HKT의 부족한 사용은 그렇게 좋지 않다.

애로우 팀은 코틀린 진화와 강화 작업을 하고 있다(KEEP). 커뮤니티는 HKT와 다른 기능의 지원을 위해 코틀린 확장으로 Type Classes라는 새로운 언어 기능을 추가하고 있다(https://github.com/Kotlin/KEEP/pull/87). 지금은 이 KEEP(KEEP-87로 코드됨)이 코틀린에 곧 포함될지 확실하지 않지만 가장 많이 언급된 제안이며 많은 주목을 받고 있다. 지금은 작업 중이므로 자세한 것은 확실하지 않지만 희망을 엿볼 수 있다.

이 문제에 대한 애로우의 해결책은 증거 기반evidence-based HKT라고 불리는 테크닉을 통해 HKT를 시뮬레이트하는 것이다.

`Option<T>` 선언을 살펴보자.

```
package arrow.core

import arrow.higherkind
import java.util.*

/**
 * optional 값을 나타낸다. `Option` * 의 인스턴스는 $some의 인스턴스 혹은 $none
 * 오브젝트다.
 */
@higherkind
sealed class Option<out A> : OptionKind<A> {
   //더 많은 코드가 여기 온다.
```

`Option<A>`는 12장의 `@lenses`와 비슷한 `@higherkind`로 처리돼 있다. 이 어노테이션은 증거 기반 HKT를 지원하는 코드를 생성하는 데 사용된다. `Option<A>`는 `OptionKind<A>`를 확장한다.

```
package arrow.core

class OptionHK private constructor()
```

```
typealias OptionKind<A> = arrow.HK<OptionHK, A>

@Suppress("UNCHECKED_CAST", "NOTHING_TO_INLINE")
inline fun <A> OptionKind<A>.ev(): Option<A> = this as Option<A>
```

OptionKind<A>는 HK<OptionHK, A>의 별칭이다. 이 모든 코드는 @higherkind 어노테이션 프로세서를 사용해 생성된다. OptionHK는 HK의 고유한 태그 이름으로 사용되는 인스턴스 불가 클래스며, HKT의 중간 언어의 일종이다. Option.monad().binding은 OptionKind<T>를 반환한다. 이것은 적절한 Option<T>를 마지막에 반환하기 위해 ev()를 호출해야 하는 이유다.

```
package arrow

interface HK<out F, out A>

typealias HK2<F, A, B> = HK<HK<F, A>, B>

typealias HK3<F, A, B, C> = HK<HK2<F, A, B>, C>

typealias HK4<F, A, B, C, D> = HK<HK3<F, A, B, C>, D>

typealias HK5<F, A, B, C, D, E> = HK<HK4<F, A, B, C, D>, E>
```

HK 인터페이스는 인자 개수 하나에 대한 HKT부터 인자 개수 5에 대한 HK5까지를 표현하는 데 사용된다. HK<F, A>에서 F는 타입을 나타내고 A는 제네릭 파라미터를 나타내므로 Option<Int>는 HK<OptionHK, Int>인 OptionKind<Int> 값이다.

이제 Functor<F>를 살펴보자.

```
package arrow.typeclasses

import arrow.*
```

```
@typeclass
interface Functor<F> : TC {
    fun <A, B> map(fa: HK<F, A>, f: (A) -> B): HK<F, B>
}
```

Functor<F>는 TC(마커 인터페이스)를 확장하며 추측할 수 있듯이 map 함수다. map 함수는 첫 번째 파라미터로 HK<F, A>를 받고 A의 값을 B로 변환하며, 이것을 HK<F, B>로 변환하기 위해 람다 (A) -> B를 받는다.

펑터 타입 클래스에 대한 인스턴스를 제공할 수 있는 기본 데이터 타입 Mappable을 생성해보자.

```
import arrow.higherkind

@higherkind
class Mappable<T>(val t: T) : MappableKind<T> {
    fun <R> map(f: (T) -> R): Mappable<R> = Mappable(f(t))

    override fun toString(): String = "Mappable(t=$t)"

    companion object
}
```

Mappable<T> 클래스는 @higherkind로 어노테이션이 달렸으며, MappableKind<T>를 확장한다. 또한 비어있는지의 여부와는 상관없이 컴패니언 오브젝트를 가져야 한다.

이제 Functor<F>의 구현을 만들어야 한다.

```
import arrow.instance
import arrow.typeclasses.Functor

@instance(Mappable::class)
interface MappableFunctorInstance : Functor<MappableHK> {
```

```
    override fun <A, B> map(fa: MappableKind<A>, f: (A) -> B): Mappable<B> {
        return fa.ev().map(f)
    }
}
```

MappableFunctorInstance 인스턴스는 Functor<MappableHK>를 확장하며, @instance (Mappable::class)로 오노테이션된다. map 함수 내에서 첫 번째 파라미터로 MappableKind<A>와 그 안의 map 함수를 사용한다.

@instance 어노테이션은 MappableFunctorInstance 인터페이스를 확장하는 오브젝트를 생성한다. Mappable.functor()를 사용해 MappableFunctorInstance를 구현하는 오브젝트를 얻기 위해 Mappable.Companion.functor() 확장 함수를 생성한다(이것은 Option.monad()를 사용할 수 있는 방법이다).

다른 방법은 애로우 파생 인스턴스가 자동으로 데이터 타입이 올바른 함수를 갖게 하는 것이다.

```
import arrow.deriving

@higherkind
@deriving(Functor::class)
class DerivedMappable<T>(val t: T) : DerivedMappableKind<T> {
    fun <R> map(f: (T) -> R): DerivedMappable<R> = DerivedMappable(f(t))
    override fun toString(): String = "DerivedMappable(t=$t)"
    companion object
}
```

@deriving 어노테이션은 보통 수동으로 작성하는 DerivedMappableFunctorInstance를 생성한다.

이제 맵 가능 펑터를 사용하는 제네릭 함수를 만들 수 있다.

```
import arrow.typeclasses.functor

inline fun <reified F> buildBicycle(mapper: HK<F, Int>,
        noinline f: (Int) -> Bicycle,
        FR: Functor<F> = functor()): HK<F, Bicycle> = FR.map(mapper, f)
```

buildBicycle 함수는 HK<F, Int>를 파라미터로 취하고 arrow.typeclasses.functor 함수가 반환하는 펑터 구현을 사용한 f 함수를 적용하며, HK<F, Bicycle>을 반환한다. arrow.typeclass.functor 함수는 런타임에 Functor<MappableHK> 요구 사항을 준수하는 인스턴스를 결정한다.

```
fun main(args: Array<String>) {

   val mappable: Mappable<Bicycle> = buildBicycle(Mappable(3), ::Bicycle).ev()
   println("mappable = $mappable") //Mappable(t=Bicycle(gears=3))

   val option: Option<Bicycle> = buildBicycle(Some(2), ::Bicycle).ev()
   println("option = $option") //Some(Bicycle(gears=2))

   val none: Option<Bicycle> = buildBicycle(None, ::Bicycle).ev()
   println("none = $none") //None
}
```

Mappeable<Int> 혹은 Option<T> 같은 다른 HKT 클래스와 함께 buildBicycle을 사용할 수 있다.

HKT에 대한 애로우 접근법의 한 가지 문제점은 런타임 시에 인스턴스를 해결해야 한다는 점이다. 이것은 코틀린이 암시에 대한 지원을 하지 않거나 컴파일 시 타입 클래스 인스턴스를 해결할 수 있기 때문이다. KEEP-87이 승인돼 포함될 때까지 애로우를 유일한 대안으로 남겨둔다.

```
@higherkind
class NotAFunctor<T>(val t: T) : NotAFunctorKind<T> {
   fun <R> map(f: (T) -> R): NotAFunctor<R> = NotAFunctor(f(t))

   override fun toString(): String = "NotAFunctor(t=$t)"
}
```

따라서 map 함수가 있는 HKT를 가질 수는 있지만 Functor의 인스턴스 없이는 사용할 수 없으며, 컴파일 에러는 아니다.

```
fun main(args: Array<String>) {
   val not: NotAFunctor<Bicycle> = buildBicycle(NotAFunctor(4),
::Bicycle).ev()
   println("not = $not")
}
```

NotAFunctor<T>로 buildBicycle의 호출은 컴파일되지만 런타임 때 ClassNotFound Exception 예외가 발생한다.

이제 애로우의 계층 작동 방식에 대해 이해했으니 다른 클래스를 다룰 수 있다.

Either

Either<L, R>은 가능한 두 값 L과 R 중 하나를 표시하지만 동시에 둘 다는 안 된다. Either는 Left<L>과 Right<R> 서브타입 두 개를 가진 sealed 클래스다(Option과 비슷하다). 보통 Either는 실패할 수 있는 결과를 표현하기 위해 사용되며, 왼쪽은 에러 표시로 사용되고 오른쪽은 성공적인 결과 표시로 사용된다. 실패할 수 있는 작업 표시는 일반적인 시나리오이므로 애로우의 Either는 오른쪽으로 편향돼 있다. 즉, 문서화되지 않았다면 모든 작업은 오른쪽에서 실행된다.

division 예제를 Option에서 Either로 변환해보자.

```
import arrow.core.Either
import arrow.core.Either.Right
import arrow.core.Either.Left

fun eitherDivide(num: Int, den: Int): Either<String, Int> {
  val option = optionDivide(num, den)
  return when (option) {
      is Some -> Right(option.t)
      None -> Left("$num 은 $den 으로 나눌 수 없다")
  }
}
```

이제 None 값을 반환하는 대신 유저에게 귀중한 정보를 반환한다.

```
import arrow.core.Tuple2

fun eitherDivision(a: Int, b: Int, den: Int): Either<String, Tuple2<Int, Int>>
{
  val aDiv = eitherDivide(a, den)
  return when (aDiv) {
      is Right -> {
        val bDiv = eitherDivide(b, den)
        when (bDiv) {
          is Right -> Right(aDiv.getOrElse { 0 } toT bDiv.getOrElse { 0 })
          is Left -> bDiv as Either<String, Nothing>
        }
      }
      is Left -> aDiv as Either<String, Nothing>
  }
}
```

eitherDivision에서 코틀린의 Pair<A, B> 대신 애로우의 Tuple<A, B>을 사용한다.

튜플Tuples은 Pair/Triple보다 많은 기능을 제공하며, 지금부터 이것을 사용할 것이다.

Tuple2를 만들려면 중위 확장 함수 toT를 사용한다.

다음은 Either<L, R> 함수의 간단한 목록이다.

함수	설명
bimap(fa:(L) -> T, fb:(R) -> X): Either<T, X>	Either<T, X> 반환을 위해 왼쪽에 fa를 사용하고 오른쪽에 fb를 사용해 변환한다.
contains(elem:R): Boolean	elem 파라미터와 오른쪽 값이 같으면 참을, 왼쪽과 같으면 거짓을 반환한다.
exists(p:Predicate<R>):Boolean	오른쪽이라면 Predicate p 결과를, 왼쪽이라면 언제나 거짓을 반환한다.
flatMap(f: (R) -> Either<L, T>): Either<L, T>	오른쪽 값을 사용한 모나드에서의 flatMap 함수다.
fold(fa: (L) -> T, fb: (R) -> T): T	왼쪽으로 fa와 오른쪽으로 fb를 실행한 T 값을 반환한다.
getOrElse(default:(L) -> R): R	오른쪽 값을 반환하거나 기본 함수의 결과를 반환한다.
isLeft(): Boolean	왼쪽의 인스턴스일 때 참을, 오른쪽에는 거짓을 반환한다.
isRight(): Boolean	오른쪽의 인스턴스일 때 참을, 왼쪽에는 거짓을 반환한다.
map(f: (R) -> T): Either<L, T>	Functor에서의 map 함수, 오른쪽일 경우 f 함수를 사용해 Right<T>로 변환, 왼쪽일 경우 변환 없이 같은 값을 반환한다.
mapLeft(f: (L) -> T): Either<T, R>	Functor에서의 map 함수, 왼쪽일 경우 f 함수를 사용해 Right<T>로 변환, 오른쪽일 경우 변환 없이 같은 값을 반환한다.
swap(): Either<R, L>	타입과 값이 바뀐 Either를 반환한다.
toOption(): Option<R>	오른쪽은 Some<T>이고 왼쪽은 None이다.

flatMap 버전은 예상한 것처럼 보인다.

```
fun flatMapEitherDivision(a: Int, b: Int, den: Int): Either<String,
Tuple2<Int, Int>> {
   return eitherDivide(a, den).flatMap { aDiv ->
       eitherDivide(b, den).flatMap { bDiv ->
          Right(aDiv toT bDiv)
       }
   }
}
```

Either는 모나드 구현을 가지므로 바인딩binding 함수를 호출할 수 있다.

```
fun comprehensionEitherDivision(a: Int, b: Int, den: Int): Either<String,
Tuple2<Int, Int>> {
   return Either.monad<String>().binding {
       val aDiv = eitherDivide(a, den).bind()
       val bDiv = eitherDivide(b, den).bind()
       aDiv toT bDiv
   }.ev()
}
```

Either.monad<L>()에 주의하자. Either<L, R>은 L 타입을 정의해야 한다.

```
fun main(args: Array<String>) {
   eitherDivision(3, 2, 4).fold(::println, ::println) //3은 4로 나눠지지 않는다.
}
```

다음 절에서는 모나드 트랜스포머에 대해 알아본다.

모나드 트랜스포머

Either와 Option은 사용하기 쉽지만 둘을 결합하면 어떤 일이 벌어질까?

```
object UserService {
    fun findAge(user: String): Either<String, Option<Int>> {
        //Magic
    }
}
```

UserService.findAge는 Either<String, Option<Int>>를 반환한다. 데이터베이스 또는 다른 인프라스트럭처에 접근하는 에러는 Left<String>을 반환하고, 데이터베이스에서 값을 찾지 못한 경우에는 Right<None>을 반환하며, 값을 찾은 경우에는 Right<Some<Int>>를 반환한다.

```
import arrow.core.*
import arrow.syntax.function.pipe

fun main(args: Array<String>) {
    val anakinAge: Either<String, Option<Int>> = UserService.findAge("Anakin")

    anakinAge.fold(::identity, { op ->
        op.fold({ "Not found" }, Int::toString)
    }) pipe ::println
}
```

age를 출력하려면 두 개의 중첩된 폴드[fold]가 필요하다. 너무 복잡하지는 않다. 하지만 여러 값에 접근하는 작업을 수행해야 하는 경우 문제가 발생한다.

```
import arrow.core.*
import arrow.syntax.function.pipe
import kotlin.math.absoluteValue
```

```
fun main(args: Array<String>) {
    val anakinAge: Either<String, Option<Int>> = UserService.findAge("Anakin")
    val padmeAge: Either<String, Option<Int>> = UserService.findAge("Padme")

    val difference: Either<String, Option<Either<String, Option<Int>>>> =
anakinAge.map { aOp ->
        aOp.map { a ->
            padmeAge.map { pOp ->
                pOp.map { p ->
                    (a - p).absoluteValue
                }
            }
        }
    }

    difference.fold(::identity, { op1 ->
        op1.fold({ "Not Found" }, { either ->
            either.fold(::identity, { op2 ->
                op2.fold({ "Not Found" }, Int::toString) })
        })
    }) pipe ::println
}
```

모나드는 부드럽지 않으므로 이런 작업을 만드는 것이 아주 빠르게 복잡해질 수 있다. 그러나 언제나 컴프리헨션에 의지할 수 있다. 이제 다음 코드를 살펴보자.

```
import arrow.core.*
import arrow.syntax.function.pipe
import arrow.typeclasses.binding
import kotlin.math.absoluteValue

fun main(args: Array<String>) {
    val anakinAge: Either<String, Option<Int>> = UserService.findAge("Anakin")
    val padmeAge: Either<String, Option<Int>> = UserService.findAge("Padme")
```

```
   val difference: Either<String, Option<Option<Int>>> =
Either.monad<String>().binding {
      val aOp: Option<Int> = anakinAge.bind()
      val pOp: Option<Int> = padmeAge.bind()
      aOp.map { a ->
         pOp.map { p ->
            (a - p).absoluteValue
         }
      }
   }.ev()

   difference.fold(::identity, { op1 ->
      op1.fold({ "Not found" }, { op2 ->
         op2.fold({ "Not found" }, Int::toString) }) }) pipe ::println
}
```

이 코드는 좀 낫다. 반환 타입은 그렇게 길지 않고 폴드는 처리하기 더 쉽다. 다음 코드에서 중첩된 컴프리헨션을 살펴보자.

```
fun main(args: Array<String>) {
   val anakinAge: Either<String, Option<Int>> = UserService.findAge("Anakin")
   val padmeAge: Either<String, Option<Int>> = UserService.findAge("Padme")
   val difference: Either<String, Option<Int>> = Either.monad<String>().binding
   {
      val aOp: Option<Int> = anakinAge.bind()
      val pOp: Option<Int> = padmeAge.bind()
      Option.monad().binding {
         val a: Int = aOp.bind()
         val p: Int = pOp.bind()
         (a - p).absoluteValue
      }.ev()
   }.ev()
   difference.fold(::identity, { op ->
      op.fold({ "Not found" }, Int::toString)
```

```
    }) pipe ::println
}
```

이제 같은 타입의 값과 결과를 얻었다. 그러나 여전히 모나드 트랜스포머라는 다른 옵션을 갖고 있다.

모나드 트랜스포머[monad transformer]는 하나처럼 실행될 수 있는 두 모나드의 조합이다. 예를 들어 `Option`은 `Either` 내에 중첩된 모나드 타입이므로 `OptionT`(Option Transformer의 약자)를 사용할 것이다.

```
import arrow.core.*
import arrow.data.OptionT
import arrow.data.monad
import arrow.data.value
import arrow.syntax.function.pipe
import arrow.typeclasses.binding
import kotlin.math.absoluteValue

fun main(args: Array<String>) {
    val anakinAge: Either<String, Option<Int>> = UserService.findAge("Anakin")
    val padmeAge: Either<String, Option<Int>> = UserService.findAge("Padme")

    val difference: Either<String, Option<Int>> =
OptionT.monad<EitherKindPartial<String>>().binding {
        val a: Int = OptionT(anakinAge).bind()
        val p: Int = OptionT(padmeAge).bind()
        (a - p).absoluteValue
    }.value().ev()

    difference.fold(::identity, { op ->
        op.fold({ "Not found" }, Int::toString)
    }) pipe ::println
}
```

OptionT.monad<EitherKindPartial<String>>().binding을 사용했다. EitherKindPartial <String> 모나드는 래퍼 타입이 Either<String, Option<T>>라는 것을 뜻한다.

바인딩 블록 내에서 bind(): T를 호출하려면 Either<String, Option<T>> 타입의 값으로 OptionT를 사용한다(기술적으로 HK<HK<EitherHK, String>, Option<T>> 타입의 값). 이 경우 T는 Int다.

이전에는 ev() 메소드만 사용했지만 이제는 value() 메소드를 사용해 OptionT 내부 값을 추출해야 한다.

다음 절에서는 Try 타입에 대해 알아본다.

Try

Try는 계산이 실패했는지의 여부를 나타낸다. Try<A>는 실패를 나타내는 Failure<A>와 성공적인 작업을 나타내는 Success<T>라는 두 개의 하위 클래스를 가진 sealed 클래스다.

Try를 사용한 나누기 예제를 작성해보자.

```
import arrow.data.Try

fun tryDivide(num: Int, den: Int): Try<Int> = Try { divide(num, den)!! }
```

Try 인스턴스를 만드는 가장 간단한 방법은 Try.invoke 연산자를 사용하는 것이다. 블록 내부에서 예외가 발생하면 Failure를 반환한다. 모든 것이 잘되면 Success<INT>를 반환한다. 예를 들어 !! 연산자는 나누기가 null을 반환하면 NPE를 던질 것이다.

```kotlin
fun tryDivision(a: Int, b: Int, den: Int): Try<Tuple2<Int, Int>> {
  val aDiv = tryDivide(a, den)
  return when (aDiv) {
      is Success -> {
         val bDiv = tryDivide(b, den)
         when (bDiv) {
            is Success -> {
               Try { aDiv.value toT bDiv.value }
            }
            is Failure -> Failure(bDiv.exception)
         }
      }
      is Failure -> Failure(aDiv.exception)
  }
}
```

Try<T> 함수의 간단한 목록을 살펴보자.

함수	설명
exists(p: Predicate<T>): Boolean	Success<T>라면 p 결과를 반환하고 Failure는 언제나 거짓을 반환한다.
filter(p: Predicate<T>): Try<T>	작업이 성공적이고 predicate p라면 Success<T>를 반환하고 그 외에는 Failure를 반환한다.
<R> flatMap(f: (T) -> Try<R>):Try<R>	모나드와 같은 flatMap 함수다.
<R> fold(fa: (Throwable) -> R, fb:(T) -> R): R	R로 변환된 값을 반환, Failure인 경우 fa를 호출한다.
getOrDefault(default: () -> T): T	T 값을 반환, Failure인 경우 default를 호출한다.
getOrElse(default: (Throwable) -> T): T	T 값을 반환, Failure인 경우 default를 호출한다.
isFailure(): Boolean	Failure인 경우 참, 그 외에는 거짓을 반환한다.
isSuccess(): Boolean	Failure인 경우 거짓, 그 외에는 참을 반환한다.

(이어짐)

함수	설명
<R> map(f: (T) -> R): Try<R>	함수를 펑터에서와 같이 변환한다.
onFailure(f: (Throwable) -> Unit): Try<T>	Failure인 경우 실행한다.
onSuccess(f: (T) -> Unit): Try<T>	성공인 경우 실행한다.
orElse(f: () -> Try<T>): Try<T>	성공인 경우 자기 자신을, 실패인 경우 f 결과를 반환한다.
recover(f: (Throwable) -> T): Try<T>	실패에 대한 map 함수를 변환한다.
recoverWith(f: (Throwable) -> Try<T>): Try<T>	실패에 대한 flatMap 함수를 변환한다.
toEither() : Either<Throwable, T>	실패는 Left<Throwable>을, Success<T>는 Right<T>을 Either로 변환한다.
toOption(): Option<T>	실패는 None을, Success<T>는 Some<T>를 Option으로 변환한다.

flatMap 구현은 Either나 Option과 매우 유사하며, 이름 및 행동 규약의 공통 세트를 가진 값을 보여준다.

```
fun flatMapTryDivision(a: Int, b: Int, den: Int): Try<Tuple2<Int, Int>> {
   return tryDivide(a, den).flatMap { aDiv ->
       tryDivide(b, den).flatMap { bDiv ->
          Try { aDiv toT bDiv }
       }
   }
}
```

모나딕Monadic 컴프리헨션은 Try에서도 사용 가능하다.

```
fun comprehensionTryDivision(a: Int, b: Int, den: Int): Try<Tuple2<Int, Int>>
{
```

```
    return Try.monad().binding {
        val aDiv = tryDivide(a, den).bind()
        val bDiv = tryDivide(b, den).bind()
        aDiv toT bDiv
    }.ev()
}
```

MonadError 인스턴스를 사용하는 다른 종류의 모나딕 컴프리헨션이 있다.

```
fun monadErrorTryDivision(a: Int, b: Int, den: Int): Try<Tuple2<Int, Int>>
{
    return Try.monadError().bindingCatch {
        val aDiv = divide(a, den)!!
        val bDiv = divide(b, den)!!
        aDiv toT bDiv
    }.ev()
}
```

monadError.bindingCatch를 사용하면 예외를 발생하는 모든 연산은 실패로 끝나고 마지막에 반환은 Try<T>로 래핑된다. MonadError는 Option과 Either에서도 사용할 수 있다.

State

State는 애플리케이션 상태를 처리하기 위한 함수적 접근 방식을 제공하는 구조다. State<S, A>는 S -> Tuple2<S, A>에 대한 추상화다. S는 상태 타입을 나타내며, Tuple2<S, A>은 결과인데, S는 새롭게 업데이트된 상태이며, A는 함수 반환이다.

가격과 이를 계산하는 두 가지를 반환하는 간단한 예제부터 시작하자. 가격을 계산하려면 VAT 20%를 추가하고 가격이 일정 기준을 초과하는 경우 할인을 적용해야 한다.

```
import arrow.core.Tuple2
import arrow.core.toT
import arrow.data.State

typealias PriceLog = MutableList<Tuple2<String, Double>>

fun addVat(): State<PriceLog, Unit> = State { log: PriceLog ->
   val (_, price) = log.last()
   val vat = price * 0.2
   log.add("Add VAT: $vat" toT price + vat)
   log toT Unit
}
```

MutableList<Tuple2<String, Double>>을 위한 타입 앨리어스 PriceLog를 가진다. PriceLog는 State 대표가 된다. 각 단계는 Tuple2<String, Double>로 표현된다.

첫 번째 함수 addVat(): State<PriceLog, Unit>은 첫 번째 단계를 표현한다. PriceLog와 단계를 적용하기 전의 state를 받고 Tuple2<PriceLog, Uint>을 반환해야 하는 State 빌더를 사용하는 함수를 작성한다. 현재는 가격이 필요 없으므로 Unit을 사용한다.

```
fun applyDiscount(threshold: Double, discount: Double): State<PriceLog,
Unit> = State { log ->
   val (_, price) = log.last()
   if (price > threshold) {
       log.add("Applying -$discount" toT price - discount)
   } else {
       log.add("No discount applied" toT price)
   }
   log toT Unit
}
```

applyDiscount 함수는 두 번째 단계다. 여기서 소개한 유일한 새로운 요소는 threshold, discount라는 두 파라미터다.

```
fun finalPrice(): State<PriceLog, Double> = State { log ->
   val (_, price) = log.last()
   log.add("Final Price" toT price)
   log toT price
}
```

마지막 단계는 finalPrice() 함수로 표현되며, 이제 Unit 대신 Double을 반환한다.

```
import arrow.data.ev
import arrow.instances.monad
import arrow.typeclasses.binding

fun calculatePrice(threshold: Double, discount: Double) =
State().monad<PriceLog>().binding {
   addVat().bind() //Unit
   applyDiscount(threshold, discount).bind() //Unit
   val price: Double = finalPrice().bind()
   price
}.ev()
```

일련의 단계를 표현하기 위해 모나드 컴프리헨션을 사용하고 State 함수를 순차적으로 사용한다. 한 함수에서 다음 함수로 PriceLog 상태가 암시적으로 흐른다(단순한 코루틴 연속 매직이다). 마지막에 최종 가격을 산출한다. 새 단계를 추가하거나 기존 것을 전환하는 것은 선을 추가하거나 이동하는 것처럼 쉽다.

```
import arrow.data.run
import arrow.data.runA

fun main(args: Array<String>) {
```

```
    val (history: PriceLog, price: Double) = calculatePrice(100.0,
2.0).run(mutableListOf("Init" toT 15.0))
    println("Price: $price")
    println("::History::")
    history
        .map { (text, value) -> "$text\t|\t$value" }
        .forEach(::println)

    val bigPrice: Double = calculatePrice(100.0,
2.0).runA(mutableListOf("Init" toT 1000.0))
    println("bigPrice = $bigPrice")
}
```

calculatePrice 함수를 사용하려면 threshold와 discount 값을 제공해야 하며, 그런 다음 최초 상태와 함께 확장 함수를 실행해야 한다. 가격에만 관심이 있다면 runA만 실행하고 history뿐이라면 runS를 실행한다.

State를 사용하는 문제는 피하자. kotlin.run 확장 함수와 arrow.data.run 확장 함수를 혼동하지 말자.

State가 있는 코리커젼

State는 코리커젼에서 유용하다. 이전 예제를 State로 다시 작성할 수 있다.

```
fun <T, S> unfold(s: S, f: (S) -> Pair<T, S>?): Sequence<T> {
    val result = f(s)
    return if (result != null) {
        sequenceOf(result.first) + unfold(result.second, f)
    } else {
        sequenceOf()
```

```
    }
}
```

원래 unfold 함수는 State<S, T>와 매우 비슷한 f: (S) -> Pair<T,S>?를 사용한다.

```
fun <T, S> unfold(s: S, state: State<S, Option<T>>): Sequence<T> {
    val (actualState: S, value: Option<T>) = state.run(s)
    return value.fold(
        { sequenceOf() },
        { t ->
            sequenceOf(t) + unfold(actualState, state)
    })
}
```

lambda (S) -> Pair<T, S>?를 갖는 대신 State<S, Option<T>>를 사용하고 None을 위해 빈 시퀀스 혹은 Some<T>를 위해 재귀 호출을 갖는 Option으로부터 폴드 함수를 사용한다.

```
fun factorial(size: Int): Sequence<Long> {
    return sequenceOf(1L) + unfold(1L to 1) { (acc, n) ->
        if (size > n) {
            val x = n * acc
            (x) to (x to n + 1)
        } else
            null
    }
}
```

이 팩토리얼 함수는 Pair<Long, Int>와 람다 (Pair<Long, Int>) -> Pair<Long, Pair<Long, Int>>?를 갖는 unfold를 사용했다.

```
import arrow.syntax.option.some

fun factorial(size: Int): Sequence<Long> {
   return sequenceOf(1L) + unfold(1L toT 1, State { (acc, n) ->
       if (size > n) {
          val x = n * acc
          (x toT n + 1) toT x.some()
       } else {
          (0L toT 0) toT None
       }
   })
}
```

리팩토링된 팩토리얼은 State<Tuple<Long, Int>, Option<Long>>을 사용하지만 내부 로직은 대부분 같다. 새 팩토리얼은 null을 사용하지 않는데, 이것은 상당한 개선이다.

```
fun fib(size: Int): Sequence<Long> {
   return sequenceOf(1L) + unfold(Triple(0L, 1L, 1)) { (cur, next, n) ->
       if (size > n) {
          val x = cur + next
          (x) to Triple(next, x, n + 1)
       }
       else
          null
   }
}
```

마찬가지로 피보나치는 Triple<Long, Long, Int>와 람다 (Triple<Long, Long.Int>) -> Pair<Long, Triple<Long, Long, Int>>?를 갖는 unfold를 사용한다.

```
import arrow.syntax.tuples.plus

fun fib(size: Int): Sequence<Long> {
  return sequenceOf(1L) + unfold((0L toT 1L) + 1, State { (cur, next, n) ->
      if (size > n) {
         val x = cur + next
         ((next toT x) + (n + 1)) toT x.some()
      } else {
         ((0L toT 0L) + 0) toT None
      }
  })
}
```

그리고 리팩토링된 피보나치는 State<Tuple3<Long, Long, Int>, Option<Long>>을 사용한다. Tuple2<A, B>와 함께 사용되는 확장 연산자 plus와 C는 Tuple3<A, B, C>를 반환한다는 점에 주의를 기울이자.

```
fun main(args: Array<String>) {
  factorial(10).forEach(::println)
  fib(10).forEach(::println)
}
```

이제는 시퀀스를 생성하기 위해 코리커젼 함수를 사용할 수 있다. 엔터프라이즈 인티그레이션 패턴Enterprise Integration Patterns의 메시지 히스토리(http://www.enterpriseintegrationpatterns.com/patterns/messaging/MessageHistory.html) 혹은 비행plane 확인 혹은 긴 등록 양식과 같은 많은 단계를 갖는 폼 안내와 같은 여기서 다루지 못하는 State의 더 많은 사용법이 있다.

정리

애로우는 상당히 복잡한 작업을 줄이고 관용구 표현의 표준 세트를 제공하는 많은 데이터 타입 및 타입 클래스를 제공한다. 13장에서는 `Option`을 사용해 null 값을 추상화하는 방법과 `Either` 및 `Try`를 사용해 계산식을 표현하는 방법을 알아봤다. 데이터 타입 클래스를 만들었으며, 모나딕 컴프리헨션과 트랜스포메이션에 대해 알아봤다. 마지막으로 애플리케이션 상태를 표현하기 위해 `State`를 사용했다.

그리고 13장에서 이 여정의 마지막에 도달했다. 그러나 안심하자. 이것은 함수형 프로그래밍을 배우는 여정의 끝은 아니다. 1장에서 배웠듯이 함수형 프로그래밍은 복잡한 프로그래밍을 만드는 빌딩 블록으로 함수를 사용하는 것에 대한 것이다. 마찬가지로 여기서 배운 모든 컨셉을 사용해 새롭고 흥미롭고 좀 더 강력한 아이디어를 이해하고 마스터할 수 있다.

이제 새로운 배움의 여정을 시작한다.

부록

코틀린 퀵 스타트

이 책은 코틀린이 작동하는 방식에 이미 익숙한 사람을 대상으로 한다. 그러나 코틀린이 완전히 새로운 사람이라도 걱정하지 말자. 이 책을 읽고 이해하고 이 책의 모든 장점을 받아들이는 데 필요한 모든 것을 다뤘다.

이 부록에서 다루는 내용은 다음과 같다.

- 코틀린을 사용하는 다양한 방법
- 기본 코틀린 제어 구조
- 기타 리소스

코틀린 작성 및 실행

코틀린을 작성하고 실행할 수 있는 가장 쉬운 것부터 가장 전문적인 것까지 다양한 옵션을 다룬다.

코틀린 온라인

설치할 필요 없이 코틀린을 열자(https://try.kotlinlang.org/). 코틀린 온라인에는 JVM과 자바스크립트 컴파일 옵션을 비롯해 간단한 코틀린 프로그램을 작성하고 실행하는 데 필요한 모든 것이 포함돼 있다. 계정이 있는 경우 프로그램을 작성하고 저장할 수도 있다.

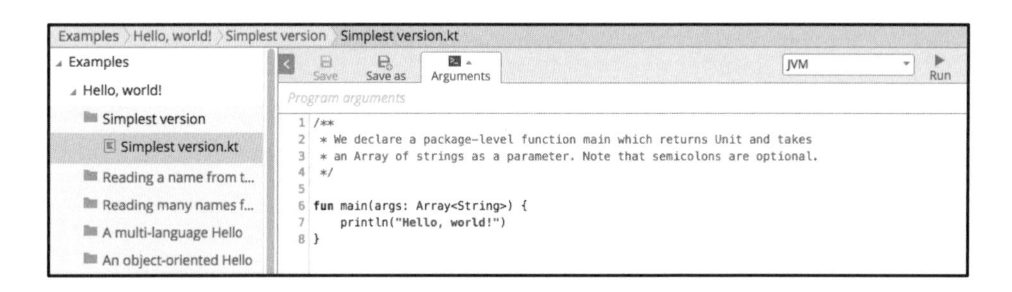

콘솔에서 하기

중요하고 제품 코드로 예정된 모든 것은 온라인에 어울리지 않는다. 기기에 설치하는 방법을 알아보자.

SDKMAN 설치

코틀린을 설치하는 가장 쉬운 방법은 JVM 툴을 설치하고 업데이트하는 데 사용되는 SDKMAN을 사용하는 것이다.

다음 명령을 사용해 SDKMAN을 설치한다(설치하지 않은 경우).

```
$ curl -s "https://get.sdkman.io" | bash
```

SDKMAN이 설치되면 코틀린을 설치해 사용할 수 있고, 그래들Gradle이나 메이븐Maven 같은 다른 도구와 함께 업데이트된 상태로 유지할 수 있다.

SDKMAN를 통해 코틀린 설치

SDKMAN를 통해 코틀린을 설치하려면 다음을 입력한다.

```
$ sdk install kotlin
```

이제 콘솔에서 코틀린 명령을 사용할 수 있다.

코틀린의 REPL

코틀린의 REPL을 사용하려면 다음을 입력한다.

```
$ kotlinc
```

이제 코틀린 표현식을 입력하고 실행할 수 있다.

```
$ kotlinc
Welcome to Kotlin version 1.2.21 (JRE 1.8.0_111-b14)
Type :help for help, :quit for quit
>>> println("Hello, World!") Hello, World!
>>>
```

코틀린의 REPL을 종료하려면 quit를 입력한다.

코틀린 파일 컴파일 및 실행

코틀린을 지원하는 에디터는 여러 개 있는데, Micro, Vim, NeoVim, Atom, VS Code 등이 있다.

필자가 사용하는 에디터는 Micro다(https://micro-editor.github.io/index.html). 이것은 빠르고 사용하기 쉬운 에디터다(over-powered Namo의 일종).

```
1 fun main(args: Array<String>) {
2     println("Hello, World!")
3 }
```

좋아하는 에디터에서 hello.kt 파일을 생성하고 다음 코드를 입력한다.

```
fun main(args: Array<String>) {
   println("Hello, World!")
}
```

이제 콘솔에서 다음 명령으로 프로그램을 컴파일한다.

```
$ kotlinc hello.kt
```

실행하려면 콘솔에서 다음을 입력한다.

```
$ kotlin HelloKt
```

그래들 사용

두 개 이상의 파일을 처리하는 프로젝트는 빌드 도구가 필수적이다. 빌드 도구는 컴파일, 라이브러리 관리, 애플리케이션 패키징 및 실행을 위한 실용적인 방법을 제공한다. 그래들(https://docs.gradle.org/current/release-notes.html)은 코틀린을 비롯해 많은 언어를 지원하는 빌드 툴이다.

SDKMAN을 통해 그래들 설치

SDKMAN을 통해 그래들을 설치하려면 다음을 입력한다.

```
sdk install gradle
```

이제 콘솔에서 그래들 명령이 가능하다.

분산형 그래들 명령 작성

그래들은 좋은 도구지만 빌드를 위해 그래들에 의존하는 코드를 공유하는 것은 쉽지 않다. 오픈소스 프로젝트의 잠재적 사용자는 그래들을 설치하지 않았거나 다른 버전의 그래들을 갖고 있을 수도 있다. 다행스럽게도 그래들은 배포 가능한 그래들 유틸리티나 명령을 만드는 방법을 제공한다.

새로운 깨끗한 디렉토리에서 콘솔에 다음을 입력한다.

```
$ gradle wrapper
```

이 명령은 실행 가능한 `gradlew` 스크립트를 생성한다. 명령을 처음 실행하면 필요한 그래들 파일을 모두 다운로드한 후 반복 가능한 명령이 된다.

그래들 프로젝트 파일 생성

그래들을 사용하려면 build.gradle 파일이 있어야 한다. 이 파일에서 그래들이 사용하고 실행할 다양한 옵션과 설정을 지정한다.

예제 Hello World 프로그램에서 파일은 다음과 같이 보일 것이다.

```
group 'com.packtpub'
version '1.0'

buildscript {
  ext.kotlin_version = '1.2.21'

  repositories {
      mavenCentral()
  }
  dependencies {
      classpath "org.jetbrains.kotlin:kotlin-gradle-plugin:$kotlin_version"
  }
}

apply plugin: 'kotlin'
apply plugin: 'application'

mainClassName = 'com.packtpub.appendix.HelloKt'

defaultTasks 'run'

repositories {
  mavenCentral()
}

dependencies {
  compile "org.jetbrains.kotlin:kotlin-stdlib-jdk8:$kotlin_version"
}

compileKotlin {
```

```
    kotlinOptions.jvmTarget = "1.8"
}

compileTestKotlin {
    kotlinOptions.jvmTarget = "1.8"
}
```

일반적으로 build.gradle 파일에서 일부 플러그인(언어와 프레임워크를 지원하는 그래들 플러그인 선언), 의존성을 다운로드할 저장소, 의존성 자체 및 다른 옵션을 정의한다.

이 파일에서는 두 플러그인을 정의했다. 하나는 코틀린용이고 다른 하나는 시작점이나 메인 클래스가 있는 애플리케이션으로 정의했다.

Hello World 코드 만들기

그래들이 코틀린 파일을 검색하는 기본 위치는 src/main/kotlin 디렉토리다. hello.kt 파일을 src/main/kotlin/com/packtpub/appendix 디렉토리에 놓아둘 것이다.

```
package com.packtpub.appendix

fun main(args: Array<String>) {
    println("Hello, World!")
}
```

이제 다음 명령을 사용해 한 번에 컴파일하고 실행할 수 있다.

```
$ ./gradlew
```

기본 태스크가 실행되고 메인 클래스가 com.packtpub.appendix.HelloKt라고 정의했으므로 ./gradlew를 실행해 빌드하고 프로그램을 실행할 수 있다.

IntelliJ IDEA나 안드로이드 스튜디오 사용

IntelliJ IDEA와 안드로이드 스튜디오(IntelliJ IDEA의 오픈소스 버전을 기반으로 하는)는 코틀린(과 자바, 스칼라, 그루비 등의 다른 언어)을 위한 환상적인 IDE다. 둘 다 그래들과 메이븐에 대한 자동 완성, 서식 지정 등을 지원한다.

두 IDE 모두 문서가 잘 돼 있으며, 웹 사이트에서 코틀린 지원에 대해 더 자세히 읽을 수 있다.

- IntelliJ IDEA(http://kotlinlang.org/docs/tutorials/getting-started.html)
- 안드로이드 스튜디오(https://developer.android.com/kotlin/get-started.html)

IntelliJ IDEA로 그래들 파일 가져오기

IntelliJ IDEA로 그래들 프로젝트를 가져올 수 있다. IDEA를 시작하면 build.gradle 파일을 열 수 있다.

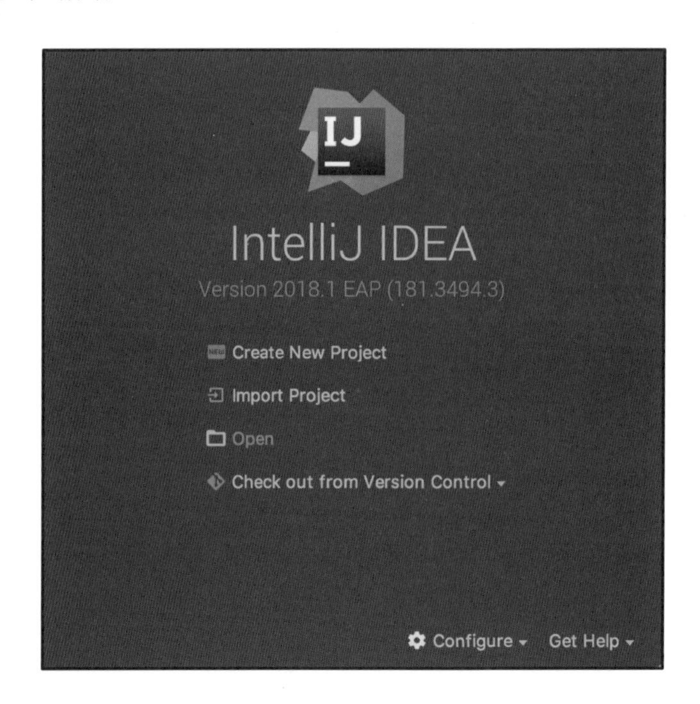

파일이나 프로젝트 중 무엇을 열지 물어보는 대화상자가 나타난다. Open As Project 를 클릭한다.

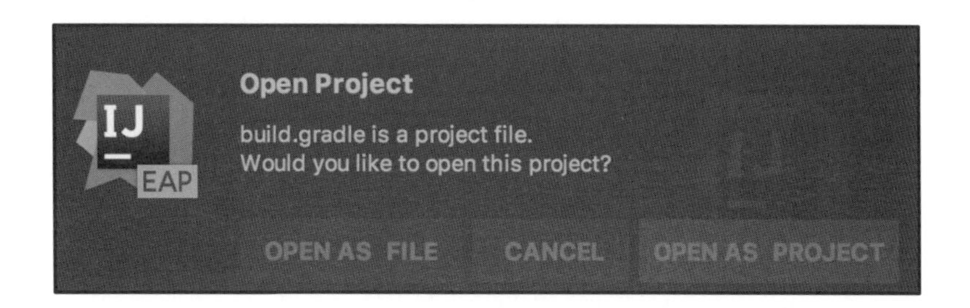

JDK가 설치돼 있고 IntelliJ IDEA에서 설정한 경우 OK만 누르면 된다. 설정된 JDK가 없다면 설정하자(IntelliJ IDEA가 안내해줄 것이다). 그런 다음 OK로 진행하자.

이제 모든 IntelliJ IDEA 기능을 사용해 프로젝트를 편집하고 작업할 수 있다.

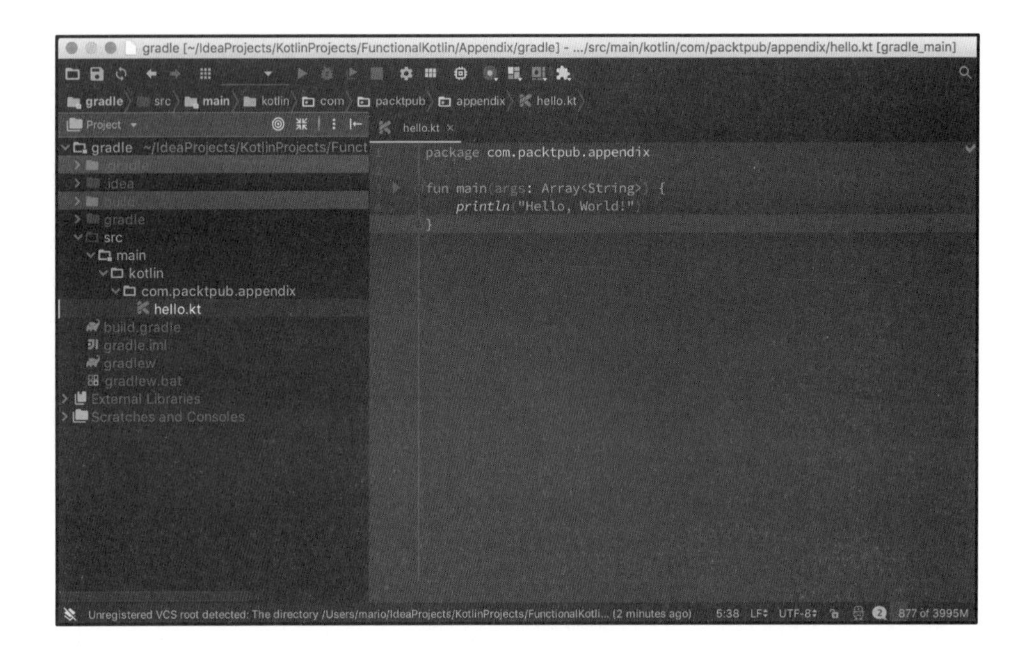

이 책의 모든 예제 코드를 같은 방식으로 열 수 있다.

기본 코틀린 구문

코틀린 구문은 C, 자바, 스칼라, 그루비, TypeScript 같은 C 스타일 구문을 기반으로 한 다른 언어의 경험이 있는 개발자에게는 익숙하게 보일 것이다.

일반 기능

다양한 코틀린 기능은 다른 JVM 언어에서 공통적으로 사용된다. 자바에 대한 경험이 있다면 코틀린이 정말 편하게 느껴질 것이다.

패키지

패키지는 논리 유닛, 예를 들면 컨트롤러나 저장소를 정의하는 파일 세트다(일반적으로 같은 디렉토리에 정의된다).

특정 패키지에 파일을 설정하려면 첫 번째 라인에 package 키워드를 사용한다.

```
package com.packt.functionalkotlin
```

이상적으로 com/packt/functionalkotlin 안의 파일은 com/packt/functionalkotlin 디렉토리에 있어야 한다. 이렇게 하면 파일을 찾기 쉽지만 코틀린에서 필수는 아니다.

문자열 연결 및 보간

코틀린에서 문자열 연결은 더하기(+) 연산자를 사용한다.

```
val temperature = 12

println("Current temperature: " + temperature + " Celsius degrees")
```

문자열 보간은 복잡한 연결을 쉽게 할 수 있는 방법이다.

```
val temperature = 12

println("Current temperature: $temperature Celsius degrees")
```

달러 기호($)를 사용하면 문자열 내에서 간단한 값을 사용할 수 있다.

```
val temperature = 12

println("Temperature for tonight: ${temperature - 4} Celsius degrees")
```

단순히 값을 사용하는 것보다 더 복잡한 경우에는 중괄호가 있는 달러 기호(${...})를 사용할 수 있다.

주석

한 줄 주석은 이중 슬래시(//)를 사용한다.

```
//이것은 한 줄 주석이다.

println("Hello, World!")  //이것은 유효한 코드 뒤의 한 줄 주석이다.
```

블록 주석은 슬래시와 별표(/*)를 사용해 블록을 열고 별표와 슬래시(*/)로 닫는다.

```
/*
이것은 여러 줄 주석이다.
장미는 빨갛다.
... 나머지는 까먹었다.
*/

println(/*블록 주석은 유효한 코드 내에 넣을 수도 있다*/ "Hello, World!")
```

제어 구조

코틀린에는 if, when, for, while의 네 가지 기본적인 제어 구조가 있다.

if문

코틀린의 if는 다른 C 스타일 언어와 완전히 똑같아 보인다.

```
if (2 > 1) { //불리언 표현식
   println("2는 1보다 크다")
```

```
} else {
    println("절대 일어나지 않는다")
}
```

코틀린에서 if(와 when)은 표현식이다. if문이 값을 반환한다는 것을 의미한다.

```
val message = if (2 > 1) {
    "2는 1보다 크다"
} else {
    "절대 일어나지 않는다"
}

println(message)
```

코틀린에는 삼항식이 없지만 if문은 한줄로 작성할 수 있다.

```
println(if(2 > 1) "2는 1보다 크다" else "절대 일어나지 않는다")
```

when 표현식

다른 C 스타일 언어와 달리 코틀린은 switch문이 없지만 훨씬 유연한 when 표현식이 있다.

```
val x: Int = /*알 수 없는 값을 여기에 작성한다*/

when (x) {
    0 -> println("x는 0이다")
    1, 2 -> println("x는 1 혹은 2이다")
    in 3..5 -> println("x는 3에서 5 사이이다")
    else -> println("x는 5보다 크거나 음수이다")
}
```

when은 표현식이다.

```
val message = when {
    2 > 1 -> "2는 1보다 크다"
    else -> "절대 일어나지 않는다"
}

println(message)
```

그리고 if 표현식을 대체하는 데 사용할 수도 있다.

for 루프

for 루프는 반복자를 제공하는 모든 요소(컬렉션이나 ranges 같은)를 반복할 수 있다.

```
for(i in 1..10) { //range
    println("i = $i")
}
```

while과 do 루프

while과 do 루프는 일반적인 C 스타일 루프다.

```
var i = 1

while (i <= 10) {
    println("i = $i")
    i++
}

do {
    i--
```

```
    println("i = $i")
} while (i > 0)
```

이제 이 책의 내용을 읽고 이해하는 데 필요한 모든 기본적인 것을 알게 됐다.

코틀린 Koans

코틀린에 대한 지식을 늘리고 더 잘 이해하고 싶다면 가장 좋은 방법은 코틀린 Koans를 시도해보는 것이다.

코틀린 Koans는 당신을 신입부터 유능한 코틀린 프로그래머까지 며칠 내에 단계별로 안내해주는 튜토리얼이며, 무료다.

다음 링크에서 코틀린 Koans를 시도할 수 있다.

https://try.kotlinlang.org/#/Kotlin%20Koans/

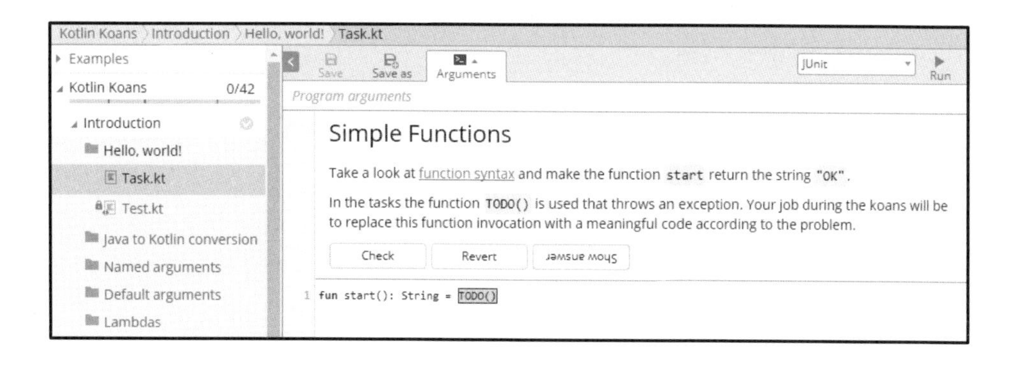

| 찾아보기 |

기호

ㄱ

ㄴ

ㄷ

ㄹ

ㅁ

ㅂ

ㅅ

ㅇ

ㅈ

ㅊ

ㅋ

ㅌ

ㅍ

ㅎ

A

B

C

D

E

F

G

H

I

J

K

L

M

N

O

P

Q

R

S

T

U

V

W

Z

에이콘출판의 기틀을 마련하신 故 정완재 선생님 (1935-2004)

함수형 코틀린

코틀린과 애로우로 배우는 함수형 프로그래밍

발 행 | 2019년 1월 31일

지은이 | 마리오 아리아스 · 리부 카크라보티
옮긴이 | 구 진 수

펴낸이 | 권 성 준
편집장 | 황 영 주
편 집 | 조 유 나
디자인 | 박 주 란

에이콘출판주식회사
서울특별시 양천구 국회대로 287 (목동)
전화 02-2653-7600, 팩스 02-2653-0433
www.acornpub.co.kr / editor@acornpub.co.kr

ISBN 979-11-6175-263-1
ISBN 978-89-6077-210-6 (세트)
http://www.acornpub.co.kr/book/functional-kotlin

이 도서의 국립중앙도서관 출판시도서목록(CIP)은 서지정보유통지원시스템 홈페이지(http://seoji.nl.go.kr)와 국가자료공동목록시스템(http://www.nl.go.kr/kolisnet)에서 이용하실 수 있습니다.(CIP제어번호: CIP2019002450)

책값은 뒤표지에 있습니다.